米銀行破綻の連鎖から世界大恐慌の道筋が見えた

副島隆彦
SOEJIMA TAKAHIKO

徳間書店

米銀行破綻の連鎖から
世界大恐慌の道筋が見えた

副島隆彦
SOEJIMA TAKAHIKO

まえがき

アメリカ地方銀行の取り付け騒ぎは終わらない

アメリカで、中堅の地方銀行（リージョナル・バンク）の破綻《はたん》が5月にも相次いだ。この動きはさらに続く。9月には再び、**銀行の取《と》り付《つ》け騒ぎ（バンク・ラニング　bank running）**が起きる。

それは今年の3月10日に起きた取り付け《バンク・ラン》よりも大規模なものだ。アメリカの金融がガラガラと崩れつつある。

私は、「世界大恐慌（ワールド・グレイト・デプレッション）が迫り来る」と、「株式《ストック》と債券《ボンド》の大暴落が起きる」と書き続けて、もう25年が経《た》つ。いまさら私は何を言い、何を書けばいいのか。ひとりで呆《あき》れ返《かえ》っている。私はホラ吹き人間だったのか？

1927（昭和２）年３月の日本の取り付け騒ぎの様子。金融恐慌と言う。渡辺銀行の倒産から始まり約40行が急激な預金引き出しで営業を停止。裁判所に破産を申請した。預金は戻って来ない。このあと昭和５年から８年を昭和恐慌と言う。

「アメリカは強い。アメリカは強大だ。アメリカさまにしっかり付《つ》いていれば、これからも日本は大丈夫だ」と言い続け、信じ続けた者たち、即ち、お前たちだ！　この馬鹿やろうたちは一体、これからどうするつもりだ。

今さら私に何の助言を求めるというのか。

私、副島隆彦は、憮然《ぶぜん》として、ひとりで不愉快極まりない思いで事態を見つめている。5月の連休も、自分のこの金融本を書く気が起きないまま過ぎ去った。

「先生の次の金融本は、いつ出ますか？」と、自分のおカネ（投資）のことしか考えない人々が、安心、安全のお札《ふだ》がわりに私の新刊本を待つ。たいして真面目《まじめ》に読みもしないくせに。

これからの世界の金融、経済の動きについて、私はもうグダグダと書かない。徹底的に分かり易く、サラサラと、書く。私の文章を読んだ人が、誰でもすっと分かるように1行ずつ、ではっきりと書く。1行ずつ、文章は平易であるべきだ、の極意《ごくい》を、私は、大作家《だいさっか》のひとり谷崎潤一郎《たにざきじゅんいちろう》の文体《ぶんたい》（スタイル）から学んだ。

誰がいつまでも訳《わけ》の分からない、バカみたいに難かしい金融本、経済（学？）本なんか書いていられるか。金融、経済の専門家という連中は皆《みんな》、滅びた、死んだ。お前たちの高級文章なんか誰にも相手にされない。読んで貰《もら》えない。書いていることが、ウソで人騙《ひとだま》しだからだ。

米の中堅銀行（各州を代表する有力な地銀《ちぎん》である）の経営破綻は、4月にいったん治《おさ》まった。危機が一旦《いったん》は、収束《しゅうそく》したように見える。しかし、皆さんもご存知のとおり、その後もぐずぐずとぐずついて、再びアメリカの銀行たちの取り付け騒ぎ（バンク・ラニング）が起きると言われている。次の連鎖破綻《はたん》は、8行までならいいが、10行を超すと金融恐慌（マネタリー・クライシス）になる。日本でも昭和2（1927）年3月に起きた（写真のとおり）。米政府（財務省）とFRB（連邦準備制度理事会）が助けきれなくなる。

2024年から「ドル覇権の崩壊」が始まる

最近は「脱《だつ》ドル化」という言葉がよく言われる。アメリカのドルの信用が世界中で低下している。それでも、まだ世界の貿易の決済の54パーセントは、米ドルでやっている。これが、50パーセントを割ると、アメリカの世界からの信頼が決定的に落ちる。このことの別名が「ドル覇権《はけん》の崩壊」だ。私は、ドル覇権《ヘジェモニー》（米ドルによる世界支配）が終わることを、15年前（2007年）から書き続けている。

「副島の予言はハズレ」と言われてずっと不愉快だった。それで、それから、どうなったか。何が今、起きつつあるのか。まだ「副島ハズレ」と、私の本に向かって書評（ブック・レビュー）を書けるのか。

アメリカのドルによる世界支配が、本当に崩れつつある。この考えに反対する人はもうほとんどいなくなった。日本人は、従順《じゅうじゅん》（奴隷《どれい》という意味だ）だから、風向き（日和《ひより》）に合わせて、何とでも、平気で自分の考えを変える。今やドル支配（覇権《はけん》）の終焉《しゅうえん》は、いつ起きるか、の議論になっている。

「いやあ、まだあと20年は続く（即ち2043年まで）」と主張し続けた専門家たちが、アメリカにもずっといた。私は、そんなに長くはかからない、と書いて来た。**来年2024年から、ドル覇権はガラガラと崩れるだろう。**

たとえ米ドルの弱体化（ドルの暴落）が起きても、アメリカの世界支配は、簡単には終わらなくて、ずっと続くと思っている人々が日本の保守派の大半だ。今もそうだ。しかし、そんなことはもう無いよ。あと数年で終わりだ。

金とドルの戦いでドルは大暴落

金《きん》は、これからまだまだ上がる。1グラム2万円、いや3万円までゆく。今（5月12日）金《きん》の小売《こうり》価格で、1グラム＝9800円まで行った（P203の表を参照）。アメリカ政府（財務省）とFRB（米《べい》中央銀行）とゴールドマンサックスが組んで、違法そのものの、金ETF《きんイーティーエフ》（金《きん》証券。ペイパー・マネーの先物取引。差金決済《さきんけっさい》）で、レバレッジ（投資倍率）を何と500倍どころか、今や1000倍ぐらいをかけて、金《きん》を売りクズしている。

わずか1割（10パーセント）の担保（保証金）も差し出さずに、全くタダで「政府さま、（お上《かみ》）がやる取引だぞ」と〝裸の空売《から》り（ネイキッド・ショート・セリング）〟を仕掛けている。

アメリカ政府（財務省とFRB）は、もう現物《げんぶつ》の金《きん》をほとんど持っていない。「アメリカはニューヨーク連銀《れんぎん》が8300トンの金《きん》を保有している」というのはウソである。

もう、ケンタッキー州のフォートノックス（米陸軍の基地である）のニューヨーク連銀《れんぎん》の金庫（巨大な横穴《よこあな》の洞窟）に、金の地金《じがね》（ingot　インゴット）はほとんど無い。有るはずなのに無い。使ってしまって外国に流れた。

アメリカ政府がいくらドルの空《から》売りをやっても、もうダメだ。金《きん》が米ドルを、ブチ壊して大上昇してゆく。金《きん》とドルの戦いで、ドルの大敗《おおま》けが迫っている。だからドルは大《だい》暴落する。

この金融本では、私はさらに、これからの金融の動きを予言をする。どこまでも分かり易く書く。

日経新聞と週刊ダイヤモンドと週刊東洋経済という一流金融雑誌が、毎号、毎号書いているような難しいことを私は書きたくない。ああいう難しい文章を読んで、何か分《わ》かったふりをしている投資家や金融業界の人間たちが大嫌いだ。私は、本当に分かりやすい言葉でお金《かね》の動きを説明する。これが出来なければ、私の負けだ。私はすでにこの25年間に70冊以上の、金融本を書いてきた。あいつら（金融評論家たち）に妥協して、私も難しいことを知ったかぶりをしてワザと書いてきた。それがもうイヤになった。

恐れいったことに、この金融雑誌たちが、平気で、「世界恐慌が迫り来る」という特集記事を書くようになった。恐慌になる、大暴落が起きる、と書いたら、その業界人は、業界追放ではなかったのか。お前たちは、いつ、自分たちのルールを変えたのだ。この恥知らずどもめが。

米政府は無限にお札を刷って自滅してゆく

3月10日に、シリコンバレー・バンク（SVB）が経営破綻した。それで、アメリカに新しい金融危機が勃発した。それ以来アメリカは震《ふる》えている。誰もがこのことに気づいている。しかし、日本のアメリカの手先《てさき》どもが、今も団結して、日本国民を洗脳して、騙《だま》し続けているから、誰も公然と真実を言う（書く）者がいない。私、副島隆彦だけが、なんとか、かんとか書いてきた。

私は、SVBの破綻の翌々日の3月13日に、自分のホームページにはっきり書いて予言した。次のアメリカの中堅銀行たちが破綻の連鎖をするのは7月だ、と。遅くとも9月までに次の米《べい》金融危機が起きると。だが、米《べい》政府とFRBは、自分たちがやることは違法《いほう》であり、さらに犯罪（刑事違法《けいじいほう》）であることを知りながら、「もう、こうなったら」で無限にお札を刷って、市中《しちゅう》という名前の、危ない民間銀行たちに、10トン・トラックの現金輸送車で運び込む。こうなったら、何でもやる。「政府がやることはすべて合法《ごうほう》である」という近代《モダーン》ヨーロッパで生まれた、「国家は悪《あく》（evil《イーヴォ》）をなさず」（ハ？）の、おかしな法理論で突破する気だ。

そして、その揚げ句に、（法律上の根拠がなく）刷り散らかし過ぎた米ドル札《さつ》と国債《こくさい》（国の借金証書）が原因で、ドルの信用が一気に、世界中で消滅して、それでドルの大《だい》暴落が起きるのだ。

即ち、「ドル覇権の崩壊」“The《ザ》 Collapse《コラプス》 of《オブ》 the《ジ》 US《ユーエス》 Dollar《ダラー》 Hegemony《ヘジェモニー》”である。

めでたし、めでたし。

米銀行破綻の連鎖から世界大恐慌の道筋が見えた――［目次］

第1章　世界大恐慌への道筋が見えた

第2章　これから米地銀の破綻が連鎖する

第3章　いよいよアメリカのドル覇権が崩壊する

第4章　金は1グラム＝1万円をもうすぐ超える

第5章　黒田日銀総裁は日本を救った

装幀――赤谷直宣
作図――CAPS
写真――AP／アフロ
アフロ
時事
EPA＝時事

第1章　世界大恐慌への道筋が見えた

SVBの経営破綻から金融危機が始まった

今年3月10日に、アメリカのカリフォルニア州の大都市サンフランシスコ市の、南にある〝シリコン・バレー（谷間）〟地区（アメリカのIT《アイティ》の先端企業群の聖地《メッカ》）にある、シリコンバレー・バンク（Silicon Valley Bank, SVB《エスヴイビー》）が経営破綻《はたん》した。アメリカで金融危機の前振れである、中堅銀行の連鎖《れんさ》破綻が起きて信用不安が起きた。

このSVB銀行の本支《ほんし》店の前に、自分の預金《デポジット》を全額引き下《お》ろそうとする人々が、列を作った。これを「取り付け」騒ぎと言う。英語で（bank run《バンクラン》）、あるいは（bank《バンク》 running《ランニング》）と言う。このrun《ラン》というのは「人が作る列《れつ》」という意味である。日本人は、run《ラ》（ning《ニング》）と言うと、「走り」の意味だけしか思いつかない。しかし、run《ラン》はこの他に、「連続状態」とか「流水（川のこと）」とか、「映画や公演の連続催し」とか、「ものごとの勢いと形勢、方向」という意味がある。

run on a bunk で、「銀行の前に人集《ひとだか》りが出来て、自分の預金（デポジット）を引き下《お》

SNS を介したネットバンキングによる大量の資金流失で3月10日に破綻したシリコンバレー銀行。インターネットが発達した現代でも人々は預金を引き出そうとして列を作る。

ろそうとする人々の取り付けの騒ぎ」の意味になる。これが起きたのである。これで、皆《みんな》ビックリした。日本人もテレビ、ネットのニューズで知って驚いた。上の写真のとおりである。

日本で今から96年前の1927（昭和2）年の3月に起きた「金融《きんゆう》恐慌《きょうこう》」の時に起きた取り付けの様子の写真2枚をまえがきに載せた。この金融危機がこれからまた起こるだろう。

次の騒ぎは、9月に起きる、と私は予想している。こんなネットバンキング（英語ではweb《ウェブ》 banking《バンキング》と

潰れる危ない 米地銀《ちぎん》トップ14行

第2章で説明する

危険度	銀行名	全米ランク	本拠地	連結資産(単位:100万ドル)
1	シルバーゲート銀行 潰れた 暗号資産に融資。3月8日に自主解散(清算)した。	128だった	ラホーヤ(カリフォルニア州)	11,353
2	シグネチャー銀行 潰れた 暗号資産に融資。3月12日に破綻。	29だった	ニューヨーク(ニューヨーク州)	110,364
3	シリコンバレー銀行(SVB) 潰れた 3月10日に経営破綻した。	16だった	サンタクララ(カリフォルニア州)	209,026
4	ファースト・リパブリック銀行 潰れた 300億ドル入れたのに破綻。 5月1日 JP モルガンがすぐに吸収。	14だった	サンフランシスコ(カリフォルニア州)	212,639
5	パシフィック・ウェスタン銀行 危ない 5月17日に株価85%下落して4.5ドルに。	53	ビバリーヒルズ(カリフォルニア州)	15,615
6	ザイオンズ銀行 危ない 株価60%減。	29	ソルトレーク(ユタ州)	89,545
7	コメリカ銀行 危ない 潰れてもテキサス州政府が支える。	30	ダラス(テキサス州)	85,531

副島隆彦が予測する これから

危険度	銀行名	全米ランク	本拠地	連結資産(単位：100万ドル)
8	ファースト・ホライゾン銀行 危ない	31	メンフィス(テネシー州)	78,672
9	ウェスタン・アライアンス銀行 危ない 株最安値18ドル。	33	フェニックス(アリゾナ州)	71,166
10	イースト・ウェスト銀行 危ない 株80ドルから最安値41ドルに。	34	パサデナ(カリフォルニア州)	64,088
11	シノーバス・ファイナンシャル銀行 危ない 株価44ドルから今、最安値20ドル。 アトランタの南200キロのコロンバスが本拠地。	35	コロンバス(ジョージア州)	59,630
12	ヴァレー・ナショナル銀行 危ない 株価12ドルから6.5ドルに。NYの西50キロにある。	36	パセイク(ニュージャージー州)	57,452
13	キーコープ銀行 危ない	17	クリーブランド(オハイオ州)	187,590
14	アリー・ファイナンシャル銀行 危ない	19	サンデイ市(ユタ州)	182,326

いう）、インターネットの通信技術が発達した時代に、それでも人々は、銀行の前に列（ラン）を作るのである。政府にとっては、この人々が取り付け騒ぎを起こすことが、死ぬほどイヤなことだ。社会不安だからだ。

やっぱり2024年に世界大恐慌に突入する

ここから以下の文は、私は3月13日に書いた。そしてその後の進展を書き加えた。遂《つい》に始まった米国の金融崩れについてである。

アメリカで、現地3月10日（金）の午前中に、シリコンバレー銀行の経営破綻（business failure、ビジネス・フェイリア）が起きた。これは、債務超過《さいむちょうか》（debt excess デット・エクセス 欠損会社《けっそんがいしゃ》とも言う）による事業の消滅（default デフォルト）になったのである。私はこのことを知ってから、丸2カ月、情勢をずっと凝視し分析している。次から次に入る「アメリカの中堅の地銀《ちぎん》たちが危ない」のニューズ記事を毎日、毎日読んで、それらを採集（収集）しながら2カ月が過ぎた。「ホラ見ろ。私がずっと書いてきたとおりじゃないか」と舌打ちしながら。それでも今回の事態が世界大恐慌に突入するのはもう少

４番目に危ない銀行ファースト・リパブリック・バンクの様子。５月１日に破綻して消滅した。

し先だ。次の騒ぎも収まって（無理やり収めて）、さらに秋、冬を越す。

そして来年（２０２４年）の秋には、ニューヨークの金融市場の崩壊《コラプス》が起き、世界大《だい》恐慌（world great depression）に突入する、と私は予言する。私は、この「２０２４年、世界大恐慌突入説」を、なんと、もう5年前から自分の既《き》刊《かん》の本たちでずっと書いてきた。

今回の小さな銀行危機は、なんとかアメリカ政府が押さえ込んだ。だが小さな危機ではない。アメリカ政府（財務省とＦＲＢ）が、中堅銀行がひとつ潰れる（破綻する）度《たび》に、平均して５００億ドル（6兆円）をつぎ込んで救済しなければ済まないのだ。

イエレン米財務長官が、「SVBの預金者の預金を全額保証する」と、3月12日に宣言したことで〝3月危機〟騒ぎはひとまず収まった。だが、余燼《よじん》（燃え残りの火）がずっとくすぶっている。

最盛期（2022年3月）に、SVBは、全体で1500億ドル（約20兆円）の預金があった。総資産は2090億ドル（28兆円）あった。全預金のうちの4分の1の420億ドル（5兆円）が、前日（9日）のうちに引き下ろされた。取り付け騒ぎが始まる前日（木曜日）である。大口の法人預金者たちが、ネット（ウェブ）・バンキングで、一斉に引き下ろした。これが決定的だった。記事を載せる。

「債券バブルが生んだ米欧金融不安　規制強化なら邦銀打撃」

3月10日（金）に経営破綻したSVB銀行。最大の要因は、保有《ほゆう》する債権《さいけん》に巨額の損失が発生したことだった。

SVBは、22年4月から同年末までの9カ月間で預金が230億ドル（3兆円）も

NY株 ウクライナ戦争の停戦《シースファイア》はおそらく年末（NYダウ 直近5年）

出所　Yahoo!ファイナンス

流出していた。手元資金を補うため、SVBが（3月8日に）210億ドル（2・6兆円）の債券を売却したところ、18億ドル（2000億円）の損失が発生した。財務悪化が（大口《おおぐち》の債権者や取引企業に）一気に知れ渡った。このため、1日で420億ドルという巨額の預金流出を招いたことで、突然の破綻劇となった。

　SVBは、1750億ドル（23兆円）の借金（引用者注。そのほとんどが預金である）を抱え、その多くを米国債やMBS《エムビーエス》などの債券《ボンド》で運用していた。

　FRBの急速利上げで（2022年の年末時点で、すでに）債券市場《ボンド・マーケット》は総崩れとなっていた。そのためSVBはグループ全体で150億ドル（2兆円）もの債券含み損が発生した。預金の引き出しが続いたSVBは、保有債券を売れば売るほど損が出る構図となり、経営が極端に行き詰まった。

（日本経済新聞、2023年3月27日　傍点、筆者）


　この日経新聞の記事に書かれているとおり、SVBは、急いで急速に無くなってゆく手元資金を作るために、3月8日に210億ドル（2・8兆円）分の手持ちの中古の米国債を売却した。そうしたら、18億ドル（2400億円）の損失が発生（確定）した。この事

米国債10年物（長期金利）の利回り（直近5年）

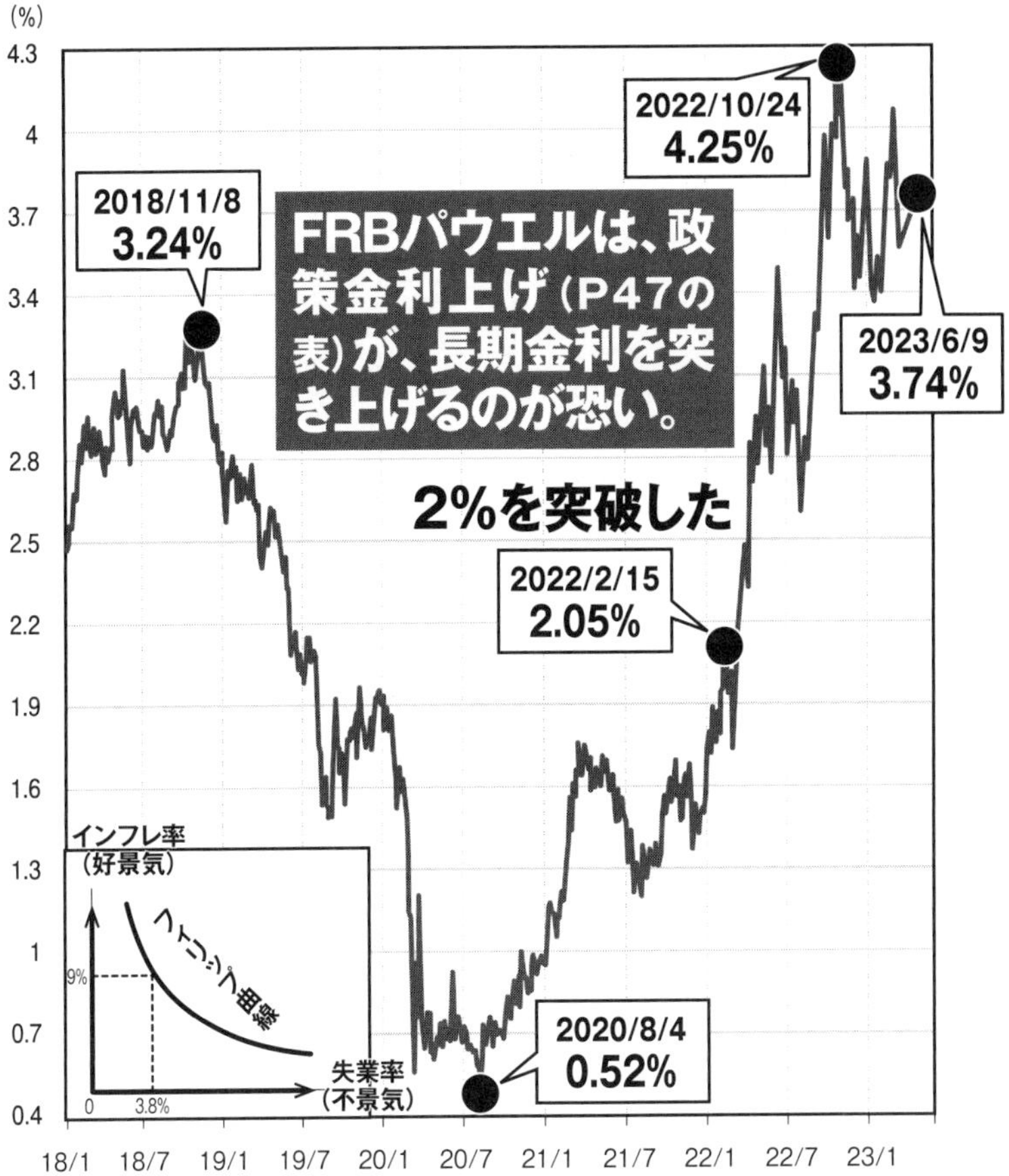

出所　FRB

実が大事である。市場で3兆円分の中古の米国債を売ったら、2000億円以上の実損が出るのである。

この事態は、他のすべての米銀行に当て嵌《あては》まって適用される。これが今の真実のアメリカである。この事実に着目することが何よりも大事だ。

これが、今の世界中の銀行がやっていることだ。日本の銀行もこれと同じ仕組みで動いている。すでに含み損を抱えている。米国債という債券を買うと、値崩れが起きているので、途中で（満期ではない。満期は10年先）売却すると、損が出る。

前記の例を1／100（100分の1）にすると、「300億円で中古の国債を売ったら、20億円の損が出た」ということだ。これは「投資に対して7パーセントの実損」だ。プロの金融マンたちが、現在、世界中でこういうことをやっているのである。

あのイーロン・マスクの子分（関連会社）の投資会社であるVC《ヴィシー》（ベンチャー・キャピタル）たちが、いち早く「SVBの経営は危ない」と客たちに緊急連絡した。これでシリコン・バレーのテック企業（先端のIT企業たち）の経営者たちが、急いで3月9日の夜までに引き下ろした。それが前記の420億ドル（5兆円）である。

日経平均株価（直近4年）
(円)
33,000
32,000
31,000
30,000
29,000
28,000
27,000
26,000
25,000
24,000
23,000
22,000
21,000
20,000
19,000
18,000
17,000
16,000
19/1
19/7
20/1
20/7
21/1
21/7
22/1
22/7
23/1
2023/6/12
32,434円
2021/9/14
30,795円(高値)
大戦争、大恐慌になっても大丈夫な堅実な株を買いなさい。
2022/3/9
24,681円(安値)
コロナウイルス暴落
26,000円を割るたびに仕組み債（ノックイン債）がノックインして投資元本の8割を失う。
2019/1/4
19,241円
(安値)
2020/3/19
16,358円(安値)

出所　Yahoo!ファイナンス

この事実は、5月16日に、上院議会の公聴会《こうちょうかい》(パブリック・ヒアリング)に呼びつけられた(召喚、summon　サモン)、SVBのCEOだったグレッグ・ベッカーが証言した。「前例のない(アンプレシデンテッド)事態で予測できなかった」「前代未聞の急激な破綻(ブレイク・ダウン)だった」と言い訳した。

慌てふためいたSVBの経営陣は、この時、手持ちの米国債と住宅抵当証券(MBS《エムビーエス》)が、既にボロクズ債券《ボンド》になっていると分かっていた。だが手元の資金がどうしても必要なのでNY《ニューヨーク》市場で売却して、緊急に30億ドル(4000億円)の資金(手元流動性《りゅうどうせい》)をなんとか確保した。

しかし、それも焼け石に水であった。翌10日朝には、一般のふつうの預金者たちがネット上の噂を聞きつけて、写真のとおりSVBの各支店の前に列《ラン》を作った。まさしく取り付け騒ぎ(バンク・ラン)である。銀行は、預金者が殺到して引き出し(引き下《お》ろし)を始めると、すぐに手元資金が底をつく。あとは政府からの緊急の現金輸送車での現金の、裏口からの搬入による、預金引き出しへの対応しかない。

SVB銀行でも、実際にこのことが起きていたのだ。だがそういう報道はなされない。政府からの現金輸送車がSVBに運び込まれるニューズ画面はない。そういう映像は政府にとって物凄くイヤなことだからだ。

政府による銀行救済にも限度がある

初めはジャネット・イエレン財務長官は、３月11日（土曜日）までは、「一般の預金者への払い戻しは決まり通り、預金保護の保険の範囲内（個人ひとり25万ドル（３０００万円）まで）である。それ以外の大口預金者たちは、ＳＶＢの利害関係人（ステイク・ホルダー）であるから、預金は引き下ろしが保証されない」と、強い姿勢だった。

ところが、とてもそんなことは言っていられなくなった。イエレン財務長官は、自分の判断の甘さに気づき、血相を変えて方針を撤回した。

現状はもっと深刻だった。銀行危機と信用不安《しんようふあん》がアメリカ全土に、アメリカ国民の間に一気に広がった。このまま事態を放置することはできない。イエレンは急遽、態度を変えて13日（月曜日）朝には、「経営破綻したＳＶＢ銀行の預金の全額を、政府が全額支払い保証する」と宣言した。

この時、「長官。預金のすべての人への無制限の支払いはできません。それは、現行の金融行政の逸脱（違法行為）です。預金保険以上の、政府による民間銀行の救済（サルベーション）は、巨額の政府資金（公的資金）の投入が必要となります（おそらく５００億ドル（６兆円）ぐらい）。長官、それはできません。ＳＶＢ銀行だけを政府が救済してもそれに続く、銀行破綻が起きた時、それらにまで投入する政府資金は有りません」。このように、イエレンに助言した側近の米財務省官僚は、このあとクビを切られて（解任）、別の部署に移された。その新聞記事も出た。

この官僚の判断が正しいのだ。民間銀行であるＳＶＢの経営失敗による経営破綻（ビジネス・フェイリア）による倒産、破産消滅を、政府は救済してはいけない。昭和２（１９２７）年の金融恐慌の時、渡辺銀行を始め倒産した36行の銀行は、殺到した客に対して預金の引き下ろしをさせなかった。休業ということで銀行のドアを締めたまま、そのあと潰れた。現在では、「金融（業）は経済の血液だから政府が預金の補償をするのは当然だ」という理論が勝手に、違法がまかり通っている。しかしどこまでそれができるか、である。

3月12日（日）の米政府の緊急会合は、連邦政府（米財務省）と、ＦＲＢ（中央銀行）

とＦＤＩＣ《エフディーアイシー》（連邦預金保険機構《れんぽうよきんほけんきこう》）の３者で、ＳＶＢ銀行の預金の引き下ろしを、緊急の融資を行うことで救済した。ＳＶＢは、ただちにＦＲＢの管理下に置かれた。ＳＶＢ銀行の残っている資産をどのように処理するか、の精査《せいさ》が６月にもまだ続いている。

５月16日に、ＳＶＢの経営トップ（ＣＥＯ）だったグレッグ・ベッカーが、米上院の金融委員会の公聴会に呼び出されたが、このあと、彼らＳＶＢの経営陣は刑事起訴される。グレッグ・ベッカーは、ＳＶＢの破綻直前に、自分の保有する株式を市場で売却していたことが判明している。彼らは厳しく処罰される。今回、預金者の預金の全額返済が保証されたのはＳＶＢだけだ。ＳＶＢは解体され消滅した。

前述したとおり、それまでは、イエレン財務長官は、「ＳＶＢの株主と債権者（ステイク・ホルダー）は救済しない。公的《こうてき》資金の投入はしない」と明言していた。小口の預金者たちは、預金保護の保険（再度書くが、預金者ひとり25万ドルまで。３０００万円。日本はこれが１０００万円だ）によって救済された。この預金者保護の制度のことを、10年前はペイオフ（pay off）と日本でも呼んでいた。しかし、このペイオフという言葉は、「騙《だま》されて払う」という意味も入っているのでアメリカで使われなくなった。今は預金保険（デポジット・インシュアランス）と呼ばれる。

イエレンが、ＳＶＢの大口預金者たちに厳しい態度を取るのは当然のことで、それが本来の資本主義（カピタリスムス）のあり方だ。民間企業（銀行も民間企業だ）を政府が特別に甘やかして救済することをしてはいけない。大株主と創業者たちに責任を取らせるべきなのだ。

前述した日本の金融恐慌（昭和２（１９２７）年）の時は、倒産した銀行のひとつの経営者のお嬢さまが遊廓《ゆうかく》（花街《かがい》）に売られた、と新聞で騒がれたのである。企業が潰れたら経営者の一族が社会的責任を取らされる、と考えるのが、かつては正常だった。政府は民間銀行を助けなかった。預金者のカネは戻ってこなかった。政府は支払い猶予令《ゆうよれい》（モラトリアム）を出して景気の悪化を防いだだけだ。

ＳＶＢ銀行の残りの預金総額１０００億ドル（13兆円）は、テック企業や、スタートアップ企業が、ＳＶＢからの融資の見返りに積まされていた。実質的には、引き下《お》ろせない拘束性《こうそくせい》の預金だ。これらの拘束性《こうそくせい》の預金（定期預金）は実際上、解約できず救済されない。それが当然のことだ。

このあたりの真実は今も報道されない。これらの法人預金は、日本でも今も行われている、いわゆる「分《ぶ》積み、両建て」である。たとえば銀行が中堅企業に１００億円を融資する代わりに、20億円とかを、実質的に担保《たんぽ》として預金させる仕組みになっている。これは違法だ。しかし実際には今も行われている。だから米財務省と、ＦＲＢがＳＶＢ銀行に、突っ込んだ公的資金は４００億ドル（５兆円）ぐらいだ、と私は考えている。すべての預金（者）が返済保証されると考えるのは、あまりに幼稚である。

ＳＶＢ銀行からパシフィック・ウェスタン銀行（Ｐ20の一覧表。❺位）までの５つの銀行の破綻で危機は過ぎた、のではない。❹つ目の破綻懸念《けねん》銀行であったファースト・リパブリック銀行《バンク》の株式も、３月13日に８割以上株価が下落して、預金者たちが取り付けの列を作った。

ＳＶＢと違って、❹ファースト・リパブリック銀行の場合は、１週間のすったもんだの挙句に、３月20日に、ニューヨークの大銀行たち11行が、１行あたり30億ドル（４０００億円）ずつ出資する形（預金《デポジット》を積む形とした）で支援した。

このようにして合計３００億ドル（４兆円）を、❹ファースト・リパブリック銀行に突っ込む形で救済して、破綻（廃業）をさせなかった。ＪＰモルガン・チェースのジェイミー・ダイモン会長が音頭をとった。米財務省による、直接の公的救済ではマズいと考えたのである。しかし実質は、もう政府管理下にあって、破綻している。

いくらアメリカ財務省（トレジャリー・デパートメント）と、パウエル議長率いるF《エフ》RB《アールビー》（連邦準備制度理事会。米の中央銀行）といえども、この調子で、500億ドル（6兆円）ずつの救済資金を、次々に破綻する、10行もの銀行に出すことはできない。それらの潰れる、危ない銀行の一覧表は本書の第2章の冒頭のP64にも載せた。だから、政府が救《たす》けるにも限度がある。

政府が民間銀行を救《たす》けると言っても、その公的資金《こうてきしきん》は、打ち出の小槌《こづち》や、金《かね》のなる木から生まれるのではない。原資は税金（だから公的資金という）である。イエレンとパウエルは、ぎりぎりまで公的資金（税金）の投入を嫌《いや》がるのである。

いくら何でも破綻したSVB1行だけ、預金者の預金の全額支払いを約束しただけで、損失金のすべてを、財務省とFRBとFDIC《エフディアイシー》（連邦預金保険機構）が肩代わりすることはできない。SVBの主要取引先である、大口の投資家（大株主でもある）たちの分の預金については、支払い補償をしないで、詰《つ》め腹《ばら》を切らせたはずなのである。そういうことを書いた記事は全く出ない。

米国債の高値掴《つか》みで損失を出した

ＳＶＢは、銀行業として、客であり融資先であるテック企業及びＶＣ（ベンチャー・キャピタル）たちに融資《ローン》をしていた。その原資を、大口出資者たちと小口の預金者からの預金（１５００億ドル、20兆円）を、ＮＹ《ニューヨーク》の債券市場《ボンド・マーケット》で運用することで賄《まかな》っていた。この資金の運用先が、中古の米国債とＭＢＳ《エムビーエス》（住宅ローン担保証券）の販売市場である。この既発債《きはっさい》の債券市場《ボンドマーケット》の機能（仕組み）を、今、私が急に簡単に説明することはできない。はしょって簡潔に言えることは、この中古の米国債の運用市場で、ＳＶＢは、この１年間ですでに大きな損失を出していた。それは、含み損となって逆《ぎゃく》ザヤの形で内部に秘かに貯められていた。そしてこのリスクを金融当局が検査（厳しく評価）していなかった。そのことがそれとなく前掲した日経の記事に書かれている。

ＳＶＢの資金運用部が、安値で仕入れて上手に買った、と思っていた中古《ちゅうこ》の米国債（既発債）が、実は高値掴《つか》みであった。中古の米国債は、どんどん値崩れを起こしていた。買った時の値段よりも１割ぐらいの評価損（含み損）をすでに出していた。そして、それを外部にひた隠しにしていた。

ＳＶＢの資金運用部は、資金繰《ぐ》りに失敗して「逆《ぎゃく》ザヤ」を起こして、運用資金の含み益《えき》が全部消えた。それどころか、巨額の含み損（おそらく５００億ドル、６兆円ぐらい）を隠し持っていた。内部に損失金を秘密で抱えていたのだ。そして金融市場を監視し銀行を監督するＦＲＢと米財務省が、民間銀行たちが、この秘密でゴッソリ抱えていた含み損、即ち逆ザヤの金利リスクを監視、査定していなかった。

この含み損（評価損）のリスクは、他の銀行たちも全く同様に抱えている。実は日本の銀行も抱《かか》えている。監督庁が恐《こわ》がって、ここに強力に検査を行うことが今もできない。だから急激な、次の信用不安が起き、噂《うわさ》（ルーマー）が広がって、「あの銀行は経営が危ないらしい。私は急いで自分の預金を引き上げなければ」となったら、ひとたまりもない。前述した次の取り付け騒ぎになる。アメリカの有力な地銀《ちぎん》の銀行危機は、一気に他のすべての銀行に波及してゆく。それがＰ20に私が独自に作った、次に潰れる危ない銀行14行のリストである。Ｐ１３３には、全米トップ45行の銀行も、載せた。

これらの「危ない全米の中堅銀行たち」は全く同じ状況になっているのだ。それをSVB銀行だけが特別に経営内容が悪かった、とあとになって言っている人々は、ウソであり、策略である。アメリカの銀行業は、全般的（全面的）な危険状態にある。

SVB銀行破綻は、他のカリフォルニア州の地方銀行たちに波及した。これらの銀行の株価は、軒並み以前の7割ぐらい下がって3割になった。次の9月の取り付け騒ぎでは、破綻するのは、10行ぐらいだろう。それで、再び連鎖破綻《チェーン・デマイズ》は止まる。❹ファースト・リパブリック・バンク（5月1日潰れた）や、P147の全米45位のパックウエスト・バンコープなどが危ない。その次に来る金融恐慌（エコノミック・クライシス）は、来年の暮れだ。

暗号資産（クリプト・カレンシー）の業界に融資してきたP20の❶位のシルバーゲート銀行は、3月8日に、自主的に会社を清算《せいさん》（解散）した。SVBとほぼ同時に破綻した❷シグネチャー銀行（NY州が本拠）も暗号資産関係だ。経営破綻の噂が広がった。ニューヨークに飛び火したのだから、本当に次の銀行連鎖《れんさ》破綻（取り付け騒ぎ）が全米で起きる。世界の金融の都ニューヨークを中心に金融危機が起きると、それはまさしく世界恐慌になる。

ハイリスク・ハイリターン債とは高危険債だ

アメリカの中小のテック企業やスタートアップ企業たちは、多額の借金（銀行からの融資）を抱えている。それは、だいたい1年間の売上高と同じぐらいの融資額（長期負債《デット》）である。

シリコンバレーは、大《だい》（グレーター）サンフランシスコの一部で、南のパロアルト市とサンノゼ市の間に広がっている。ここに散在するテック企業（IT《アイティ》関連のソルーションの中小企業群）は、通常の銀行からの融資（事業用ローン）のほかに、年率12%とかの利払いが必要な、高《こう》危険のボロクズ債券、即ち、ジャンク・ボンド（債）を発行している。まさしくハイリスク・ハイリターン債である。そしてそれを、潰れたSVB銀行やVC（ベンチャー・キャピタル。危険なハイテク企業への投資家たち）に引き受け（買い取り

acceptance アクセプタンス）してもらっている。

ハイリスク・ハイリターン債とは、まさしく高《こう》危険債である。ただの紙切れの上に「この証券《ノート》は○○社が発行しました、1億ドル（130億円）の債券です」と書いてある有価証券である。そして、「10年後の満期日まで年率12％の利払いをします」と約束文言《もんごん》が書いてある。これらは極めて低《てい》信用のボロクズ債である。これを表面金利（フェイス・ヴァリュー）と言う。これらは債権《さいけん》証書（債券《ボンド》）であるから、特に利回り（イールド yield）と言う。金利（利息、インタレスト）と同じである。それを実質金利で計算し直す。

誰もこのように、はっきりと書かない。だから私が書く。わざと「ハイリスク」の文字を隠して（省いて）「ハイリターン（高利回り）債」ばかりを強調する。そのようにして、日本の大《だい》銀行たちまでが、これらの詐欺商品を日本の小《こ》金持ちの客たちに売っている。「まさか、こんな大銀行が私（のようなたいしたことのない者）まで騙《だま》すとは。信じられない」と皆、思っている。大《だい》銀行や有力地銀《ちぎん》たちは、もう、そんなことは言っていられない。本気で客たちを騙《だま》す気だ。今の銀行員たちは、かつてのエリート社員たちではない。ハイエナのような詐欺師たちの集団になりはてている。自行《じこう》が生き残るためには、もう

「背《せ》に腹《はら》は代えられない」で、客たちを初めから喰い物にする気である。

騙《だま》されて、そういう投資信託（ファンド。前記の高《こう》危険債が中に組みこまれている）を買ってしまった人たちは大損する。必ず大損する。だからこれらのジャンク債（ボンド）の取引市場全体が、今ＮＹの債券市場《ボンド・マーケット》の中で、恐ろしく危険な事態になっている。

しかし、その報道、ニューズは全く流されない。これらの債券《ボンド》の中の、王者が、国債《こくさい》（ナショナル・ボンド）なのである。国債とは、「国家が発行した借金証書」のことである。いくら国債でも、いざとなったら紙キレになるしかない。

かつての戦時《せんじ》公債（戦争国債）と全く同じだ。

ニューヨークのジャンク債市場こそが金融核爆弾

この他に、不動産への投資の業界で、新興の住宅ローン専門である、新しいタイプのネット金融業者たちがいる。ここもジャンク債《ボンド》（ゴミクズ債券）の高《こう》危険債を発行している。リート（REIT）という不動産債券の市場もある。この他にアメリカ合衆国で産出するシエール・ガス（shale gas　粗悪な天然ガス）を採掘する、新興ベンチャー（日本語では山師《やまし》という。英語には山師に相当する語はない。強いて言えばconman コン・マン、詐欺師である）である。

この他にライフケア業界がある。化学《ケミカル》や生物《バイオ》関連の新規企業群である。彼らもジャンク債《ボンド》（バカ高い高利を約束）を発行して資金を調達してきた。この業界も危ない。ライフケア業界と聞こえはいいが、その実態は世界中からの臓器売買ビジネスや化粧品用にプラセンタ（胎児の胎盤エキスなど）を扱っている犯罪的なこともやっている。

これらの各種のベンチャー企業群が、もはや年率20％のハイイールド（高利回りの約束）を謳《うた》い文句にして債券を発行しても、もう誰も引き受ける《アクセプタンス》者はいない。超（スーパー）高危険《ハイリスクフル》に決まっている。

このＮＹのジャンク債市場が金融核《かく》爆弾であり、その破裂（バースト）がニューヨークの全《ぜん》金融市場の崩壊（取引停止。氷《こおり》つくこと）の引き金となる。

このハイリスクのジャンク債たちを、「お前たち。もういい加減にしろ。そんな証券をこれ以上、売るな」と引き止めるために、パウエル議長のＦＲＢが、金融引き締め（Ｑ《キュー》Ｔ《ティ》）で政策金利を急激に上げた。これが金融引き締め（利上げ）なるものの真の姿である。

表面上は、バカの一つ覚えのように「インフレ対策として」とテレビや新聞記事に書いてある。そんな生易《なまやさ》しいものではないのだ。「インフレを止めるためにＦＲＢが金利を上げた」と言えば、それで皆《みんな》で分かったフリをする。分かった気になる。バカなんだ、全員。

本当にバカなんだ。金融記事なんか、読んで自分が頭のいい人間であるかのように思い込むやつらは。私、副島隆彦の本の真剣な読者には、私はもっと詳しく、真実を教えて対応する。

債券市場から大恐慌が始まる

このニューヨークの債券（ボンド）市場の破裂（burst　バースト）危険が、世界規模で、さらに大きくなる。それが中国と日本とサウジアラビアが、山ほど持っている同じニューヨークの巨額の米国債の市場である。アメリカは、これまでに途方もない額の米国債を発行してきた。おそらく４００兆ドル（5京《けい》円）ぐらい発行残高がある。５０００兆円の10倍だ。真実は全く表に出ない。絶対に秘密である。この他に表《おもて》側に出ているのは、これまた超《ちょう》大量に発行されて世界中に垂《た》れ流されて来た（ＷＷⅡ大戦後の78年間で）米ドル札《さつ》（紙幣《ビル》）である。これも18兆ドル（２０００兆円）ぐらいある。

ニューヨークの中古《ちゅうこ》（既発債《き》）の国債の売り買いの市場で、この真実が露見したら、アメリカの金融市場は即座に大爆発を起こす。まさしく世界大恐慌（ザ・ワールド・グレイト・デプレッション）への突入である。もうすぐだ。

今度起きる世界大恐慌は、今から94年前の1929年10月24日の、ニューヨークの株式市場の大暴落（〝暗黒の木曜日《ブラック・サーズディ》〟と言う）とはちがう。それは株式《シェア》ではなくて債券《ボンド》市場の大暴落で起きる。

債券市場の規模は、株式市場の100倍の大きさである。現在では、ほとんどの金融商品は債券《ボンド》の形をしている。一般の客向けには全国の銀行の店頭《てんとう》で、投資信託《ファンド》（仕組み債《さい》もその一種）として売っている。保険商品もそうだ。こんなものを買ってお金を渡したが最後、もう、その8割は戻って来ない、と覚悟したほうがいい。

それに対して株式は、その会社（企業）の共有持分権《もちぶんけん》である。だから株式は、手堅い実体のある実物資産《じつぶつ》（タンジブル・アセット tangible asset）に近いものだ。但《ただ》し、現在では（30年前から）株券《かぶけん》という証書（金券《きんけん》）が無くなって、印刷された紙片《しへん》での所有や持ち運び、それからそれを担保《たんぽ》として貸し主に差し出す、ということが出来なくなった。株式もデジタル・マネーの一種になってしまった。それが少し心配だ。それでも株式なら間違いはない。株券の裏側に生きた生身《なまみ》の企業（人と物《もの》とサーヴィス）の活動がある。

来年（2024年）から始まるであろう米国債の信用崩壊によって、ドルの価値が1ドル＝10円とかに大暴落するだろう。その時でもアメリカ国民は、そのドルと共に、アメリカ国内で生きて行く。それで一向に構わない。アメリカ国内でハイパー・インフレが起きるだけのことだ。アメリカ政府が世界中から（無理やり）借りていた借金は、ドル暴落でチャラ（棒引《ぼうび》き）になる。米ドル札《さつ》は対外的《たいがい》には紙キレになる。

その時、これまで盛んにインチキ極《きわ》まりない「グレート・リセット」を囃《はや》し、コロナ・パンデミックとワクチンによる世界民衆殺しを実行して、さらにウクライナ戦争も仕掛けた大きな人類騙《だま》しをやって来た者たちの権力は、もう通用しなくなるだろう。

パウエルFRB議長が自らの誤りを認めた

ＦＲＢが政策金利（短期金利・左の表）の引き上げ（2022年3月から引き上げ、6月、7月、9月、11月と4回連続で0・75％ずつ急激に上げた）を行った。これが金融引

主要国の政策金利の推移

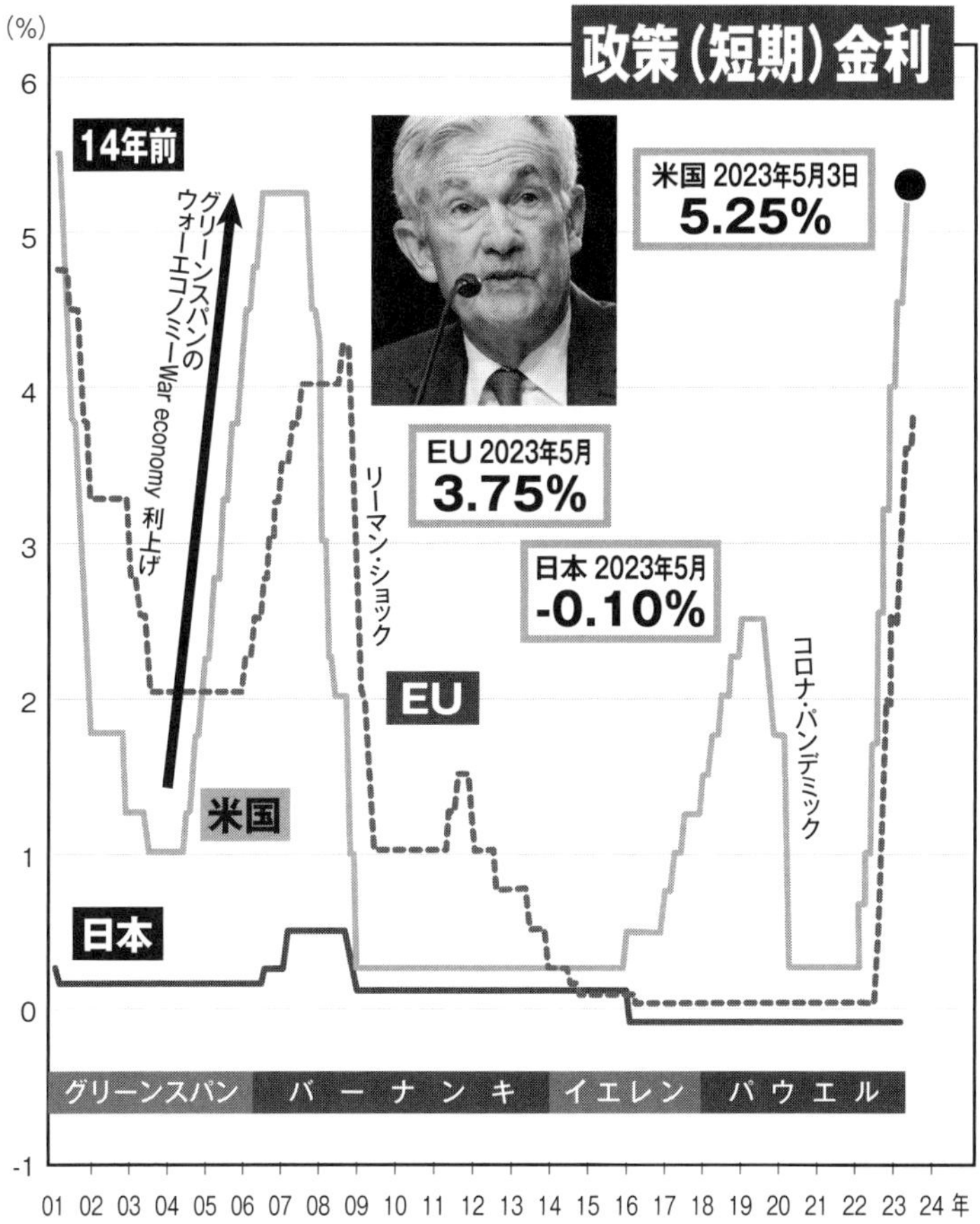

出所　各国中央銀行発表

FRB は自分たちの面子《めんつ》で、意地でも5.25%まで上げた。が、もうあとはいつ引き下げるか、で戦々恐々《せんせんきょうきょう》としている。

き締めＱＴ《キューティ》（クワンティテイティブ・タイトニング）政策への転換であった。そしてこれが今回の銀行連鎖破綻の元凶となった。

Ｐ20とＰ64に載せた、全米で危ない銀行たち、というのは、よく調べてみたら、何と、全米50州（ハワイ州を入れる）の各《かく》州で、州を代表する有力地銀《ちぎん》たちだ。日本で言えば、青森銀行、秋田銀行のようなものである。

3月10日のＳＶＢ《シリコンバレー》銀行の破綻（経営の大失敗《デマイズ》 demise）から急に、アメリカの金融政策は、逆ネジを食らって逆回転《ぎゃくかいてん》（rewind　リワインド）を始めた。それまで強気で言っていた、「引き締め政策をさらに強化せよ」（Ⓐ金融政策タカ派　hawk　ホークの立場）が大敗北した。もうグウの音《ね》も出ない。「もっともっと金利を上げよ。インフレを止めないといけない」と言っていた連中は大間違いだった。

それに対して、「これ以上の急速の利上げは、危険だ。実体経済を殺してしまう。もっと穏《おだ》やかに、やらなければいけない。金融緩和《かんわ》政策（ＱＥ《キューイー》　Quantitative Easing　クワンティテイティブ・イージング）を止《や》めることは、できないのだ」（Ⓑ金融政策ハト派　dove　ダブ）の連中も、今の急激に変化した事態に言葉を失って、為す術《すべ》を知らない。

どうしてよいか分からなくなっている。Ⓐ派もⒷ派も、FRBの中の理事たちなのだが、自分の大きな失策を、今、見つめている。皆、黙っている。

それでも、「金利を急いで上げ続けると私たちは言って来たのだから、今さら急にやめるわけにはゆかない」。ウクライナ戦争を仕掛けて、ロシアのプーチン政権を追い詰めて手を出させて、プーチンの息の根を止める（プーチンを失脚させる）計画だった。大きな世界戦略に、アメリカ（私たち）は失敗した。

それでも今さら、金利上げを急にはやめられない。「それではあまりにみっともない」となって、5月3日に、ちょろっと0・25%だけ上げた（P47の表）。

FRBパウエル議長は、根《ね》が正直者だから、「私たち（FRB）は間違った（政策を行った）」とはっきりと反省した。次の記事のとおりである。

「FRB議長「我々は間違いを犯した」　相次ぐ銀行破綻で」

米連邦準備理事会（FRB）のパウエル議長は、5月3日の記者会見で、銀行破綻が相次ぐ、現状について聞かれ、「我々が間違いを犯したことは十分に認識している」

と述べた。金融監督についての責任について言及した。今後は規制・監督の強化を急ぐ考えを示した。

銀行危機について、議長就任後の取り組みを振り返るよう促した（記者たちからの）質問に応《こた》えた。後悔していることはあるか、と聞かれると、歌手フランク・シナトラの名曲「マイ・ウェイ」の歌詞と同じ表現で「いくつかある」と返答した。バー金融監督担当副議長が、4月にまとめた米地銀シリコンバレーバンク（SVB）の破綻を巡る報告書を（引用者注。今さらながらのように持ち出して）評価し、「この中に書かれた規制や監督の不備を（今から）修正する必要がある」と主張した。

報告書には、事務方が、2月にSVBの経営問題について理事会に報告していたと記述がある。この点についてパウエル氏は、SVBが抱える含み損などの説明が（バー報告書から）あったことを認めつつ、「（それでも）喫緊《きっきん》に対応すべきものだ、という警告はなかった」と弁解《エクセキューズ》した。

5月1日に破綻した米銀ファースト・リパブリック・バンク（FRCB）のJPモルガン・チェースによる救済買収を、「銀行システムにとって良い結果だった」とパウエル氏は評価した。金融機関が巨大になりすぎると経営が悪化しても破綻させられず、政府支援に頼る事態に陥る。民主党左派《さは》議員などはこうした「大きすぎてつぶせない」問題が深刻になったと懸念を示している。しかしパウエル氏は、「今回は例外的な銀行破綻だった」と強調した。

（日本経済新聞、２０２３年５月４日）

このようにパウエルＦＲＢ議長は、「自分たちは（金融引き締めという）間違った政策を実行した」とはっきりと認めた。しかしパウエルが急に、その責任を取る気はない。「アメリカは政策を間違ったまま突き進むしかないのだ」という大きな居直《いなお》りを続ける気である。誰も責任を取ろうとしない。

米政府もＦＲＢもお手上げの事態になる

一気にお客たちからの預金流出（流失《りゅうしつ》）が起きたら、急激な預金量の減少で、その銀行の手元《てもと》資金はすぐに底を尽《つ》く。銀行はそんなに多くの現金を持っているわけではない。いつもギリギリの手元流動性《りゅうどうせい》で運営している。破綻したら緊急に地区連銀《ちくれんぎん》から救援の融資が行われる。ＳＶＢの全支店に、20億ドル（２５００億円）が、現金輸送トラックで現金《キャッシュ》（お札の束）で運び込まれて、13日（月曜日）からの小口の普通の預金者たちの引き下《お》ろしに間に合わせた。

この小口の預金者たちの引き下ろしは、ほとんどが預金保護の保険制度が適用された。以前はペイオフと呼ばれた。ひとり限度額25万ドル＝３０００万円である。預金が３００0万円以上有る、という人々は、アメリカでも裕福な階層《クラス》の人々である。預金保険の実行は、前記のＦＤＩＣ《エフディアイシー》が行う。日本は、これが個人ひとりで1行あたり１０００万円まである。これで今回は間に合ったようである。この地区連銀《れんぎん》からの現金持ち込みでの支払いの総額は、政府（米財務省）が預金保護を約束したＳＶＢの預金額１５００億ドル（20兆円）の１割の１５０億ドル（２兆円）ぐらいだったようだ。

だが、この取り付け騒ぎが次回９月に、もっと規模が大きい形で、10行とかがまとめて一挙に破綻することが、全米各地で起きたらどうなるか。その時はもう、アメリカ政府（財務省）もＦＲＢもお手上げとなる。いくら政府の資金を突っ込むと言っても、その限度が分《わ》からなくなる。

日経平均株価（直近1年）

1年間で4つの山（と谷）が有る。
この差でプロたちは利益を出している。

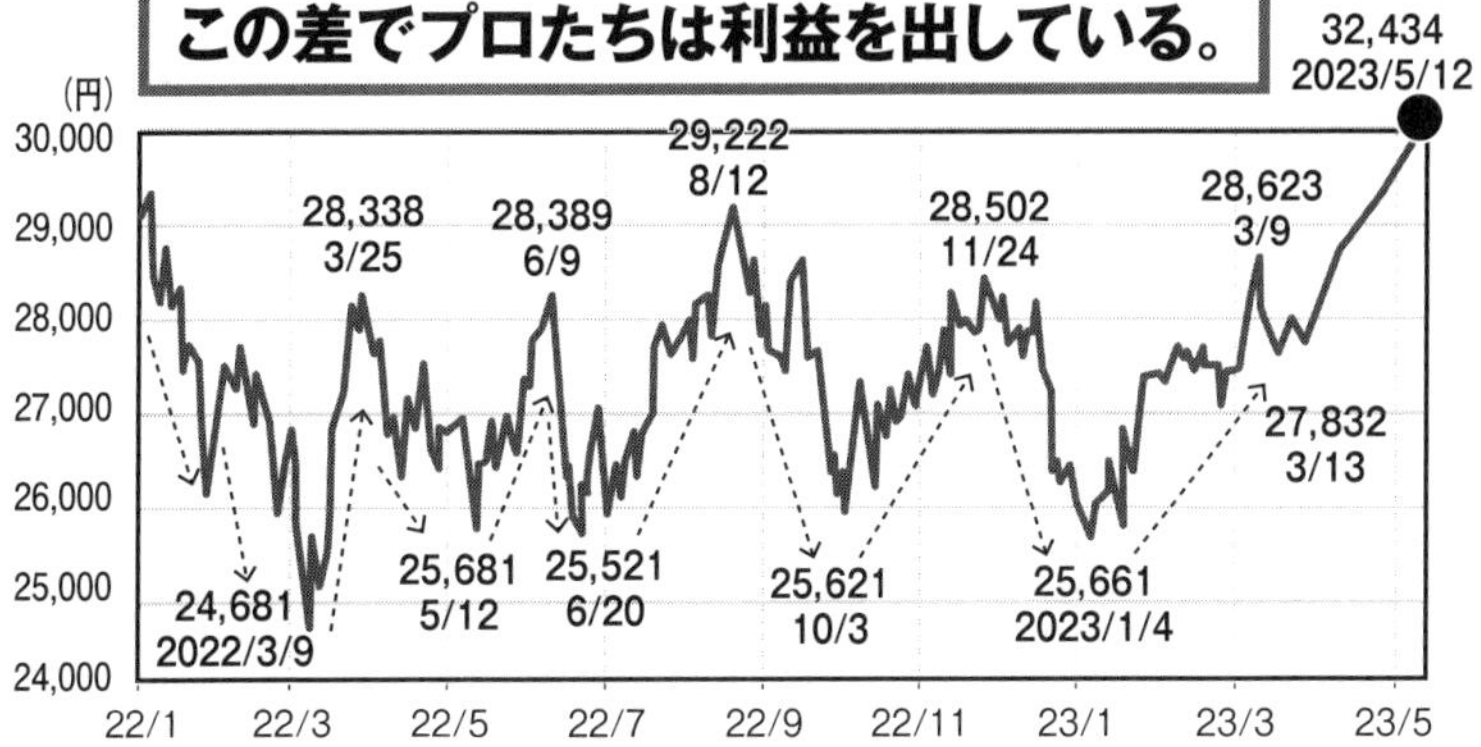

ノックイン判定基準

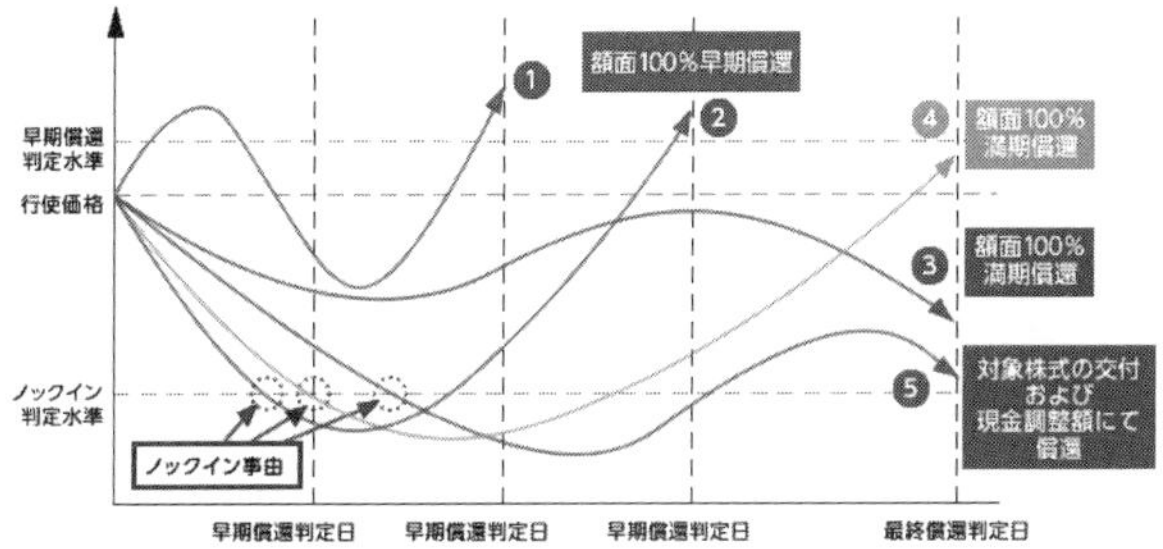

①、②額面100％で早期償還
③ノックイン事由が発生せず、満期償還を迎える
④ノックイン事由が発生したが、額面100％で満期償還
⑤ノックイン事由が発生し、額面割れで満期償還
償還判定日に
基準価格 ＞ 日経平均株価終値

value《ヴァリュー》 投資を心がけること。growth《グロウス》 投資（＝バクチ、ギャンブル）をしない。

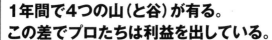

この預金者保護のための預金支払い（引き下ろし）への保険制度は、全米4000ある全銀行（日本の信用金庫に相当するS&L《エスアンドエル》 セイビングズ・アンド・ローンズがその8割）の、全預金量の1・25％を、銀行たちから徴収して積んである。

その残高は、2500億ドル（30兆円）ぐらい有る。だが、1行当たり500億ドル（6兆円）ずつが預金流出して破綻すると、10行分で5000億ドル（60兆円）である。これで預金保険制度は崩壊する。だから、この時、アメリカは本当に金融恐慌（monetary crisis マネタリー・クライシス）に突入する。

このあと、これがNYの各種の他の金融市場《マネーマーケット》全体の暴落に波及《はきゅう》する。そして、それが世界中に広がっておそらく来年の秋には、世界大恐慌（ワールド・グレイト・デプレッション）への突入となる。だから、私たち日本人は、今からこの事態に対して、真剣に準備しなければいけない。

アメリカ合衆国は、この時、国家財政（finance ファイナンス）も破綻している。NY《ニューヨーク》の、いろいろの金融市場がこのあと取引停止になる。これまでに売り出された金融商品（公社債の投資信託とか）に価格（値段）が付かなくなる。

その中心は、やっぱり中古の米国債（ナショナル・ボンド）である。これはＴＢ《ティービー》（ティー・ボンド）と呼ばれ、「米財務省証券（トレジャリー・ボンド）」とも呼ばれる。満期で１カ月、３カ月、半年、１年物から、３年、５年、10年、20年、30年物まである。本当は、対《たい》日本向けなどで、秘密で50年、１００年物まである。

金融（お金）制度が、システミック・リスク　systemic risk　と呼ばれる金融市場そのものの崩壊の危機によって崩壊するだろう。その影響が、打撃となって物流《ぶつりゅう》と、実物《じつぶつ》生産の実体経済《リアルエコノミー》に現れる。実物としての各種の製品が取引される国民経済（ナショナル・エコノミー）全体も、凍りつくことになる。物流が各所で止まる。これが世界中に波及するのが大恐慌である。これは、人類史に１００年に一度の割で起きる歴史的な大きな動きである。

これは、文字どおり世界史上の、アメリカの「ドル覇権の崩壊　the Collapse of US Dollar Hegemony　ザ・コラプス・オブ・ユーエス・ダラー・ヘジェモニー」である。米ドルの流通の停止と信用崩壊によって、これまでのドルによる世界体制が終わる。それが、来年、２０２４年の秋に迫っている。このことは、私、副島隆彦が、これまで執拗に、自分の近年の本たちにずっと書いてきたことだ。私のこの予言が当たるか否か、が、やがて判明する。

アメリカの連鎖破綻がヨーロッパに飛び火した

今年の3月10日からのアメリカの中堅銀行の連鎖破綻《はたん》の危機は、すぐさまヨーロッパに飛び火した。以下の新聞記事にある通り、スイスで、2番目の大《だい》銀行であるクレディ・スイスの株が急激に下落した。それまで1株3フランだったのが、1・5フランになった。そして0・5フランにまで下落した。それで、この預金を引き出そうとして、人々がクレディ・スイスの前に集まり始めた。まさしく取り付け騒ぎである。そこでスイスの金融当局は、すかさずクレディ・スイスを一瞬で破綻処理して、最大手のスイス銀行（UBS）と無理やり合併させる策に出た。この2行の合併は3月19日に発表された。

スイス最大手のUBSに吸収されるかたちでクレディ・スイスは消滅した

クレディ・スイスとUBSの合併について記者会見した両銀行のトップ2人。クレディ・スイスのレーマン会長（左）のホッとした表情に対して、ケレハーUBS会長（右）の顔は険しい。ケレハー氏はモルガン・スタンレーの元社長だ。

「欧米株が下落、クレディ・スイス24％安　信用不安懸念」

米国の銀行破綻の余波が欧州に及んでいる。業績不振が続くスイスの金融大手クレディ・スイス　Credit Suisse グループ株は、3月15日に、過去最安値を更新し、他の銀行株も軒並み売られた。欧州銀行株の下落は、米国市場にも跳ね返り、再び米地《ち》銀《ぎん》株が大幅に下げた。スイスの金融当局は同日、事態の沈静化に向けて「必要な場合はクレディ・スイスに流動性《りゅうどうせい》を（当局が）供給する」と表明した。

（日本経済新聞、2023年3月16日）

3月16日にクレディ・スイスは死んだのである。何故か、新聞はクレディ・スイスは破綻した（死んだ）と書かない。それで即座に合併（マージャー）の話に掏《す》り替える。そして19日にスイス銀行に吸収（アクイジション）される形で、消滅した。この時、クレディ・スイスが抱えていた劣後債《れつごさい》のボロクズ債は、スイス金融当局の決定で文字どおり紙キレ（無価値）とされた。こうやって、クレディ・スイスが長年抱えていた資産内容の激しい劣化と悪化が表面化することなくスイス銀行の中に隠された。スイスそして主要ヨーロッパ各国でも起きそうになった銀行危機の信用不安は、これでいったんは静められた。しかし次はドイツ銀行不安説となって噂が広がっている。

ヨーロッパが抱えている金融危機も深刻である。クレディ・スイスの株式をスイス銀行の株式と1対10の形で、1／10の価値に落とした。その上で、合併吸収《きゅうしゅう》（マージャー・アンド・アクイジション）させた。クレディ・スイスが発行していたゴミクズ債券（高危険債《ハイリスク》）は償還《しょうかん》（redemption リデンプション、約束の履行《りこう》）されることなく捨てられた。その高《こう》危険債を買っていた客たちは、青醒《あおざ》めて怒ったが、あとの祭りだ。これらの劣後《れつご》債（リターデット・ボンド）は、「銀行の資産が激しく減少した時は、当局の決定で無価値（無《む》償還）とされる」と約定《やくじょう》で決められていた。だから、そのように処理された。

それが、3月19日の合併発表と同時に、クレディ・スイスが抱えていた「AT1債《エイティワン》」という、劣後債《れつごさい》で、信用が低いハイリスク債券《ボンド》（利回り《イールド》で金利が年率8％とか高いバクチ債）である。それまでこのAT1債は、中核《コア》的自己資本（CEA1《シーイーイーエイワン》）として優遇されていたのに。一気に切り捨てられた。AT1債は文字どおり紙キレになった。

その総額は、160億スイスフラン（2・3兆円）である、と発表された。この分のお荷物の負債《デット》を背負い込まない、という条件で、スイス銀行（ＵＢＳ《ユービーエス》 ユナイテッド・バンク・オブ・スイッツァランド。スイス中央《セントラル》銀行とはちがう）が当局の強い要請（実質、スイス政府の命令）に従って「頼む。お前が引き受けてくれ。スイス国のためだ」で合併に応じたのである。この時の両銀行のトップの苦渋に満ちた表情はｐ57の写真に表れているとおりである。

このＡＴ１《エイティワン》債というバクチ債券は、旧来は、ＣｏＣｏ（ココ）債と呼ばれていた。このＣｏＣｏ債のことで、４年前の２０１９年10月に、ドイツ銀行（ドイッチェバンク。ドイツで最大の民間銀行）の破綻（経営危機）が騒がれた。あの時は、間一髪《かんいっぱつ》の差で、ドイツ政府が裏から緊急の救助資金を投入したので、ドイツ銀行は破綻しないで済んだ。そして、２０２３年の今、再びドイツ銀行の危機が再燃し、噂になって広がっている。私の予言では、来年２０２４年に、米銀行の連鎖破綻と期《き》を同じくして、ドイツ銀行を始め、有力なヨーロッパの銀行たちが破綻処理されるだろう。

ＣｏＣｏ債とは、Contingent《コンティンジェント》 Convertible《コンヴァーティブル》 Bond《ボンド》「偶発勘定《かんじょう》転換債券」の略である。ここで偶発（contingent《コンティンジェント》）というコトバが重要である。この偶発《ぐうはつ》債務という帳簿（貸借《たいしゃく》対照表《たいしょうひょう》 バランス・シート）に載っていない帳簿の外側に記載される金額のことだ。即ち簿外《ぼがい》（オフ・ブック・バランスと言う）の勘定で処理される転換社債《てんかんしゃさい》のことである。まさしくハイリスク・ハイリターン債だ。このＣｏＣｏ債とＡＴ１債は全く同じものだ。この債券《ボンド》を買っていた人たちは、世界中で全損《ぜんそん》をさせられた。日本でも仕組《しく》み債の中にこのＡＴ１債が、混ぜられて売られていた。その総額はどうも４０００億円（30億ドル）ぐらいである。

単発で、このＡＴ１《エイティワン》債を、表紙を貼り替えただけの「欧州銀行ハイイールド債投信《さいファンド》」として売られていたものもある。混ぜ合わせた他の債券《ボンド》で利益が出ている分で、このクレディ・スイスＡＴ１《エイティワン》債の損失をうまい具合に相殺《そうさい》して損金を隠してしまった投信（ファンド）もたくさんある。日本の金融庁はこれを見て見ぬふりをしている。すでに仕組み債の問題は5年前から業界で問題になっていた。

第2章　これから米地銀の破綻が連鎖する

潰れる危ない
米地銀《ちぎん》トップ14行

危険度	銀行名	全米ランク	本拠地	連結資産（単位：100万ドル）
1	シルバーゲート銀行　潰れた 暗号資産に融資。3月8日に自主解散（清算）した。	128だった	ラホーヤ（カリフォルニア州）	11,353
2	シグネチャー銀行　潰れた 暗号資産に融資。３月12日に破綻。	29だった	ニューヨーク（ニューヨーク州）	110,364
3	シリコンバレー銀行（SVB）　潰れた 3月10日に経営破綻した。	16だった	サンタクララ（カリフォルニア州）	209,026
4	ファースト・リパブリック銀行　潰れた 300億ドル入れたのに破綻。 5月1日 JP モルガンがすぐに吸収。	14だった	サンフランシスコ（カリフォルニア州）	212,639
5	パシフィック・ウェスタン銀行　危ない 5月17日に株価85％下落して4.5ドルに。	53	ビバリーヒルズ（カリフォルニア州）	15,615
6	ザイオンズ銀行　危ない 株価60％減。	29	ソルトレーク（ユタ州）	89,545
7	コメリカ銀行　危ない 潰れてもテキサス州政府が支える。	30	ダラス（テキサス州）	85,531

副島隆彦が予測する これから

危険度	銀行名	全米ランク	本拠地	連結資産（単位：100万ドル）
8	ファースト・ホライゾン銀行 危ない	31	メンフィス（テネシー州）	78,672
9	ウェスタン・アライアンス銀行 危ない 株最安値18ドル。	33	フェニックス（アリゾナ州）	71,166
10	イースト・ウェスト銀行 危ない 株80ドルから最安値41ドルに。	34	パサデナ（カリフォルニア州）	64,088
11	シノーバス・ファイナンシャル銀行 危ない 株価44ドルから今、最安値20ドル。 アトランタの南200キロのコロンバスが本拠地。	35	コロンバス（ジョージア州）	59,630
12	ヴァレー・ナショナル銀行 危ない 株価12ドルから6.5ドルに。NYの西50キロにある。	36	パセイク（ニュージャージー州）	57,452
13	キーコープ銀行 危ない	17	クリーブランド（オハイオ州）	187,590
14	アリー・ファイナンシャル銀行 危ない	19	サンデイ市（ユタ州）	182,326

これから全米で160行の中堅銀行が潰れる

5月に入って、全米で、160行の中堅銀行が潰れると噂された。アメリカの場合、中堅銀行は、リージョナル・バンク（regional bank　地域銀行）と言う。分かり易く言うと、日本の地銀《ちぎん》のことだ。日本で各県ごとにある有力な地方銀行（地銀）のことだ。北海道なら北洋《ほくよう》銀行。青森県なら青森銀行、静岡県なら静岡銀行。福岡県なら福岡銀行と西日本シティ銀行。仙台（宮城県）なら七十七銀行。香川県なら百十四《ひゃくじゅうし》銀行のように。これら、「危ない銀行」は、全米の各州を代表する有力地銀《ちぎん》たちだ。決して、ただの小さな地方銀行ではない。これから破綻する160行、のすべてをアメリカ政府は支えきれない。

私が、この本のために苦労して独自に作った。P20とP64に「潰れる危ない米地銀《ちぎん》トップ14行」のリストを載せた。その順番で❸が、SVB（シリコンバレー銀行）である。このSVBが破綻する、前々日の3月8日に、❶のシルバーゲート銀行が、自分で清算《せいさん》処理（クリアランス）した。

❷つ目は、3月12日に破綻したシグネチャー銀行（本拠NY《ニューヨーク》）である。この❷シグネチャー銀行は、❶シルバーゲート銀行と同じくビットコインなどのイカサマの暗号資産（クリプト・カレンシー）業界に積極的に融資していた。つまりは詐欺師《さぎ》の集まりだ。

❹のファースト・リパブリック銀行の株価が、何度も急落して騒がれた。4月中に、株価は20ドルが10ドル、さらに5ドル、2ドルと下がった。この❹ファースト・リパブリックは、5月1日に破綻して、即座に（緊急で）JPモルガン銀行（全米1位。世界で5位。4位まではすべて中国の大《だい》銀行）に合併された。

預金は、こっちに引き継がれたから預金者たちはホッとした。❶も、❷も、❸のSVBも、現在はunder the control of FRB（アンダー・ザ・コントロール・オブ・FRB）である。米中央銀行の管理下に置かれている。資産《アセット》と負債《ライアビリティ》（借金）がいくら残っているか、精査《せいさ》されている。

FRBの完全な管理下に置かれて、破産《はさん》処理が今も行われている。前の方でも書いたが、❸の2090億ドル（28兆円）あった総資産は、破綻処理の時にすでに500億ドル（6

兆円）ぐらいまで減っている。この預金債権は前述したとおり、大株主《おお》などの利害関係人のものだから、預金保険は適用されない。

❸ＳＶＢは、完全に解体されて、株主とステイク・ホルダー（重要な債権者たち）に責任を負わせた。それと引き換えに、破綻前日にサッと法人預金を引き下ろした経営者たちと一般の預金者たちは、預金の全額をＦＤＩＣが引き下ろしを保証した。すべて預金保険で賄った。ただしこのやり方が、このあとの地銀《ちぎん》破綻でいつまで出来るか、だ。出来るはずがない。

この処理の仕方は、第3章で説明するが〝ペイパル・マフィア〟のピーター・ティールが、ＦＲＢの幹部に電話して、3月12日に決定した政策であるようだ。ピーター・ティールは、同じペイパル・マフィアであるイーロン・マスクに電話して、彼らが一斉に、ＳＶＢから預金を引き下ろした。それが3月9日だった。その金額は、即座に公表されて420億ドル（5兆円）であった。その次の日にＳＶＢの破綻処理が発表された。

しかし、イエレン米財務長官が、政府による預金の全額保証を発表したのは、3月12日だった。これらのことは第1章で書いた。私がＰ64に載せた「潰れる危ない米地銀《ちぎん》14行」以外で強く破綻が懸念されている銀行は、例えば別のＰ１３６に載せた全米トップ45行の中の⑩位（10番目）である、ＴＤ《ティディー》銀行と略称されるトロント・ドミニオン銀行である。

テネシー州のナッシュビル市に本拠がある。この⑩ＴＤ銀行は、カナダの大手銀行であるトロント・ドミニオン銀行のアメリカ合衆国の完全子会社である。たとえば、日本の三菱銀行（ＭＵＦＧ）の子会社でカリフォルニア州の有力地銀《ちぎん》（リージョナル・バンク）であるカリフォルニア・ユニオン銀行と似ている。しかし、このＴＤ銀行を、カナダのトロントに本店がある親会社は助けようとしない。だからここも、やがて、アメリカの銀行として破綻するだろう。

急いで潰れそうな❺番目が、パシフィック・ウェスタン銀行である。❻番目がザイオン銀行である。ユタ州というモルモン教会が支配している州の州都ソルトレーク市にある。ここも危ない。しかし州政府が救済するだろう。❼番目が、コメリカ銀行である。テキサス州のダラスに本社がある。❽番目が、ファースト・ホライゾン銀行である。テネシー州メンフィス市にある（全米38位）。危ない❾位が、ウェスタン・アライアンス銀行（全米

40位）である。アリゾナ州の州都フェニックス市にある。株価が急落して18ドルにまで下がった。

危ない❿位は、イースト・ウエスト銀行（全米34位）である。カリフォルニア州の大手銀行でパサディナ市に本店がある。株価は80ドルから下がって41ドルまで落ちている。

危ない⓫位は、シノーバス・ファイナンシャル銀行（全米35位）である。ジョージア州コロンバスが本店。オハイオ州の州都コロンバスとはちがう。大都市（州都）アトランタ（映画「風と共に去りぬ」の舞台）から、南200キロの市だ。株価は44ドルから20ドルまで落ちた。

危ない⓬位は、ヴァレー（Valley）・ナショナル銀行だ。NYの西隣りの埼玉県のような州であるニュージャージー州のパセイクが本店。NYシティ（中心地）から、ハドソン川を渡って、大きな旧ヤオハン・スーパーを越した、パセイク市にある。株価は12ドルから半値の6・5ドルになった。

危ない⓭位は、キーコープ（Key Corp）銀行だ。オハイオ州クリーブランドが本店。オハイオ州の有力地銀《ちぎん》である。キーコープは、全米で17位の銀行だが、やっぱり危ない。

「危ないリスト14行」のビリの⓮位は、アリー・ファイナンシャル（Ally Financial）銀行である。ここも激しい預金の引き下ろしが起きて、手元資金が不足に陥って、経営破綻を起こす。米財務省とFRBが助けに入る。だが、これらすべてを助けるのも限界になる。それでも助ける。

危ない❺位のパシフィック・ウェスタン銀行がいよいよ破綻しそうである。カリフォルニア州の高級街ビバリーヒルズにある。これらはもはや既定事実である。

この❺パシフィック・ウェスタン銀行と紛《まぎ》らわしいが、P147の45位のパックウエスト・バンコープの破綻が騒がれた。私もリスト作りで最後まで手こずったが、全米45位のパックウエストは、パシフィック・ウェスタン銀行の持株会社である。

「米地銀パックウエスト株2割安　預金1割流出で警戒　」

米地銀《ちぎん》が、預金流出の懸念を再び強めている。米カリフォルニア州地銀《ちぎん》のパックウエスト・バンコープが、5月11日、「5日時点の預金残高が前週比で1割減った」と明らかにした。このため同社の株価は、11日に前日比で23%下落した。

ニューヨーク連銀《れんぎん》の分析によると、3月のシリコンバレー・バンク（SVB）破綻後の預金流出が、資産規模の比較的大きい中堅地銀《ちぎん》で顕著である状況も浮き彫りになり、地銀の経営不安がくすぶっている。

（日本経済新聞、2023年5月12日）

米の有力地銀が次々と破綻する

このように私が作った「潰れる危ない14行」の順に、米の有力地銀《ちぎん》（regional bank リージョナル・バンク）が次々と破綻してゆくだろう。

現在、FDIC（連邦預金保険機構）は、すべての銀行からそれぞれの預金量の1・25％の保険料を取って、預金の返還保証の保険制度を作っている。その総額は5000億ドル（60兆円）ぐらいだ。だが、すでに❶から❹の4つの銀行の破綻で、30兆円分を使っただろう。次は❻位のザイオン銀行と❼位のコメリカ銀行が危ない。

私が作った「潰れる危ない14行リスト」の他に、P74にYahoo Market Watch「ヤフー・マーケット・ウォッチ」が発表した「実質債務超過の危険な米銀行25」のリストを載せた。

この表と私の表は6割ぐらいが重なっている。こっちのYahoo Market Watchの表（リスト）の中の米有力地銀《ちぎん》たちも、アメリカ50州のそれぞれの州で1、2番を争う有名銀行たちである。このことが今度の米銀行破綻《はたん》危機の凄《すご》さを物語っている。カリフォルニア州のサンフランシスコのIT《アイティ》企業の聖地（メッカ）であるシリコン・バレーから始まった信用不安は、全米50州にじわじわと漏《も》れなく広がっていることが分かる。

それでも、南部の大きな州であるテキサス州（人口3000万人）は、州財政に余裕がある。コロラド州とオクラホマ州も州政府に資金がある。アメリカ合衆（州）国の州《ステイト》は、連邦政府《フェデラル》（首都ワシントンDC《ディーシー》）から見れば、地方政府だが、歴史的に各々が独立の国《ステイト》である。それぞれの州の憲法と法律を持っている。いざという時には、州民による住民投票（州民投票。レファレンダム）で、連邦から離脱する権限を持っている。だから私がずっと他の本でも書いて来たとおり、アメリカはやがて国家分裂《デバイド》する可能性が高い。州によっては豊かであるからクレディビリティ（信用）がある。銀行は州の認可で出来ている。州政府が破綻しそうな銀行を支えるとか出来る。それに対してニューヨーク州やら西部のカリフォルニア州（人口4000万人もいる）は、もうすってんてんで政府に資

実質債務超過の危険な米銀行25

危険度	銀行名	全米ランク	本拠地	連結資産（100万ドル）	AOIC/TEC比率（%）
1位	コメリカ銀行	30	ダラス（テキサス州）	85,531	−41.90
2位	ザイオンズ・バンコーポレーション	29	ソルトレークシティ（ユタ州）	89,545	−38.90
3位	ポピュラー銀行	127	ニューヨーク（ニューヨーク州）	11,556	−38.20
4位	キーコープ銀行	20	クリーブランド（オハイオ州）	187,590	−31.90
5位	コミュニティ・バンク・システム	105	キャントン（ニューヨーク州）	15,615	−30.60
6位	コマースバンクシェアーズ銀行	64	カンザスシティ（モンタナ州）	31,680	−30.50
7位	カレン・フロスト・バンカーズ銀行	37	サンアントニオ（テキサス）	52,954	−30.10
8位	ファーストフィナンシャルバンクシェアーズ銀行	99	シンシナティ（オハイオ州）	16,916	−29.70
9位	イースタン・バンクシェアーズ銀行	81	ボストン（マサチューセッツ州）	22,629	−27.20
10位	ハートランド・ファイナンシャル銀行	146	デンバー（コロラド州）	9,178	−26.30
11位	ファースト・バンコープ銀行	196	クレブクール（モンタナ州）	6,436	−24.90
12位	バンク・オブ・ハワイ	79	ホノルル（ハワイ州）	23,579	−24.80
13位	シノーバス・ファイナンシャル・コープ銀行	35	コロンバス（ジョージア州）	59,630	−24.40

「ヤフー・マーケットウォッチ」が公表した

危険度	銀行名	全米ランク	本拠地	連結資産(100万ドル)	AOIC/TEC比率(%)
14位	アリー・ファイナンシャル銀行	19	サンディ（ユタ州）	181,890	−24.00
15位	ウエブスター・ファイナンシャル銀行	32	スタンフォード（コネチカット州）	71,166	−23.50
16位	フィフス・サード・バンコープ銀行	14	シンシナティ（オハイオ州）	206,289	−22.80
17位	ファースト・ハワイアン銀行	77	ホノルル（ハワイ州）	24,577	−22.00
18位	UMBファイナンシャルコープ銀行	56	カンザスシティ（モンタナ州）	38,279	−20.90
19位	コロンビア・ファイナンシャル銀行	88	タコマ（ワシントン州）	20,259	−14.50
20位	パシフィック・プレミア・バンコープ銀行	83	アーバイン（カリフォルニア州）	21,692	−8.70
21位	サンディ・スプリング・バンコープ銀行	110	オルニー（メリーランド州）	13,828	−8.20
22位	ダイムコミュニティバンクシェアーズ銀行	112	ブリッジハンプトン（ニューヨーク州）	13,178	−7.50
23位	ニューヨーク・コミュニティ・バンコープ銀行	28	ヒックスビル（ニューヨーク州）	90,037	−6.60
24位	ファースト・ファウンデーション銀行	114	アーバイン（カリフォルニア州）	12,980	−1.00
25位	プロスペリティ・バンクシェア銀行	57	エルカンポ（テキサス州）	37,696	−0.10

＊ AOIC（包括利益累計額）／TEC（自己資本）
出所：Yahoo market watch

金が無い。だから自州で次々に銀行破綻が起きたら支えられない。

アメリカのど真ん中にある大都市のシカゴ市があるのはイリノイ州だ。今の州知事のJ・B・プリツカーはユダヤ人で、けちんぼうだから破綻しそうな地銀、例えばP139の全米[20]位のBMOハリス銀行と、[23]位のノーザン・トラスト銀行に資金を出さないだろう。救援資金を出すと、州民の税金から出すわけだから、自分の首が危なくなる。プリツカー一族は、ハイアットホテルの世界チェーン網の所有者《オーナー》である。各々《それぞれ》の州で主要銀行が1行だけ破綻する、で済めばいいが、あと2、3行出てくると、もう無理だ。

アメリカ全体では、〝トップ10バンク〟の大銀行たちがある。これまでは、トップ20行と言われていたが、もうそんな余裕はない。

たとえば、P133のトップテン銀行の第[3]位のウエルズ・ファーゴ銀行は、まだ主要鉄道がない開拓時代からワゴン車（station《ステイション》 wagon《ワゴン》 駅《えき》馬車）と呼ばれる、例のあの大きな馬車で、都市と都市をつないで資金を決済していた有名な銀行だ。映画『駅馬車』（1940年作。監督ジョン・フォード。主演ジョン・ウェイン）でインディアンに追いかけられて無事逃げのびたあれだ。3ウエルズ・ファーゴ銀行は、ほとんど外国に進出しなかった。東京をはじめアジア諸国にも出なかった。だから堅実だから今も信用が高くて頑張っている。それでも、最近、預金流出があって騒がれた。全米トップ3位でも危ない、となったら危ないのである。日本で言えば、3番目のみずほ銀行の次の、りそな銀行（2003年に注入された政府支援金は返済し終わった）の感じだ。

カリフォルニア州を拠点にしているバンカメ（バンク・オブ・アメリカ。B of A　イタリア系の移民たちが作った銀行）は、つい最近、トランス・アメリカ銀行を、サッと買収した。連邦政府《フェデラル》（中央政府。バイデン政権）から頼まれて、サッと吸収合併した。トランス・アメリカ銀行は、破綻した時には、資金《アセット》はすっからかんで、一文《いちもん》なしだ。ただ預金者の預金の保護だけが目的だ。そのことで、カリフォルニア州全体の動揺を食い止めた。この大銀行バンカメがトップ10のうちの2位である。私は「危ない14行」リストを作ったとき、始めは❽番にこのトランス・アメリカ銀行を入れていた。それが消えたのだ。

ついでに、それでは、このアメリカ2位のバンカメを含めて、**世界のトップ20の巨大銀**

世界の大銀行トップ20

（2022年12月末時点）

ランク	銀行名	総資産額 US$（百万）	対昨年の増減（現地通貨）	資本金 US$（百万）
1	中国工商銀行	5,518,390	＋8.02%	111,515
2	中国建設銀行	4,746,849	＋10.14%	39,227
3	中国農業銀行	4,560,950	＋9.43%	67,448
4	中国銀行	4,192,746	＋12.15%	46,189
5（全米1位）	JPモルガン・チェース銀行	3,306,982	＋9.31%	2,028
6	パリバ（仏）	2,982,191	−2.41%	29,825
7	中国開発銀行	2,693,650	＋2.80%	66,094
8（全米2位）	バンク・オブ・アメリカ	2,519,525	＋11.54%	3,020
9	三菱UFJ銀行	2,359,275	＋0.00%	15,536
10	クレディ・アグリコル（仏農業銀行）	2,347,717	−2.51%	9,905

11	三井住友銀行	2,069,704	+0.00%	16,072
12	中国郵政儲蓄銀行	1,975,037	+13.55%	22,006
13	ゆうちょ銀行	1,910,227	−5.98%	28,700
14	中国通信銀行	1,830,357	+11.68%	11,652
15	サンタンデール（スペイン）	1,806,485	−2.46%	9,814
16（全米3位）	ウエルズ・ファーゴ銀行	1,779,504	+0.66%	519
17	BPCE（仏の協同組織金融機関）	1,716,136	−3.37%	31,968
18	みずほ銀行	1,714,129	−5.03%	11,513
19（全米4位）	シティバンク	1,669,227	+0.46%	2,851
20	ソシエテ・ジェネラル（仏）	1,657,756	−6.54%	1,208
21	ドイッチェバンク（ドイツ銀行）	1,498.760	−7.91%	5,989

行はどういう連中か。その表を示す。

「世界銀行番付《レイティング》（✖ランキングは間違い英語）20位」までの表は、P78の表のとおりである。

これで、世界トップの1位から4位までが中国の銀行であることが分かる。この10年間で、いつの間にか、こんなことになってしまったのだ。だから、どうせ中国が勝つのだ。

全米では1位のJPモルガン銀行がようやく世界で5位に入っている。バンカメが世界8位である。そして9位と11位に、我らが日本の三菱（UFJ）銀行と三井住友銀行が入っている。世界20位までに、ゆうちょ銀行が13位。みずほ銀行が18位である。そして、やっとこさで16位でウエルズ・ファーゴ銀行（全米3位）、そして19位でシティバンク（全米4位）が入っている。こんなものなのだ。そして、世界21位で、ドイツ銀行（当然ドイツでは1位）が入っているのである。

世界20位のうちに、中国の銀行が7つ入っている。これらのうち世界トップ1位の中国工商《こうしょう》銀行、2位の中国建設銀行、4位の中国銀行《バンク・オブ・チャイナ》（中央銀行である中国人民《じんみん》銀行とはちがう。昔の外為《がいため》専門銀行で、昔の東京銀行のような感じ。東京の虎ノ門にある）ぐらいは覚えておくべきだ。この他に中国招商《しょうしょう》銀行や中国中信《ちゅうしん》（CITIC）銀行などの大手の民間銀行がある。

昔は、威張り腐っていたロックフェラー財閥の旗艦銀行であるシティバンクは、全米[4]位だが、世界では19位だ。だから全米トップ10位ぐらいから下は、世界順位ではずっと下の方になる。だからＰ１３６とＰ１４２に載せた「全米10位から」「全米30〜45」などは、これからバタバタ行ってもおかしくない。あの❸ＳＶＢが全米で[16]位だったのだから。シティバンクの実情は今も借金だらけだ。政府から借りている資金（４０００億ドル、50兆円）を今も返せず（２００８年のリーマン・ショックの時の緊急支援金）、それでもニューヨークの大銀行のふりをしたまま生き延びている。今度こそ、[4]シティバンクも潰れるだろう。

預金量では今や、全米最大（[1]位）の銀行であるはずのＪＰモルガン・チェースでも、ようやく世界で5位だ。ここのＣＥＯ（会長）であるジェイミー・ダイモンは、さまざまな個人攻撃に遭いながらも、この20年、経営トップの座にいる稀有《けう》の人物である。さすがにダイモンも個人攻撃とかにあって恐くなって、遂に今期でやめると言い出した。

JPモルガンは、150年前から、NYでブリオンバンク bullion bank と呼ばれて、一番信用がある。金塊《きんかい》を意味するブリオン（10キロぐらいの金のバー。延べ棒）をたくさん持っていることで、自分の銀行の信用にしてきた。創業者のジョン・ピアモント（J・P）・モルガンは、イギリスのロスチャイルド家のロスチャイルド卿に最後まで忠実だった男だ。

だから、JPモルガン・チェース（チェース・マンハッタン銀行を2000年に合併した）は、明らかにイギリス・ロスチャイルド財閥系の銀行である。ロックフェラー財閥（1870年からの石油ビジネスで世界に台頭した。この年、スタンダード石油《オイル》会社を設立した。アメリカの民族資本である）とは今も微妙に対立する。

ほんの20年前には、世界トップ1位、2位の大《だい》企業だったGE《ジーイー》（ゼネラル・エレクトリック）とGM《ジーエム》（ゼネラルモーターズ）は、大きくはロスチャイルド財閥系である。だからJPモルガンは今も、余裕を持って金融危機に対応、対処している。

今度の米中堅銀行危機で特筆すべきは、JPモルガンが、この3月からの3カ月で預金量を4割増やしたことだ。一口に4割と言うが、ものすごい金額である。この本では、その金額を表示することができなかった。

ＪＰモルガンなど、米のトップ数行の大銀行に預金が今も集中しているのである。誰が「潰れる危ない銀行」になんか、自分の大切な預金を落《お》ち落《お》ち預《あず》けて放ったらかしにできるものか。ということで、そこから引《ひ》き下ろして、どんどん大銀行に移し換えている。それと、ＭＭＦ《エムエムエフ》という手軽にネット（ウェブ）で使える決済用口座に移している。このＭＭＦ（マネー・マーケット・ファンド）という株の取引用に発達した口座に、もう5兆ドル（600兆円）も溜《た》まっている。そしてこのＭＭＦが危ない、と言われだした。金利《インタレスト》まで付けてくれて有利だと言われてきたが、どうもここも資金運用が逆ザヤになって大きな含み損を抱えている。

この大銀行たちの〝焼け太《ぶと》り〟については、この本では詳述できない。資料となる数字が手に入らない。これと同じことが、日本でも起きた。昭和2（1927）年の金融恐慌（P32で書いた）の時に、三井、三菱、住友、安田《やすだ》（今のみずほ）の財閥系大銀行に預金が集中して、あの時さらに大銀行になったのである。

日本で名前が通っているモルガン・スタンレー証券は、今は三菱銀行の子会社だ。「三菱モルガン（スタンレー）証券」と日本では名乗っているが、ＪＰモルガン（モルガン財閥）とはもう資本関係はない。

モルガン・スタンレー証券は、２００８年9月のリーマン・ショックの時に、総帥《そうすい》デイヴィッド・ロックフェラーから直接、頼まれて救済した。ボロクズになったモルスタ証券の株式を三菱銀行が高くで買い取った。表面だけでも１００億ドル（1兆円）の小切手で払った。三菱ＵＦＪ銀行の頭取だった畔柳《くろやなぎ》信雄が、本当にイヤそうな顔をしながら、穢《きたな》いよごれた三菱銀行の自己宛《じこあ》て小切手（ドラフト・チェック。預手《よて》という）を直接手渡して、モルガン・スタンレーを救済合併した。この時に引き受けさせられたモルスタの社員は、世界中で８０００人ぐらいいた。東京支店だけでなく、ニューヨークのモルスタの本店の社員（の給料と退職金）の分まで引き受けさせられた。このうちの、３０００人が、本当に柄《がら》の悪い奴らだった。高額の給料（ひとり年収1億円ぐらい）と退職金（ストックオプション契約）を、3年間ぐらい居座って貰い続けた。三菱は払わせられた。この中に、クオンツ Quants と呼ばれる金融工学のデリヴァティヴ取引ができる、インド人の高い、高級高等の数学ができる連中がいた。本当に、いくら止《や》めろ、と言ってもさらに危険な取引

クレディ・スイスのAT1《エイティワン》債などの“仕組み債”に騙された人たち

●「仕組み債販売、知識・資産額を条件に　トラブル続出で」

日本経済新聞 2023年2月13日

仕組み債はデリバティブ（金融派生商品）を使って高い利回りをうたう一方で、特定の株式や為替などの値動きに影響を受ける複雑な金融商品。相場が想定を超えて急落した際に予期しない損失が大きく膨らむ可能性がある。

一見、利回りが高くても市場の急変で資産が大きく目減りするリスクがあり、損失を被った個人から苦情が続出している。

仕組み債の販売額
（銀行は傘下証券と仲介販売の合計）

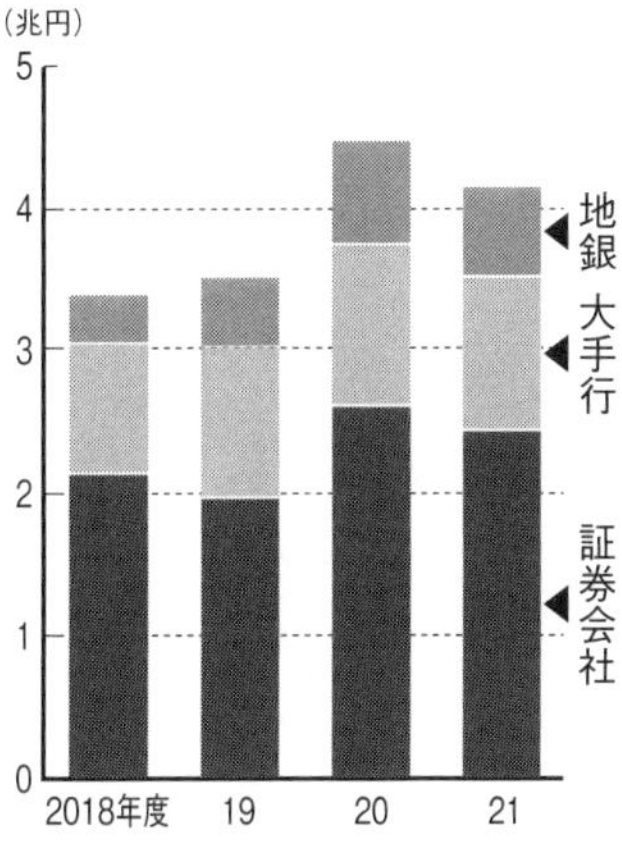

出所　金融庁

例えば、額面1億円の仕組み債を大銀行、証券大手から買わされた人は、2000万円ぐらいしか戻ってこない。

どうやら、3月19日のクレディ・スイスの破綻消滅の前から、このAT1債が仕組み債の一種として日本では騒がれていたようだ。

をして、三菱に損をさせた。こいつらのクビを切る事で、三菱銀行の幹部たちは大変だった。あれで三菱銀行は、屋台骨がグラッとぐらついた。本当は、5兆円（500億ドル）ぐらい出させられただろう。

このモルスタは今も、「三菱モルガン証券」などという、おそろしい名前を名乗って日本で商売している。繰り返すが、このモルガン・スタンレー証券は、JPモルガン銀行（ロスチャイルド系）とは資本関係は切れている。日本の金融業界のプロたちでも、なかなかこういうことを分かっていない。だから世界基準からは馬鹿にされるのだ。ヒヨコのような奴らだ。だから、もう私の本をペロペロ読んで、なんとか世界を分かるしかないだろう。

日本でもAT1債を仕組み債で売っていた

この日本にある三菱モルガン証券が、以下の記事にあるとおり、クレディ・スイス銀行（3月16日破綻してスイス銀行に強制合併）が発行していたAT1《エイティワン》債を、950億円分を買って、日本の金持ち客たちに売りつけていたことが発表された（発覚した）。この950億円は全額パーになった。本当はこの数倍のＡＴ１債吹き飛ばしが隠れている。日本でもこの客たちが裁判を始めたようだ。

「三菱モルガン、クレディのＡＴ１債950億円を販売…大半が富裕層」

三菱ＵＦＪモルガン・スタンレー証券が、経営危機に陥り無価値となった金融大手クレディ・スイスの債券約950億円を顧客に販売していたことが4月14日、明らかになった。販売時にはリスクを含めて説明していたが、対策会議を開いて顧客への対応を始めているという。

問題の債券は、返済期限を定めない「永久劣後債（ＡＴ１債）」で、先月に無価値《ヴァリユーレス》となった時点で約1550の顧客口座があった。富裕層などの個人が1300口座、法人が250口座だった。

クレディのＡＴ１債は、スイスの金融大手ＵＢＳに買収されたことで、約160億スイス・フラン（約2・4兆円分）が無価値となった。三菱モルガンの販売分はその

4％程度に当たる。
ＡＴ１債は弁済順位が低く、リスクが平均的な社債より大きい。利回りが高いため、近年の低金利下では投資家に人気だった。（ＢＩＳ規準による）自己資本規制を受ける銀行にとっては、株式に近い自己資本として計算できるため、発行する利点があった。

（読売新聞、２０２３年4月14日）

ＡＴ１《エイティワン》債については、前の方で説明した。三菱ＵＦＪ銀行のお客の中の、ちょっと思慮の足りない（考えの甘い）金持ちたちの中の、バクチ好きたちを、上手に騙して、これを買わせた。モルスタだけではなく、三菱ＵＦＪ銀行の窓口でも売ったのだ。「お客様、この有利な債券（投資信託《ファンド》の形に作っている）は、株価の大きな値下がりが無ければ、年率20％の利回りが出ます（利益をお支払いします）」とささやいて、契約させた。まさしくハイリスク・ハイリターン債として売りつけたものだ。それが、「ハイリスク」部分だけが残って、ノーリターン（１円も戻ってこない）となった。

ノーリターンとは、ノータリン（脳足《のうた》りん）のことである。「そんな、いくらなんでも、とんでもない。始めから人ダマしの、こんな金融商品を、立派な大銀行が売るとは」と大損した客たちは憤《いきどお》っている。こんな詐欺商品を騙されて買うような金持ちは、脳足りん（ノータリン）だ。そうに決まっている。

ところが読者諸君。この私も昔、こんなヘンな「オープン投信《とうしん》」とか「生命保険（返戻《へんれい》金《きん》という詐欺で、掛け金20年分すべてパー）」で損している。人のことをあれこれ言えません。

私は、『生命保険はヒドい。騙《だま》しだ』（副島隆彦著。幻冬舎新書。2019年刊）という自ら恥を晒《さら》す本も書いている。買って読んでください。

これは、いわゆる仕組み債《さい》（ストラクチュアード・ボンド）と呼ばれる、バクチ債券そのものだ。「日経平均が、2万6000円を割らなければ、お客様に年率10%を保証します」即ち1億円なら、1年後に1000万円の利益、と謳って、客を騙して買わせた。「さらにお客様のためにパワーアップしています」（笑）と、どうせ説明されても訳《わけ》の分からないクレディ・スイス銀行発行のAT1《エイティワン》債という劣後債を、混ぜ合わせて作っていたファンドだ。「当行としましては、契約前にきちんと客に事前説明しています」と言ったって、売っている銀行員たちが、一体、これがどういうものか、分かっているはずがないのだ。「何が十分な説明責任」だ。馬鹿野郎どもが。

こういう仕組み債の投資信託を、ニューヨークで発行《イシューアンス》された各種の劣後債（元金《がんきん》の返済がそれほどは保証されない）と組み合わせて、仕立て直してあれこれ混ぜ合わせて、組成《そせい》して、デコレーション（着飾って見せる）する。これが金融のプロと呼ばれる連中がやっていることだ。今や先進国の金融業界（立派そうな銀行ほど）というのは、詐欺師の集団だ。こう言うしか他にもう言いようがない。まともな人間は近寄らない。

日本の若い女の子たちが好むように、昔のイチゴケーキの上に、さらにクリームをかけて、別の果物《くだもの》を乗せて、どら焼き（パンケーキ）をもっとおそろしい形をした、異様に膨らんだテンコ盛りのケーキを、１つ１８００円とかで売っている。このことと同じだ。

ああいう、馬鹿みたいな奇形になったケーキと、このＡＴ１債を含ませた化け物のような債券は似ている。こういうのを平気で売っている。欲ボケ金持ちたちは、極《きわ》まって遂《つい》にこんなところにまで到達した。最後は、どうせすべてを吹き飛ばして大損する。私はこういう欲ボケたちには一切同情しない。死ぬほどバクチ（ギャンブル）が好きなんでしょ、としか思わない。

アタマのてっぺんから信じ込んでいる。「アメリカ様《さま》は強い。アメリカさまは永遠に強い。私は、しっかりアメリカさまに付いて行く」という信念と共に、アメリカのドルの崩壊で自分も一緒に滅びるまで、行けばいいんだ。どうせ戦前の小作人《こさくにん》（peasant　ペザント　貧農）が、敗戦直後（昭和21年）に、マッカーサー大将の占領軍命令（法律ではない）で、財閥解体と同時に農地解放（「自作農創出法《じさくのうそうしゅつ》」という法律）で、自分が耕していた土地を、アメリカさまのお陰《かげ》で自分のものにしてもらって、さらにそれを周囲まで広げて、それで日本の戦後の成長経済で、いつの間にか土地成金《なりきん》で１００億円の資産家（大金持ち）になっただけのことだ。それが日本全国の農協《のうきょう》の幹部たちになっている。農業なんか全《まった》くやっていない。ただの地主（業）だ。アメリカさまのお蔭《かげ》で、財産１００億円になったから、そのうちの50億円（４０００万ドル）ぐらい銀行と付き合って吹き飛ばしたから、と言ってたいしたことはない。

国債の売り崩しをやっていた連中が敗北した

あと大事なのは、この10年間、日銀が外側から激しい攻撃を受けてきたことだ。その代表は、米の投資家のカイル・バスという柄の悪いニューヨークの博奕打《ばくちう》ちだ。こいつは3月10日の米地銀《ちぎん》崩れで、決定的に敗北して、消えた。〝国際投機筋《とうきすじ》〟と呼ばれたヘッジファンドどもだ。

このことは、本書第5章の「黒田日銀総裁は日本を救った」のところで再び出てくる。

カイル・バスは大損を出して、自分の投機《とうき》業（金融バクチだ）がダメになってもう誰もこの男にカネを貸す者はいないだろう。こいつは安い資金、ほぼ金利0％の資金を、ニューヨークで手に入れて、これで日本国債を先物（フューチャー）で売り崩すということをずっとやった。これをキャリー・トレードと言う。カイル・バスは、ニューヨークの自分の仲間の仕手筋《してすじ》を誘って、みんなで日本国債に空売《からう》り（ショート・セリング）を掛けて襲いかかった。「ほっておけば、どうせ日本国債は崩れるんだ」とタカをくっていた。そして日本国債が暴落して安値になったところで買い戻して、大きな利益を出すというのをやっていた。

彼らカイル・バスたちは、「日本政府ごときがアメリカとヨーロッパに逆《さか》らって、金融緩和（ＱＥ《キューイー》）を続ける、などいつまでも出来るわけがない。

どうせ日本も引き締め政策（ＱＴ《キューティ》）に態度を変えなければ済まないのだ。日本ごときが、ひとりで欧米とは逆《ぎゃく》のことをいつまでも出来ない」と、日本政府を舐《な》めきっていた。そして、こういう結末になった。日経新聞の次に載せる「日本国債、消える（た）空売り勢」（4月24日付）が重要である。

「日本国債、消える「空売り勢」　日銀が国債貸し出し制限」

日銀は国債の貸し出し制限で空売り勢を締め出した。

国内債券市場で、日銀が大半を保有する10年物国債を「空売り」する海外投資家が消えつつある。日銀が空売りに必要な国債の貸し出しを制限したためだ。空売りしていた投資家が損失を被り、新規の売りも難しくなった。金利の上昇圧力が和らいだ。

これで、日銀が政策を修正しやすくなったとの見方もある。日銀はイールドカーブ・コントロール（ＹＣＣ）という政策で、長期金利の上限を０・５％としている。日銀はこの上限を守るため、指定した利回りで無制限に10年債を買い入れる「指し値オペ」を（頑堅《がんこ》に）実施し続けている。財務省が直近で発行した10年債の複数銘柄などを買い入れ、金利を抑制してきた。

海外のヘッジファンドは、（日銀による）人為的な金利抑制は続かない、とみて空売り（ショート・セリング）を膨らませてきた。海外勢の巨額の売りを日銀が指し値オペで吸収し、一部の銘柄では日銀の保有比率が１００％を超えた。それでも（カイル・バスたち）ヘッジファンドは現物の（中古の）国債を確保して空売りを維持し続けた。からくりはこうだ。

日銀には最低限の流動性を確保するために市場に国債を貸し出す制度がある。証券会社が日銀から借りた国債を、ヘッジファンドがまた借りする形で調達してきたのだ。日銀がＹＣＣを修正して金利が上がれば、（中古の）国債価格は下がる。（十分に）安くなったところで国債を買い戻（して貸し国債していた証券会社に返）せば利益が出る。（このように）高いリターンが期待できる日本国10年債に空売りが集中した。

異変が生じ始めたのは2月下旬から3月上旬にかけてだ（引用者注。はっきり書けばシリコンバレー銀行の3月10日の破綻からだ）。このあとは日本から直近発行された複数の銘柄を借りられない証券会社が増え始めた。「椅子取りゲームが始まった」。日銀から国債を借りていた証券会社は騒然となった。日銀が貸し出す国債の金額を徐々に絞り込んでいったからだ。

証券会社がヘッジファンドに貸す品貸料《しながしりょう》も連動して跳ね上がった。「一部の会社では、年率10％程度で英米のヘッジファンドに国債を貸し出していたようだ」（三菱ＵＦＪモルガン・スタンレー証券の鶴田啓介氏）。品貸料の高騰はヘッジファンドにとっては死活問題だ。仮に（日本国債の）10年債の金利が上がっても、品貸料の支払いがその利益を上回っては、リターンが望めないからだ。

「日銀は本気なのか」。複数の証券会社にこうした問い合わせが相次いだ。「日銀は本気だ」との認識が支配的になると、ファンドは少しでも損失を抑えるために国債の買い戻しに動いた（引用者注。これを急激な取引の解消による締《し》め上《あ》げ、と言う）。流通する国債に（取引の解消が）殺到したものの、日銀がほぼすべてを保有しているため、（中古の日本国債の）流通量には限りがある。

実は買い戻しができる先がもうひとつあった。日銀だ。投資家（ヘッジファンド）は、日銀が市場に貸し出している国債を証券会社を通じて買い取ることができる。「減額措置」と呼ばれる制度だ。今回の騒動を通じて、海外勢に「ゲンガクソチ」という日本語が急速に浸透するほど利用された。市場関係者によると、「損失覚悟で買い戻さざるを得なかった投資家（カイル・バスたちヘッジファンド）が相次いだ」という。

日銀が空売り制限に動く根底には、昨年12月に実施した長期金利の上限引き上げに伴う混乱がある。天井を0・25％から0・5％に引き上げると、催促的な売りが急増。長期金利が上限に張り付き、日銀の買い入れが大幅に増えた。10年債の利回りだけが低くなり、金利のゆがみを生んだ。ゆがみが政策修正観測につながり、また長期金利が（0・5％を死守の）上限に張り付くという悪循環に陥った。

国債を（日銀自身がいくら）買い占めても止まらなかった空売《から》りを、国債の貸し出し制限で断った格好だ。金利のゆがみもほぼ解消した。長期金利の上限を引き上げても、新たな上限に張り付く可能性は下がった。日銀が自律的な政策判断をしやすい環境が整った（引用者注。日銀黒田の大勝利である。だから黒田は花道を4月8日に飾

日銀黒田は、カイル・バスに最後の追撃戦をやって殲滅《センメツ》した

カイル・バス

海外勢の日本国債の売越額（空売り）は急速に縮小した

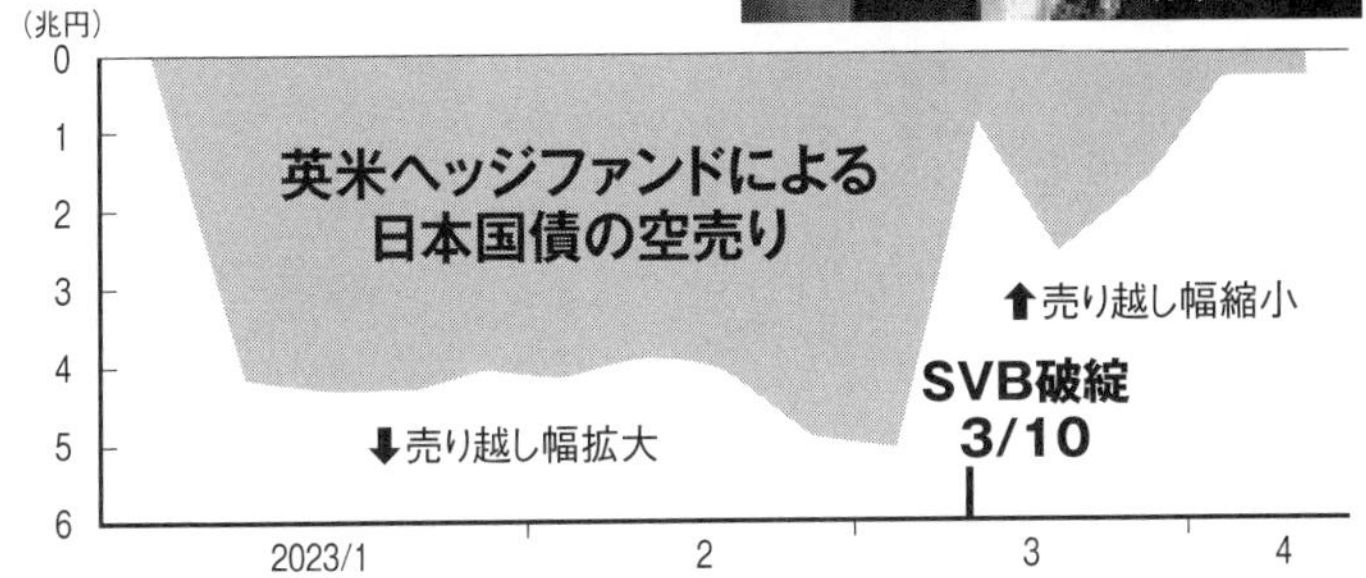

急激な日本国債の買い戻しは、日本財務省のデータにも見て取れる。海外勢は2023年に入り３月上旬までに５兆円ほど中長期債を売り越していた。（シリコンバレー銀行破綻で）その後わずか１カ月半でわずか4000億円弱まで累計売越額が急減した。「もう日本国債の10年債の巨額の（空《から》）売りで日銀に挑もうというやんちゃなファンドは残っていませんよ」。ある外資系証券の関係者はこう証言する。

（日本経済新聞、2003年４月24日）

った)。

(日本経済新聞、佐藤俊簡、2023年4月24日)

日経新聞でも、やっとこさで、これぐらいしか書かない。「日銀黒田に、アメリカのヘッジファンド(国際投機筋《とうきすじ》)が、日本国債の暴落(金利の上昇と円安)を、執拗《しつよう》に仕掛け続けた。しかし、シリコンバレー銀行破綻(3月10日)で急激に流れが変わった。それで国際投機筋(その背後にアメリカ財務省がいる)がボロ負けに負けた」という大きな判定を書かない。アメリカが恐いからだ。この一点につきる。ニューヨークの金融市場を敵に回すことは、畏《おそ》れ多くて自分たちには出来ない。仕返《しかえ》し、報復(リタリエイション)が恐い。

なぜ黒田東彦が必死になって、「絶対に金融緩和はやめない。金利を上げない。10年物日本国債の利回りを0・5%以上には絶対に上げさせない。この数字を死守する」と言い続けたのか。それはカイル・バスたち国際投機筋との闘いがあったからだ。そして黒田は10年続いたこの闘いに見事《みごと》に勝った。NYとロンドンの国際投機筋が全面敗北した。

ドル下落（ドル安）はアメリカの運命である
（1980年から長期43年間）

出所　東洋経済「統計月報」から作成

昨年２月24日に開戦して、ドル円は１ドル＝151円（10月）まで行った。そのあと落ちている。まだ円安（ドル高）を画策するが無理だろう。

10年物の日本国債は0・5%から絶対に上に上げさせない、と黒田は言い続けた。「0・5%ですべての中古（既発債《きはっさい》）の日本国債を日銀が買う。いくらでも持って来なさい（「差《さ》し値《ね》オペ」という）」と言い切った（2022年12月20日）。ここでカイル・バスとの闘いは、デッド・ヒート（最高潮）に達した。このあとも1年間、激しい攻防戦が続いた。「イールド・カーブ・コントロール（YCC《ワイシーシー》）」と言って、30年物、20年物の長期の国債ほど金利は高くなる。これは自然のしくみだ。ケインズが経済の原理《プリンシプル》に置いた「流動性選好利子《せんこうりし》」と言う。それが逆ザヤ、即ち利回りがひっくり返っている場所があった。それが5年物と2年物で自然な秩序が逆転している箇所があった。ここに穴が開いていた。ニューヨークでも同じことが起きていた。この「長短金利の逆転《ぎゃくてん》」は、債券（為替）市場では昔からアメリカの相場師たちの間では〝呪《のろ》われた前兆《ぜんちょう》〟、〝兇変《きょうへん》（凶事《きょうじ》）の予兆〟として、忌み嫌われる現象だ。この「イールド・カーブの逆転現象」で、騒いでいた専門家たちがいた。

彼らテクニカル・アナリスト（チャート分析家）たちの直感《ちょっかん》が正しかった。

それが3月10日からの米有力地銀《ちぎん》の連鎖破綻《チェーン・デマイズ》となって現れたのである。

超《ちょう》安くで仕入れた円資金を「円キャリー・トレード」と言って、ほぼ0%に近い円建てのお金を使って、ゴロツキどもがこれを１００倍の20兆円とかに膨らませて、日本国債を、ＮＹの債券の先物市場で先物《フューチャー》で売り浴《あび》せた。それで大きな儲けを出そうとした。それに黒田たち日銀と日本財務省は、必死で防戦していたのだ。「ＹＣＣを管理する、など不遜《ふそん》なことだ。長期金利まで政府が操《あやつ》ろうなどとは、太《ふと》い奴らだ」と黒田たちは、ＮＹとロンドンで嘲笑《ちょうしょう》（あざ嗤《わら》われ）されていた。それでも黒田たちはそれをやり遂げた。本当に偉かった。

ニューヨークで、３月10日からリワインド（巻き戻し）が起きて国際仕手筋とも呼ばれる国際博奕打ちどもは、もんどりうってひっくり返った。この手法は、ジョージ・ソロスという極悪人が始めた商売のやり方だ。

ある国の国家信用そのものである国債を売り崩すというのをやって、為替市場と債券市場の２つを強引に結び合わせて、自分たちの博奕の賭場《とじょう》に変えた。弱小国をいじめる手口なのだが、１９９２年に、なんとロンドンのポンド市場でイギリス国債を売り崩して、ポンドを暴落させて大儲けしたのがジョージ・ソロスだ。

今回もソロスとその弟子たちが、スイスのクレディ・スイス銀行の株に売りを仕掛けた。クレディ・スイスはどうせ潰れる、と分かっていたから（日本の野村證券も全く同じ）、一斉に売って株を暴落させた。クレディ・スイスは消えてなくなった。野村證券も実は静かに消滅（死亡）しつつある。誰もこのことを書かないが、私、副島隆彦だけはこの事実をしっかりと見つめている。

ついにNY株がピークアウトした

ここからは大きな数字の話をする。

世界中に一体どれぐらいのお金《かね》（通貨《マネー》と信用貨幣《マネークリエイション》）が有るのか。そしてどこまで行ったら、この人類の巨額のお金の量は縮《ちぢ》み始めるのか、の話である。

以下の記事から、ＮＹの株の時価総額は、25兆ドル（1ドル１３０円で、３３００兆円）、欧州が15兆ドル（１９００兆円）、東証（ＪＰＸ）が7兆ドル（９００兆円）だと分かる。２０２１年11月のピーク時で総計１２０兆ドルだ。

以下の記事が、「世界の株式市場時価総額は、２０２１年11月、史上最大となる１２０兆ドル（1京《けい》６０００兆円）台に達した」と書く。2年前のこの時が絶頂《ぜっちょう》（ピークアウト）だった。世界資本主義の象徴として、コロナ給付金で膨れかえった資金が、株式市場に流れ込んで極限まで釣り上がった金額がこれだ。
そして今は、１００兆ドル（１京３０００兆円）まで下がっている（縮《ちぢ》んでいる）。

「株、楽観ムード揺り戻し「総額１００兆ドル」回復も頭打ち感」

ＦＲＢの米連邦公開市場委員会（ＦＯＭＣ《エフオウエムシー》）が結果公表する前に、金融市場の行き過ぎた株高に警戒感が出てきた。これ以上の利上げへの停止観測がある。経済の「ソフトランディング（軟《なん》着陸）」シナリオによる楽観ムードで、世界の株式時価総額は、５カ月ぶりに、（２０２３年）１月末で１００兆ドル（約１京《けい》３０００兆円）を回復した。ところが米中央銀行（ＦＲＢ）の「タカ派」姿勢継続と、企業業績全体の停滞《ていたい》感というリスクが改めて意識されている。

（２０２３年に入って）世界の株式相場は勢いを失いつつある。１月30日、機関《きかん》投資家（注。インスティチューショナル・インベスターズ。政治資金も預かって運用する大銀行たち）が重視する「米Ｓ＆Ｐ《エスアンドピー》５００種株価指数」は、前週末比１・３％安となった。直近2営業日の上げをほぼ帳消しにした。欧州株を代表する「ストックス600指数」は、1月中旬に2022年4月以来の高値を付けた後は、ほぼ横ばい圏で推移している。日経平均株価も、膠着《こうちゃく》感が強まっている。

今後の相場を左右するのは、主に①米連邦準備理事会（FRB）が利上げを停止するのはいつか。②企業業績全体の悪化度合いと、景気底入れのタイミング。この2点だ。金融市場は先回りする形で、「今年前半での利上げ停止と、年後半には利下げが始まる」ことを織り込んでおり、これが株高の一因となった。だが、市場とFRBの見方に食い違いがあれば、相場は逆回転しかねない。

マネーは先進国の中央銀行による金融政策（マネタリー・ポリシー）の行方と、世界経済の見通しを巡って揺れ動いてきた。（2020年1月からの）新型コロナウイルス感染拡大を受けた大規模金融緩和で、マネーがハイテク株に流入した。世界の株式市場時価総額は、2021年11月に、史上最大となる120兆ドル（1京《けい》6000兆円）台に達した。ところが（FRBの）金融引き締め政策《クワンティティティブ・タイトニング》と政策金利上昇で投資家は、一気に投資リスクを回避する姿勢を強めた。世界の株式時価総額は、22年10月に一時、約87兆ドル（1京《けい》1000兆円）まで減少した。

2023年に入り、雰囲気は変わった。「今後6カ月で、住宅価格の上昇によるインフレ押し上げはなくなる。強い雇用（求人数の増加）とインフレ退治の改善は続く。非常に好ましいサインだ」。イエレン米財務長官はこう説明し、軟着陸に期待感を示した。インフレが鈍化したとしてFRBは近く利上げを止める。さらには今よりも雇用が悪化すれば（不景気になるので）利下げに踏み切る――。この見方が、リスク資産へのマネー回帰（株をもっと買う）を誘ったのだ。

だが、この楽観ムードに警鐘を鳴らす向きがある。

「投資家は『FRBと闘うな』というルールを忘れてしまった。今週、思い出させられることになるだろう」米モルガン・スタンレーの著名ストラテジスト、マイケル・ウィルソン氏は、こう強調した。「企業収益の成長鈍化がみられるにもかかわらず、投資家が目先のラリー（引用者注。相場の熱狂）に自分が乗り遅れることをおそれ、規律を失っている」と。

（日本経済新聞、2023年1月31日）

これが、今年の1月末の時点での、NYの株式市場の様子だった。硬軟《こうなん》両睨《にら》み（攻めか、守り＝逃げか、のどちらか）でどちらも決められない態度だった。そこへ3月10日の、シリコンバレー銀行（SVB）の破綻の一報が来て、このあとはアメリカの金融市場は、一変した。ガラガラと崩れだした。まっ青になって、それ以前にしていた鷹揚《おうよう》な、即ち「のんきな父さん」のようなことを言っている（書いている）余裕はなくなった。情勢は一気に変わったのだ。投資家は一斉に市場から逃げ始めた。

世界中で債券価格が暴落を始めたのはなぜか

すでに2月に債券（ボンド）価格は暴落していた。即ち長期金利は上昇していた。アメリカの10年物の中古の国債の利回りの指標値《インデックス》は、4・0％にまで上がっていた。すでに十分に危険な数字だった。アメリカ財務省は、こんな高《こう》金利の利払いを約束して新規の米国債を発行して来た。こんな利払《りばら》いは行うことはできない。

絶対にできない。それなのにやり続けている。期限が切れた10年物米国債は、このあとすぐにそのまま、4・0％の高利回りの新規発行の国債で、ロール・オーヴァー（洗い替え）して、借金財政のやりくりをしてきた。米政府が隠し続けている真の財政赤字（ファイナンシャル・デット）の総額は、私にも算定できない。

私が15年前のリーマン・ショック（2008年）の時に、計算した数字は、アメリカ政府（財務省）が抱えていた（隠れた、真の）財政赤字の総額は、200兆ドル（2京円。1ドル＝100円だった）だった。今はそれが15年たって20倍になっているだろう。だからおそらく4000兆ドル（50京《けい》円。1ドル＝120円で）ぐらいあるだろう。すさまじい数字である。

P109に図表を載せたが、米連邦政府（ワシントンの中央政府の分だけ）の債務上限（デット・シーリング　debt ceiling）は、今、31・4兆ドル（4100兆円）である。

この債務上限問題は、米議会で、与野党の激突の場面にしつらえられている。共和党の下院議長のケビン・マッカーシーが、債務削減（福祉のバラ撒きやめろ）を要求して、バイデン大統領と厳しく対決しているように見せかけてきた。それが「ケンカをやめよう。

もうそれどころではない」と手打ちをした。さらに2年間で5兆ドルぐらいの米財政赤字（フェデラル・デット）の許容額《シーリング》（天井《てんじょう》）の上乗せがあるだろう。

「米債務上限引き上げ基本合意　デフォルト回避へ5月31日採決」

バイデン米大統領と米連邦議会のマッカーシー下院議長は、5月27日、米政府債務の法定上限を引き上げることで基本合意した。マッカーシー氏は31日に議会で採決すると表明した。承認されれば、市場で懸念されていた米国債の債務不履行（デフォルト）は回避される。

米政府の財政は、新型コロナウイルス禍での支出拡大などを背景にして急速に悪化しており、債務残高は1月に法定の上限に達した。米財務省は、基金の運用変更などで資金繰りをつないでおり、イエレン米財務長官はこうした措置が6月5日に行き詰まると警鐘を鳴らしていた。

今回の交渉は、すでに市場や外交で混乱を招き、米国の統治機能に疑念を強める結果となっていた。大手格付け会社フィッチ・レーティングスは5月24日、米国債格付

米政府の債務上限《さいむじょうげん》(デット・シーリング)はどうせ5兆ドル引き上げられる

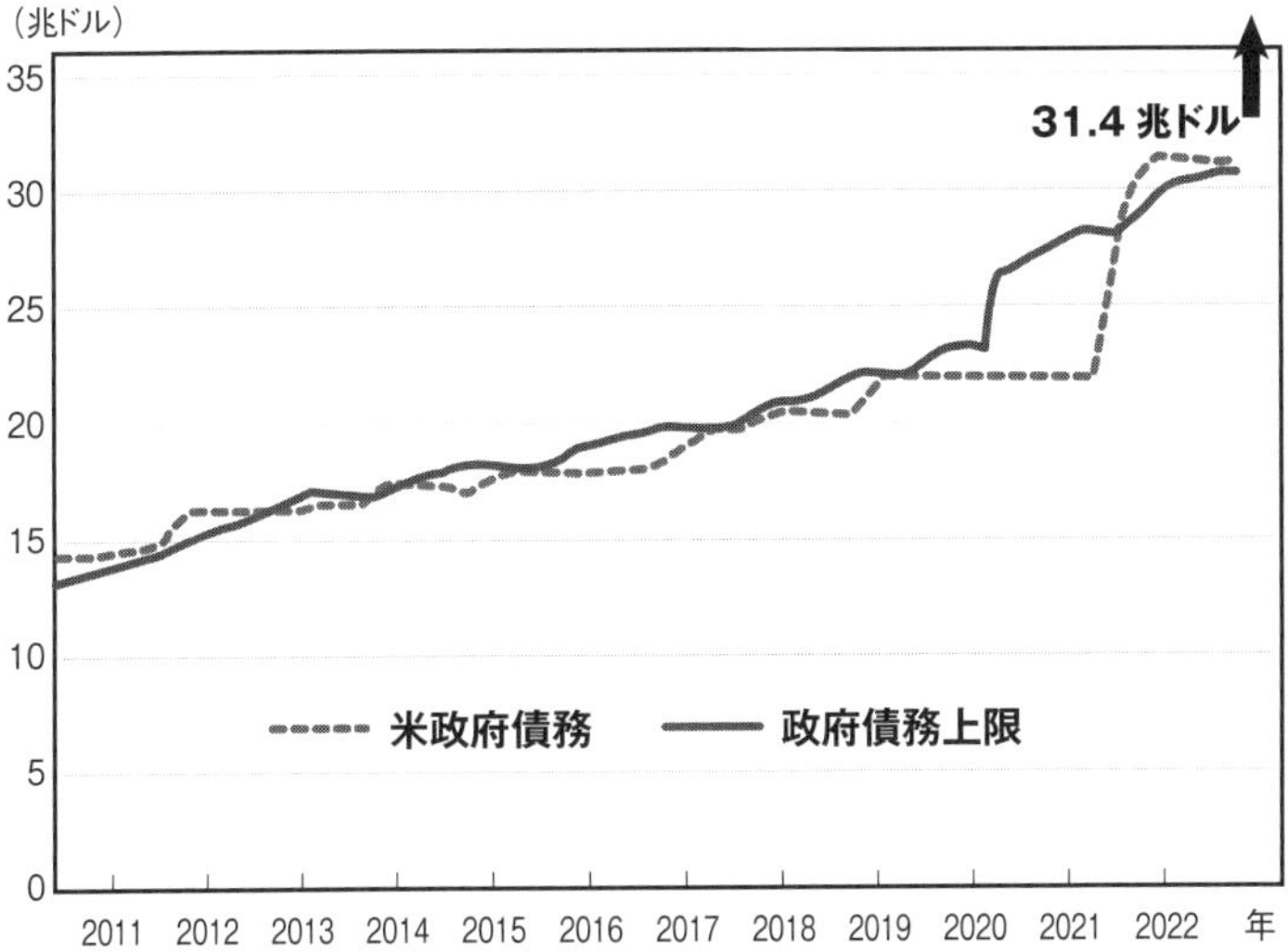

米政府の財政赤字は、2021年末に設定された31.4兆ドル(4100兆円)の上限に達した(債務上限)。このため公務員退職年金への出資の増額が出来なくなった。財政資金をやり繰りするしかない。

再びガヴァメント・シャットダウン(政府機関停止)が起きないために政府上限を5兆ドル上げるだろう。米議会がそれでバイデン政権と妥協する。

デフォルト(債務不履行)すると、発行した国債の元本と利息が約束通りに払えなくなる。米国債は最も安全な資産とされ、世界の投資家が大量に保有している。デフォルトすれば米金融市場が大混乱する。世界経済に深刻な打撃を与える。

けの見通しを「ネガティブ」に引き下げた。

（日本経済新聞、2023年5月28日）

この31・4兆ドルという数字は、アメリカのワシントンの中央政府（連邦政府《フェデラル》）だけの、かつ、表面に出ている分だけの赤字金額である。本当は、これの10倍の財政赤字を米政府は抱えている。それだけで300兆ドル（4京兆円）だ。50州と60の大都市の地方政府の抱えている財政赤字も物凄《ものすご》い。これに健康保険や医療と年金支払いと公共土木事業などのこれまでの累積赤字がある。軍事費（国防予算）は、すでに1年で1兆ドル（130兆円）に達した。

15年前のリーマン・ショックの時に、ニューヨークの大銀行60行（すべて一瞬、破綻した）を、一気に米政府が、公的資金を投入して救済した。あの時、真実は2000兆円（20兆ドル。1ドル＝100円だった）を出した。たとえばＡＩＧ《エィアイジー》（最大の総合保険会社）に200兆円、シティバンクに50兆円の救援金を出した。シティバンクは今もこの金を政府に半分しか返していない。返せない。あの時の2000兆円は、この15年間で10倍になっているはずだ。だからこれだけで、2京《けい》円（200兆ドルだ）。政府が民間銀行を、金融恐慌（だった。本当に）で、一斉に救済したら、その毒《どく》が今度は、民間から政府に回るのである。やってはいけないことをやったからだ。私は、２００８年に出した自分の金融本でそのように書いた。そして、だから、本当にその毒が政府に、さらに有毒化して回っているのである。

同じように、日本政府は、１９９８年の日本の金融危機（長銀《ちょうぎん》以下大銀行がバタバタと潰れた）の時に（小渕恵三内閣だった）、合計で１５０兆円の救済資金（公的資金）を投入した。大銀行たちにまで、１行当たり2兆円、３兆円を投入して救《たす》けた。三菱銀行は「うちは要《い》りません」と言ったのに、「まあ、そういうことを言わないで。横並びなんだから」と無理やり1兆円を政府が借りさせた、という笑い話まである。今から考えれば、小さな金額だ。

これが、ハイパワード・マネー（強力に増大化したマネー）となって現れた。それは「10年後には、10倍になる」という金融界法則があるからだ。年利７・２％の複利計算で資金は10年で2倍になる。

日本政府の（公表されている分だけの、公式の）財政赤字は、１４００兆円である。これはあれこれ差し引きしないといけない。日本も、これに医療と年金と健康保険やら福祉の出費が加わる。47都道府県の県の財政の分との二重計算とかある。それでも、どの県もすべて赤字財政だから、中央政府（東京）の財政赤字の1400兆円は、本当は10倍の1京《けい》4000兆円だと分かる。

ここには、1年間の国家予算（2023年度は105兆円）の3倍（即ち年間300兆円）ある、と公然と言われている特別会計という不可思議な日本財政のしくみがある。この他に、アメリカへのこれまでの秘密の貢《みつ》ぎ金の残高である1800兆円（14兆ドル）が加わる。だから日本の累積《るいせき》（これまで溜《た》まりに溜《た》まった）財政赤字は、おそらく5京《けい》円（5000兆円の10倍）ぐらいだろう。

前述したアメリカの本当の財政赤字の総額が、50京円（4000兆ドル）であることと較《くら》べたら1／10である。日本は、アメリカのだいたい1／10の規模の国である。人口はアメリカの1／4だ。だから、だいたい、こんなものだろう、と大きな数字で私は考えている。

前の方で、世界の株式市場の上場《リステッド》されている企業の発行株式の総額が、最大時（ピークアウト）で120兆ドル（1京《けい》6000兆円）とあった。

ニューヨークの株式市場の3市場（NYSE《ナイス》とNASDAQ《ナスダック》とマザーズ）の合計で25兆ドル（3300兆円）、東京が7兆ドル（900兆円）とあった。

株式《ストック》市場は何と言っても、まだまだ健全である。生きて活動して、実際に利益をあげて、従業員に給料（賃金）を払っている企業たちの実在を土台にしている。だから株式はいくらアブク銭（コロナ給付金とか）が流れ込んで水膨《みずぶく》れしている、と言っても健全である。

しかし、債券《ボンド》市場はちがう。債券は株式の100倍の取引量がある。そしてこの債券は、この30年間で、あまりにも複雑化して、奇妙に変態《へんたい》（メタモルフォーゼズ）して、お化けのように膨張した。

債権と債券のちがいをいくら説明しても、分かってもらえない。債権《さいけん》（貸したお金と利息をきちんと返してくれという権利）が、紙キレ（証券という）の上に乗っているものが債券《さいけん》（有価証券）だ。これは、人から人に転々譲渡《てんてんじょうと》されることを前提にしている。

昔は本当に裏書き（エンドースメント）されて、その借金証書が次々と人手に渡った。約束手形《てがた》（プロミサリー・ノート）と言った。今は、それがデジタル・マネー化して、その証券《ノート》（立派な紙キレ）がなくなった。制度としてほぼ消滅させられた。不思議な気もする。

この債券が、銀行で、「お客さま、このファンドをお買いになりませんか」と投資信託（ファンド）という、気持ちの悪い、立派そうに見せかけた悪魔の詐欺商品になる。

金《きん》の場合も「ペイパー・ゴールド」（金《きん》に見せかけた証券）というサギ商品が出回る。これがさらに、金ＥＴＦ《きんイーティーエフ》という「金《きん》の商品先物市場」で公然と取引されている。実際の金《きん》の地金《じがね》（インゴット）はほとんど扱われなくなっている。保有しているフリだけしている。差金決済《さきんけっさい》（ＣＦＤ《シーエフディー》 キャッシュ・フォー・ディファレンス）と言って、売りと買いの差額の利益だけを求めるバクチの場にわざとさせられている。このＥＴＦ《イーティーエフ》は「エクスチェインジ・トレイデッド・ファンド」と言って、これも債券だ。

現在は、「いくら何でも、中央銀行が、株のバクチをやってはいけません」ということで、日銀は直接は、株（中でも優良株《ブルーチップ》だけ）の売り買いはしないことになっている。しかし、ここに法律を一本咬《か》ませて、ＥＴＦ《イーティーエフ》の形にした株の取引を日銀がやっている。公表されている残高だけで60兆円ある。これが今や公然と「日銀《にちぎん》ＥＴＦ」と呼ばれているものだ。

このように、今では何が何やら、なんでもかんでも債券《ボンド》になって出回っているのである。この債券《ボンド》を複雑にいろいろなものを交ぜて組成《そせい》（組み立て《ストラクチュアード》）した仕組み債の話は前の方でした。だから、今では、株式の１００倍の金額の複雑な債券の形をしたものが世界中に溢《あふ》れているのである。こういうことは、私以外は誰も書かない。誰にも説明しない。だから皆《みんな》、何も知らない。知ったかぶりのバカたちが、自分が業界人だから、と言うだけで何か偉そうな理屈を言い合っているだけだ。ただの博奕《ばくち》打ちとその小間使《こまづか》いども（金融の専門家）のくせに。

だから、私、副島隆彦が、皆《みんな》にこういう知識を分け与えるのだ。そして債券は株式の１００倍の発行額を持っている、と書くのである。

ということは、前の方の「世界の株式時価発行の総額」はピーク時の２０２１年11月に１２０兆ドル（１京６０００兆円）あった。このことから類推（アナロジー）して、その１００倍の１・２京《けい》ドル（１６０京《けい》円）ある。分かるかね？　みんな。ほんとに。分かるわけないか。

だから、このことと比較して、アメリカ国の累積の財政赤字の真実の数字を、前述したとおり私は４０００兆ドル（50京《けい》円）ある、と考えるのだ。

今のところは、私のこの考え（推測）に付いて来ることの出来る人はいない。みんな、その程度の頭《おつむ》しかしていないからだ。しかし、やがて、みんなが、本気にする時が来るだろう。

これまでに私が自分の金融本に書いた数字はそのまま、後々《のちのち》の証拠として残る。私のことを、真に天才だ、と分かってくれている人々だけが歴史の証人《しょうにん》として、今、この時を共に生きる。


この巨大な数字が、ある時、爆縮《ばくしゅく》を始めるのである。リデノミネーション（通貨単位の変更）と言う。1／10、そして1／100になる。米ドルの大暴落によって日本円の1万円札は、1000円札になり、さらに100円札に切り替えられる。1ドル＝130円は、1ドル＝13円になり、そして、1ドル＝1・3円になるのである。

このことは、世界各国の国家信用の天井、上限（ソブリン・シーリング sovereign ceiling）が、低下することを表している。

FRBを始め、中央銀行たちは、ついに金融引き締め（QT《キューティ》）を、やめた。3月10日にSVB銀行が破綻した時からだ。これからは政策金利（短期金利）の切り下げを始める。5・25％まで無理やり引き上げた（5月3日）のも、いざという時の貯金箱としてである。株と債券の暴落が始まったら、FRBは、ガンガン金利を下げ始める。そのための貯金箱なのだ。

ヨーロッパ諸国は、ロシアからの天然ガス（エネルギー）が入らなくなって、エネルギー・インフレを起こしている。電気代と暖房費（光熱費）は以前の3倍になっている。日本では報道しない。ECB（ヨーロッパ中央銀行）は急には金利を下げられない。ついこの間まで政策金利（FF《エフエフ》レート）をさらに上げて、「債券市場は堅調だ。まだインフレ傾向は収まらない」として、引き締め路線を続けた、アメリカの金融政策タカ派（monetary policy hawk《ホーク》）の連中の信用は地に堕ちた。もう誰もこいつらの言うことを信じない。彼らは今、黙りこくっている。

もうインフレ退治は、終わった。これ以上の政策金利の引き上げ（今、年率5・25％）はできない。金融政策ハト派（monetary policy dove《ダブ》）以外に政策はない。

金融市場の沸騰《ふっとう》した投機《とうき》熱（愚かな過剰なカネによるバブル経済）をやめさせようとして、金融ハト派は必死だった。特に不動産市場の高級住宅（タワー・レジデンスを含む）の狂乱地価＝土地バブルが、このあと一気に、急激に破裂《バースト》するのを、パウエルたちは、心底、恐れている。

それは、必ずジャンク債（ボロクズ債券）市場を直撃する。ボロクズ債券たちが暴落して誰も見向きもしなくなり長期金利は、急激に年率20％以上に跳ね上がるだろう。この時、すべての金利商品（代表が住宅ローン）の重《おも》し（アンカー）である米国債の金利が、ボロクズ債や住宅ローン金利の上昇に引きずられて、5％、6％と上がってゆく。

日本の新しい日銀総裁は、4月9日から植田和男（71歳）になった。植田は、即座に「これまでの日銀の金融緩和《かんわ》（QE《キューイー》）政策を継続します」と言った。

「私は、黒田前総裁の路線を継承します。日銀は、現在のゼロ金利政策を継続します。引き締め策には転じません。これからも金利を上げません」と言い切った。これでいい。これで世界に向かって、日本は、デフレ（不景気）のままだが、必死で不況に耐える（苦しむ）国民生活を犠牲にすることで、政策金利のゼロ金利政策を維持して、何とか世界恐慌に耐える、という大《だい》方針を打ち立てた。これでいい。

金利が上がることほどいやなことはない

お金に関して大事なのはインタレスト（金利や利息）だ。私が独自に作った定義《デフィニション》だが、「お金にも値段がある。それを金利《インタレスト》と言う。他の商品と同じで、お金にも高い（良質の）お金と安い（粗悪な）お金があるのだ」である。金利が上がるのがとても困る。自分で商売をやったことのある人は知っている。労働者（サラリーマン。従業員）にはこれが実感で分からない。いままで銀行から2％で事業費を借りられた。その借金が10億あるとする。そうすると、2％ということは年間2000万円返さなければならない。元本《がんぽん》をもちろん返さなくてはならないが、銀行はとりあえず「元本はいいから、金利だけ払ってください」と言ってくる。この10億円は、3カ月で借り替え（ロール・オーヴァー）している。

その金利が倍になると、2％が4％だから年間4000万円になる。1％でも、ほんのわずかでも金利が上がると、商売人、経営者、資本家そして投資家は大変になる。

人（銀行）からお金を借りて博奕《ばくち》を張っている者たちは、もっと大変だ。大きな借金をしていると、0・1%の金利上昇でも、とんでもないことになる。

皆さんは株を買う程度でしょう。債券（投資信託）は買っていないと思う。為替の取引（FX《エフエックス》と言う）もやっていないと思う。だから、金利が上がることを実感で分からない。ほんのわずかでも金利が上がるのは、ものすごくイヤなことなのだ。だから、「金利を上げない」と言った黒田は偉かったのだ。

しかし、金利がなければ資本主義は動かない。近代（ヨーロッパ）資本主義はこの500年間に複利の金利（compound interest　コンパウンド・インタレスト）というボッタクリで大成長を遂げてきた。「金利が上がることはイヤなことだ。だから黒田日銀がゼロ金利を続けます、というのはいい（良い）ことだ」と私は、今書いた。しかし、このことには、実は裏側の歴史がある。日本の金利をゼロ金利にしたのは、アメリカの命令だ。アメリカが日本を「経済成長のない国」に無理やりしたのだ。

それは、1999年、速水優《はやみまさる》総裁の時だ。日本は、長銀《ちょうぎん》他の大銀行が破綻させられて、次々にアメリカに乗っ取られた銀行危機の時だ。速見は2000年8月にこれに抵抗して、なんとか、「ゼロ金利はあんまりだ。金利を付けさせてくれ」と、「ゼロ金利の解除（わずか0・5%を付けた）」を断行した。しかし、翌年2001年には、またゼロ金利に無理やり戻された。

それ以来、日本はずっとゼロ金利をアメリカに強制されて卑屈に、ゼロ成長どころかマイナス成長（衰退国家、デクライン・ステイト）として生きてきた。国民の給料（賃金）は、この30年間、全く上がっていない。ヒドい国だ。

「この国に、ジャブジャブというお金《かね》（通貨）が流れている」と、２０００年に言ったのも速水優だ。


だから、私が、「黒田は、ゼロ金利をやめない、と言い続けたのは偉い」と書くことには、大きな矛盾がある、と気づかなければいけないのだ。このことに気づかないで何か偉そうなこと（難しいこと）を言いだす者は、知能の足りない愚か者だ。知ったかぶりのアホだ。

だが、ここで、「だからこそ、黒田はアメリカが日本に理不尽に押し付け続けたゼロ金利を、逆に、こうなったら意地《いじ》でも止《や》めないのだ」と、ハッと分かることによって、すべてが解明されるのだ。アメリカのバカヤローが、「私たちは政策変更した。お前らもこれに従え」と、言ったからといって、誰が、易々《やすやす》と言うことを聞くものか。

「こうなったら意地でもアメリカに反対してやる。そしてアメリカ帝国《エムパイア》が自滅（財政崩壊）するまで、しぶとく、じっと待ち続ける」と考えるのが、一番の頭のいい人間が考えることだ。分かりますかね？　そこらの低能《ていのう》のくせに、自分では頭がいい、と思い込んでいるインテリ気取りの皆さん。

第3章　いよいよアメリカのドル覇権が崩壊する

ジリアン・テットが金利リスクの恐ろしさを指摘

3月10日のSVB銀行の破綻を、私が知ったのは12日だった。

このあとの緊迫して混乱した数日の間に、私が読んだ金融ニューズの記事で一番優れていたのは、ジリアン・テットという女性記者の記事（3月17日付）だった。55歳の辣腕《らつわん》記者だ。イギリスの高級紙のFT（フィナンシャル・タイムズ）紙という、サーモンピンクの紙に印刷する世界で一番権威があるとされる経済新聞だ。世界中の政治記事も載る。英ロスチャイルド財閥系だ。

ジリアン・テット　Gillian Tett 女史は、このFTの中でもバリバリの論説委員だ。日本経済新聞社が、このフィナンシャル・タイムズ紙を2015年に1600億円で買収した。ずいぶんと安い値段だった。なぜ日本ごときが高級紙FTを買えたのか。それは、中国が買おうとしたからだ。

いくら何でも共産国の中国に買われるわけにはゆかない、ということで、それなら日本に預けよう、ということで日経新聞が引き受けたのだ。ただし、日経には、全くFTの経

英高級紙FT《エフティ》で本当のことを書くジリアン・テット女史

ケンブリッジ大学でPh.D.取得（社会人類学専攻）。1967年生(55歳)。1993年から『フィナンシャル・タイムズ』紙で記者として活躍。1997年から2003年まで同紙、東京支局長。
その後イギリスに戻り同紙の名物コラム「LEXコラム」の副責任者。2007年には金融ジャーナリストの最高の栄誉「ウィンコット賞」を受賞。
2008年には「ブリティッシュ・ビジネス・ジャーナリスト・オブ・ジ・イヤー賞」、2009年には「フィナンシャル・ブック・オブ・ジ・イヤー賞」など受賞多数。

営にタッチする権限はなく、編集権《へんしゅうけん》（部）にも日本人の記者らが関与することはない。ただ資本（株式）が日本に移っただけだ。

ＦＴはハイクオリティ・ペーパーと言って、これ以上立派な経済金融新聞はない。ニューヨークのウォール・ストリート・ジャーナル（ＷＳＪ）も、ＦＴの真似だ。

このＦＴで、番《ばん》を張っているジリアン・テットは、女だから本当のことを書く。威張り腐《くさ》っているジイさんたちには書けないことを、ぺろぺろと平気で書く。

彼女はＦＴで大事なことを３つ書いた。まず、「１つ前の戦争のやり方を将軍たちに教えていたのと同じことが、金融業界でも通用していた」と。つまり、①信用リスクと、②流動性リスク　にさえ備えておけば、ことが足りるという業界慣例だった。

彼らはこれまでの低金利（つまりゼロ金利）の１％、２％の低金利が永遠に続くと信じ込んで、自分たちのキャリアをつくってきた。低金利（ゼロ金利）であることから生じる③金利リスクのことを、この30年間、１９９４年からまったく騒がないで、ここまでやってきた、と。

低金利が当たり前と思っていたら、わーっと急に利回りが跳ね上がって上昇し始めた。2022年3月からFRBのパウエルたちが、政策金利を急激に4回上げた。それで民間銀行の資金運用に、重大な支障が生じた。保有していた中古の米国債が、どんどん腐《くさ》り始めて、市場値段が下がって（金融商品の劣化《れっか》）資金運用での評価が下がって、逆ザヤが生じた。仕入れ（価格）を販売（価格）が逆転して、売れ（融資する）ば売るほど損が出たのである。これでヨーロッパもアメリカも、真っ青になっている。

もうひとつは、BIS《ビーアイエス》の問題。BISは「国際決済銀行（バンク・オブ・インターナショナル・セツルメント）」の略だ。これは、スイスのバーゼルという都市にある。世界中の信用度（クレディビリティ）を監視して統制《コントロール》しているワルの秘密結社の国際機関である。ヨーロッパ中の金融貴族たちの結集軸で、第1次世界大戦の敗戦国であるドイツ国からの賠償金で作られた。だからアメリカの意向にも従う。BISの本部の建物の形は、聖書に出てくる古代バビロニアの「バベルの塔」とそっくりである。BISの理事の貴族たちは、まさしく現在の西側《ザ・ウエスト》（欧米先進国）を上から支配しているディープ・ステイトThe deep state　の主要なメンバーたちだ。

BISについて知りたければ『BIS《ビーアイエス》　国際決済銀行　隠された歴史』（2016年刊。

アダム・レボー著。古村治彦訳。副島隆彦監訳）を読んでください。原書は、Tower《タワー》 of《オブ》 Basel《バーゼル》, by Adam Lebor, 2013 である。バーゼル・クラブとも言う。

このBISが国債、すなわちヨーロッパの各国国債と米国債と日本国債を、超《ちょう》安全な資産と見立てて、リスク・ウェイト（リスクの危険度）をゼロ、として民間銀行の健全度を測定してきた。これがまさしく③金利リスクである。国債にもリスクがあるのだ。これまでは銀行の①信用（度）リスク、②流動性リスク（いつでもただちに保有資産を売却して換金できるか）の2つばかりで、民間銀行の信用度の監督、管理をやってきた。このBISの運営の失敗である。

お札（紙幣）も国債も、いざとなったら紙キレである。国家の信用そのものだから信用度は無限大だ、ということはない。国家が破産（あるいは敗戦）した時には、紙幣も国債も、一旦《いったん》紙キレとなる。国債は、国家の借金証書だ。このことを私、副島隆彦はずっと言い続けている。

そうしたら、ジリアン・テット女史が、この③金利リスクというのを見ないでこれまでやってきたことの失敗が現れた、と書いた。金利リスクがものすごく恐ろしいことになった、と。

２００８年9月からの〝リーマン・ショック〟の時の金融危機も、規制する金融当局と民間銀行の資産と投資のリスク管理部門が、住宅ローン担保証券、ＭＢＳ（モーゲージ・バックト・セキュリティーズ）を束ねたボロクズ債券を安全である、と判断した。その危険度を故意に見落とした、と。こういうことをテット女史が書いている。

③金利リスクが、いま一番騒がれている。この金利リスクをこれまで見落として、わざと見ないふりをしてきた。それが資金の運用で逆回転《リワインド》を起こして、金利が逆ザヤとなって、銀行の内部で大きな〝含み損〟となって積み上がっている。だから銀行の連鎖破綻がこれからも起きる。いまヨーロッパ、アメリカで各国政府が発行した、国債を中心とする債券（ボンド）の市場が恐ろしいことになっている。

ここから長々とだが、ジリアン・テット女史のＦＴ《エフティ》紙の記事を載せる。大変、勉強になる。

「低金利継続が招いた惨事　キャリー取引で米銀破綻」

米シリコンバレー・バンク（SVB）が、死のスパイラルに陥って3月10日に経営破綻した。このとき、著名（あるいは悪名高い）投資家のピーター・ティール氏が、一躍スポットライトを浴びた。

同氏が率いるファウンダーズ・ファンドが、SVB破綻前に、同銀から法人口座を引き揚げていたと報じられたからだ。このため、ティール氏や他のベンチャー投資家らが取り付け騒ぎ（バンク・ラニング）を扇動した、との批判が集中した。

政治家はこの事件で責任のなすりつけ合いをする。だが、これ以外にも投資家が注目すべき懸念がひとつある。ティール氏は、筆者に対し、「自分もSVBに5000万ドル（約66億円）の個人資金を預けていた」と自己弁護した。

つまり、自分のファンド（の預金の引き揚げ）の件はともかく、ティール氏は「SVBが破綻するかもしれないとの認識も確信もなかった。だから自分の、個人口座の資金引き揚げは（引き出しに）間に合わなかった」と自己弁護している。

長短金利の逆転で損失発生

混乱したのはティール氏だけではない。金融界では（このあと）スイスの金融大手クレディ・スイスから、米中堅のファースト・リパブリック・バンクなども経営不安に陥った。

世界最大の運用会社、米ブラックロックのラリー・フィンク最高経営責任者（CEO）は、3月15日の投資家宛ての書簡で、これらを「緩《おだ》やかに続く信用危機（クレディット・クライシス）だ」と説明した。そうしたなか、3つの重要な課題が浮かび上がってきた。

1つ目は、SVBの破綻は巨大な「キャリートレード」の失敗に似ている。キャリートレードとは、低金利で借り入れた資金を高利回りの投資で運用して利益を上げる手法だ。

銀行は、キャリートレードに手を染めているとまず自分では認めない。そのかわりに、「顧客の利益のために、資産と負債の総合管理をしながら、慎重に満期《まんき》変換《へんかん》（短期預金を住宅ローンなどの長期融資に回すこと）を実践している」という表現をする。

満期変換は銀行業務の中核である。ＳＶＢはそれを極端な（危険な）形でやっていたために、キャリートレードと酷似する状況になった。特筆すべきは、ＳＶＢには１８００億ドル（24兆円）の預金残高があり、低金利だが短期貸し出しを想定した融資制度の原資となっていた。だが融資の需要が低迷していたため、愚かにもヘッジをせずに長期債（米国債）を買い入れていた。

しばらくはこれで大きな利益を上げていた。だが、２０２２年に（ＦＲＢの急激な金融引き締め政策のため）長短金利が逆転したので、損失が生じた。これにようやく気づいた一部の預金者は、（ティール氏は違ったが）いち早く逃げ（預金を引き下ろして）、そのことで衝撃的な結末（銀行の破綻）につながった。

ＳＶＢ破綻は「炭鉱のカナリア」

２つ目のポイントは、キャリートレードに酷似した（資金運用の）状況だったのはＳＶＢ銀行だけではない。それどころか、他の多数の米銀も、保有する長期債から多額の損失（含み損）を出している。実際、米銀全体が保有する有価証券（米国債がほ

全米トップ45位までの大銀行

1位 JPモルガン・チェース

JPM:US New York

NYのブリオン・バック（金《きん》による高い信用）として始まった。ビクともしない。

最高値と直近値の割合93.4%

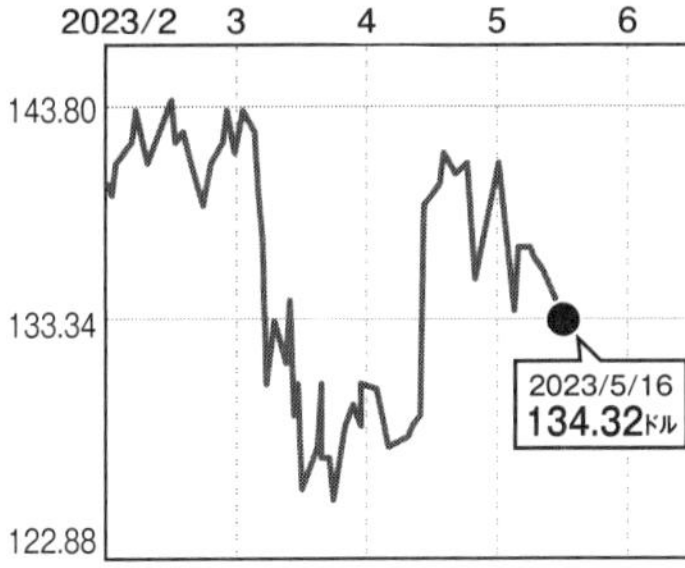

2位 バンク・オブ・アメリカ

BAC:US New York

株3割下落。まあまあだ。カリフォルニア州が中心、イタリア系移民たちが作った。VISAカードも。

最高値と直近値の割合71.2%

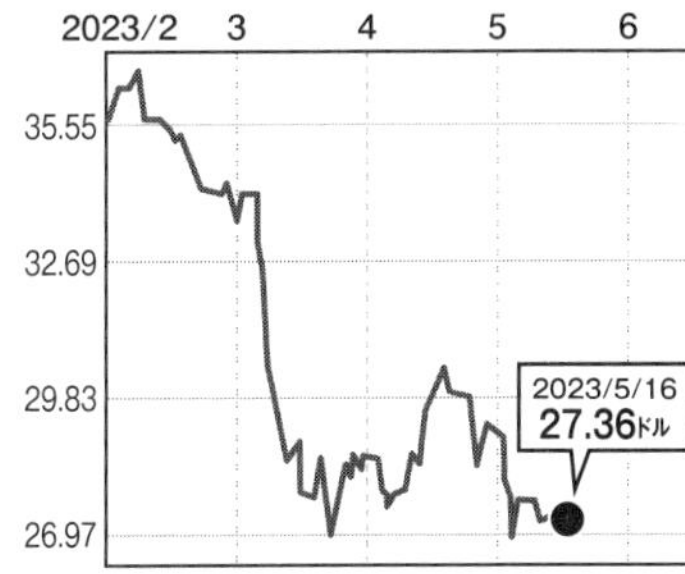

3位 ウエルズ・ファーゴ

WFC:US New York

まあ大丈夫だろう。
開拓時代の駅馬車の送金システムから始まった老舗。
世界進出しない。

最高値と直近値の割合79.2%

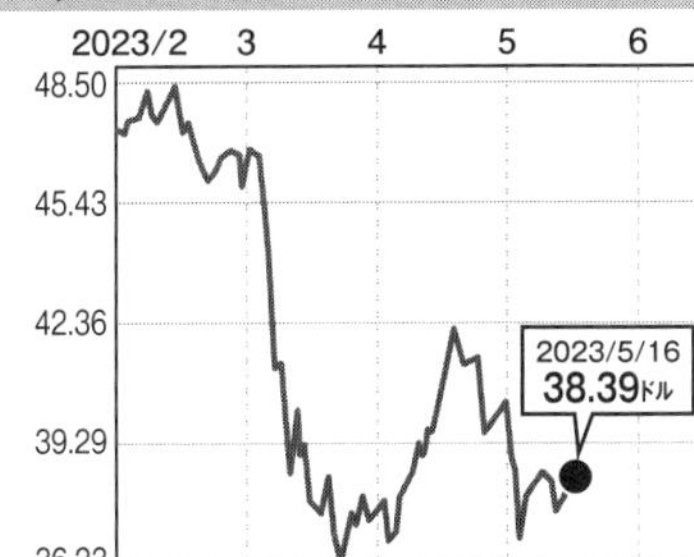

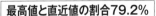

4位 シティバンク

C:US New York

ロックフェラー家の旗艦《きかん》銀行。経営は危ない。既に昔日の繁栄の面影はない。

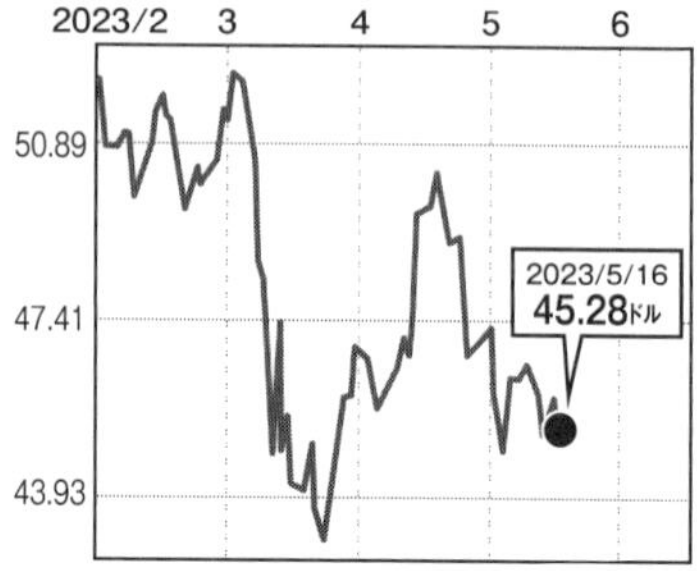

最高値と直近値の割合83.2%

5位 USバンコープ

USB:US New York

オハイオ州、シンシナティ市。
株価が急落している。
危ない。

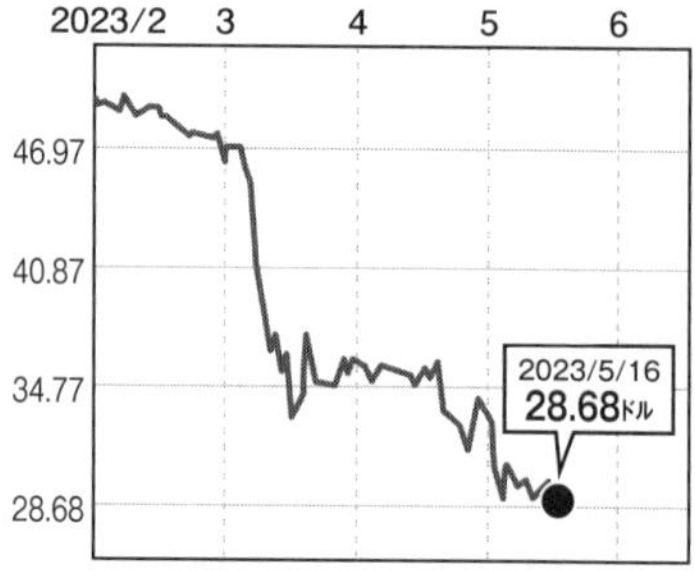

最高値と直近値の割合54.0%

6位 ピッツバーグ・ナショナル・コープ銀行

PNC:US New York

ペンシルベニア州ピッツバーグ。
危ない。

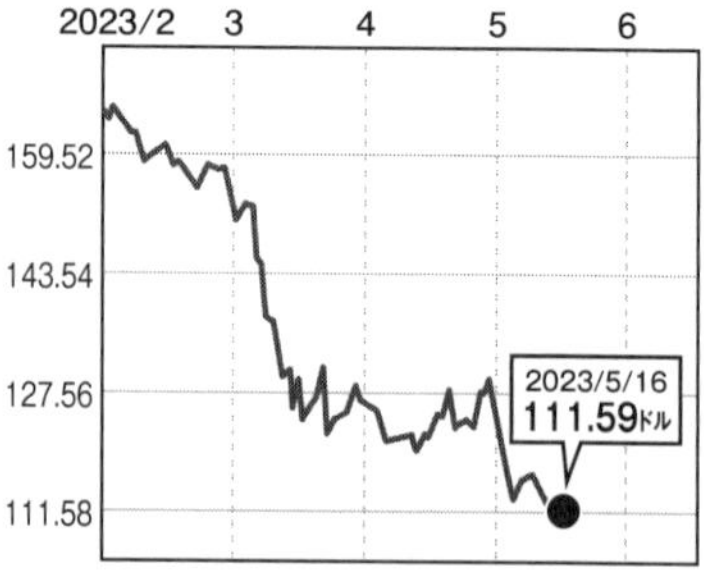

最高値と直近値の割合63.6%

7位 トルーイスト・ファイナンシャル銀行

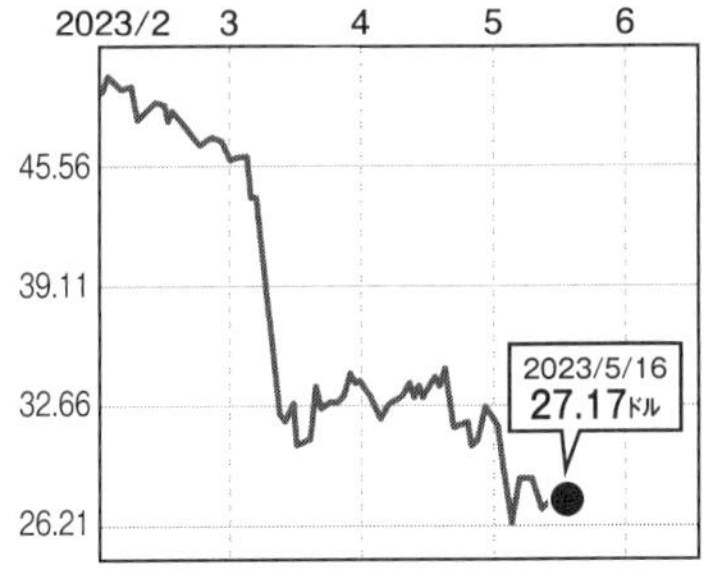

TFC:US New York

Truist（真実者）。
ノースカロライナ州シャーロット市。
危ない。

最高値と直近値の割合50.4%

8位 キャピタル・ワン

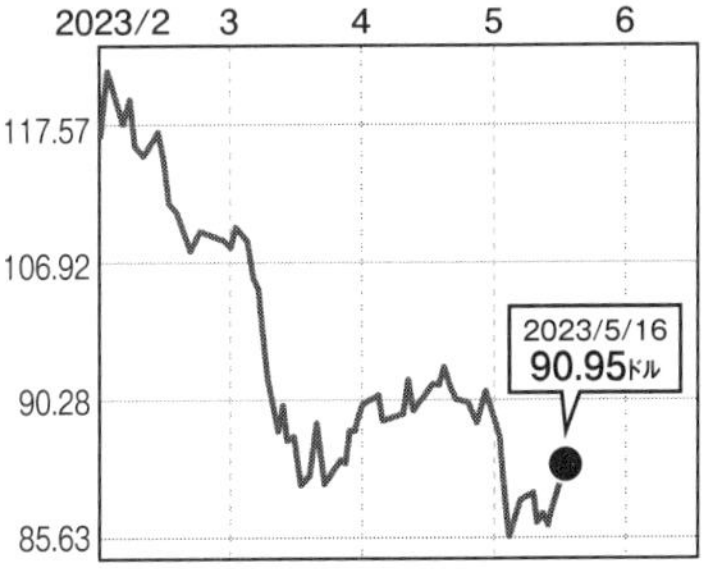

COF:US New York

ヴァージニア州
危ない。

最高値と直近値の割合70.9%

9位 ゴールドマン・サックス

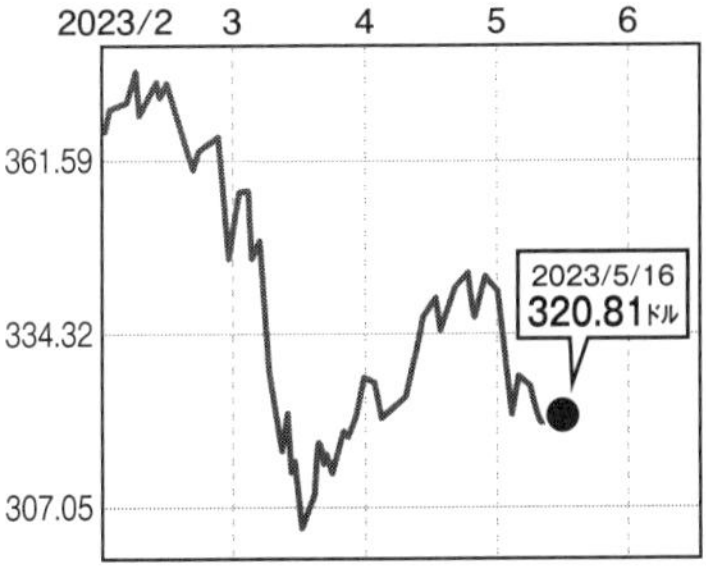

GS:US New York

ワルの親玉。悪いことばかりしてきた。
まあ、潰れない。

最高値と直近値の割合82.5%

全米10位以下の銀行

10位 トロント・ドミニオン銀行

TD:US New York

カナダの銀行のアメリカ子会社。
それでも潰れる。トロントの本社が助けないから。

最高値と直近値の割合78.5%

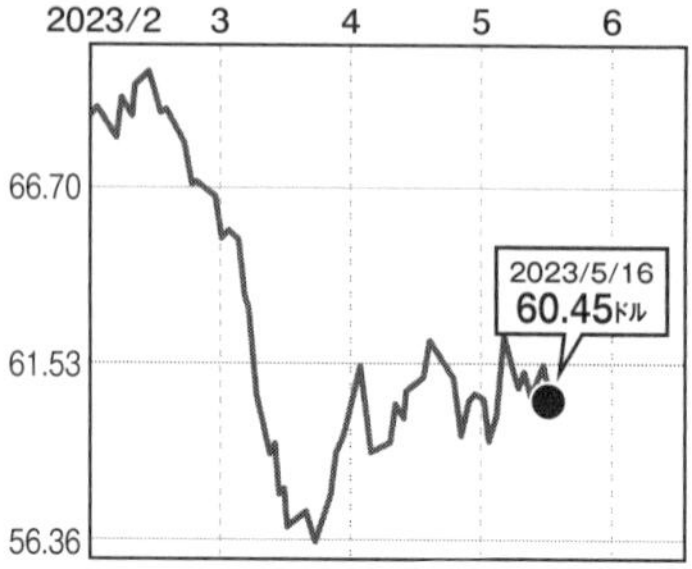

11位 NYメロン銀行

BK:US New York

ニューヨークの名門メロン財閥の銀行。
危ない。

最高値と直近値の割合71.8%

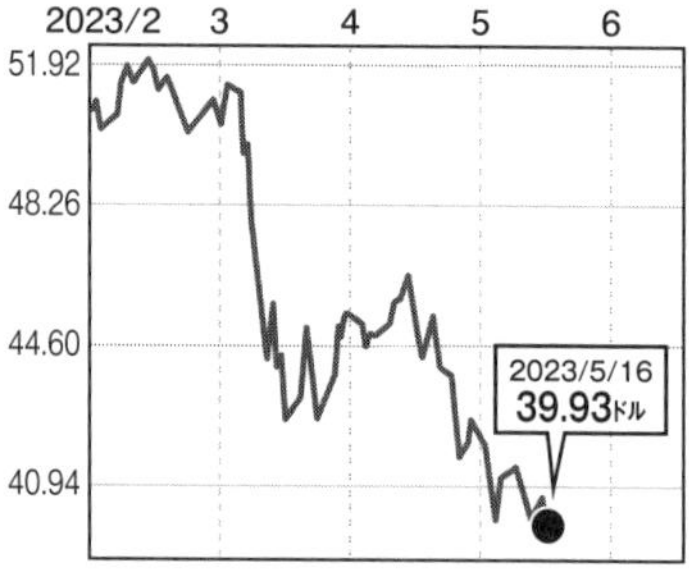

12位 ステート・ストリート

STT:US New York

マサチューセッツ州ボストン市。
危ない。

最高値と直近値の割合70.8%

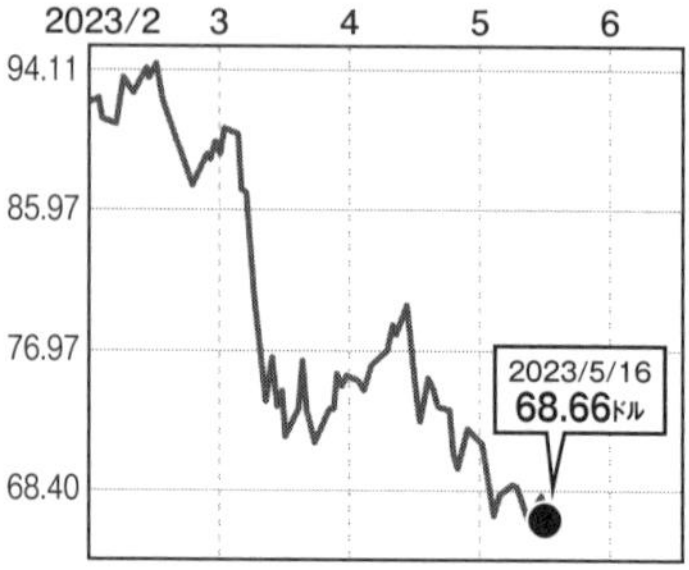

13位 シチズン銀行

CFG:US New York

ロードアイランド州プロビデンス市（州都）が本拠。危ないが、州政府が潰さない。

最高値と直近値の割合56.3%

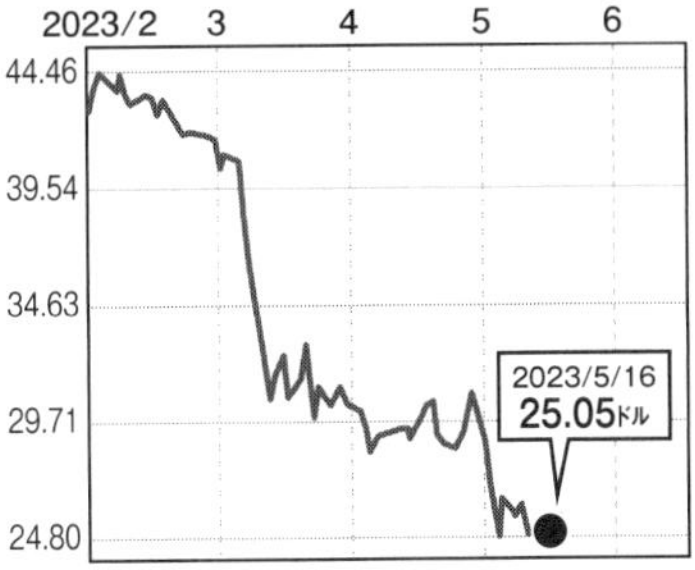

14位 フィフス・サード銀行

FITB:NASDAQ

オハイオ州シンシナティ市。危ない。

最高値と直近値の割合60.1%

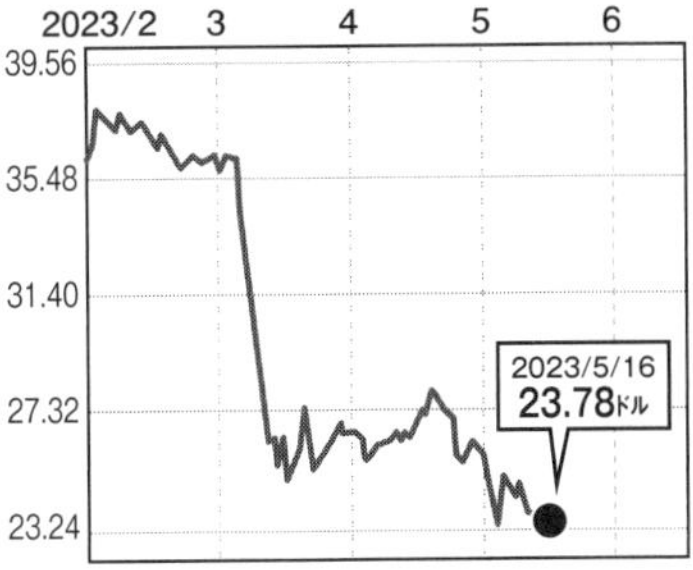

15位 モルガン・スタンレー

MS:US New York

ニューヨーク州ニューヨーク市。
モルスタ証券のプライベート銀行部門。危ない。

最高値と直近値の割合81.1%

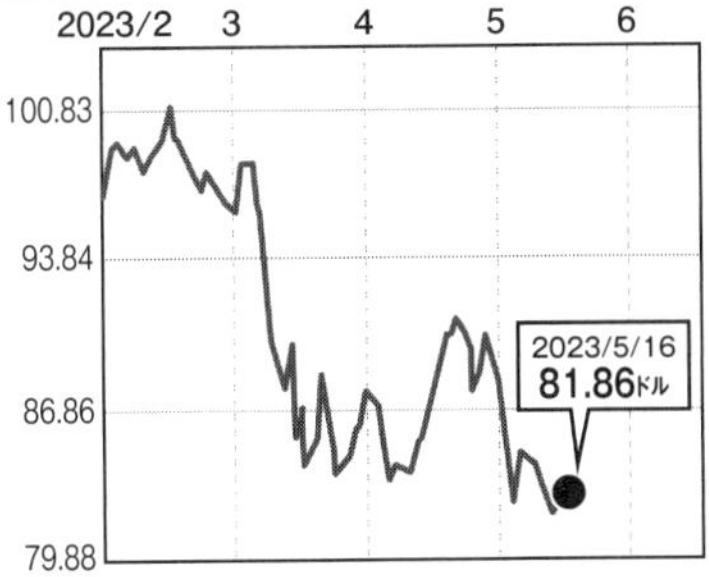

16位　マニュファクチャラーズ&トレーダーズ

MTB:US New York

ニューヨーク州バッファロー市。
危ない。

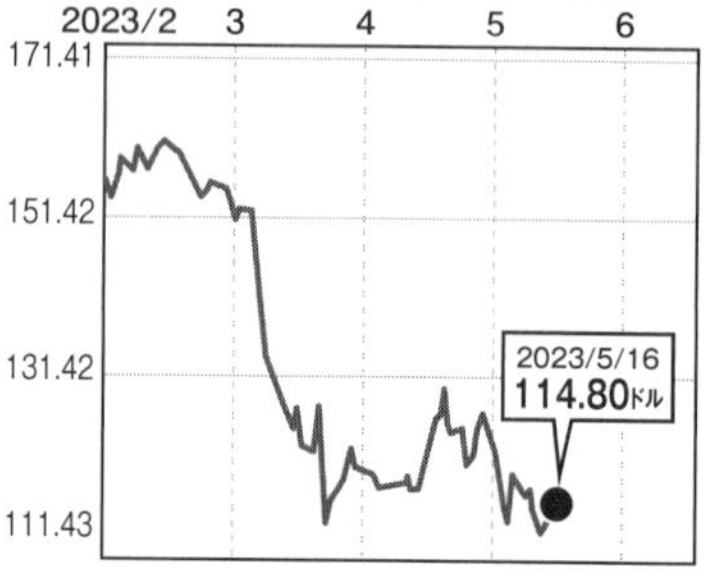

最高値と直近値の割合60.0%

17位　キーバンク

KEY:US New York

オハイオ州クリーブランド。
危ない。潰れる。

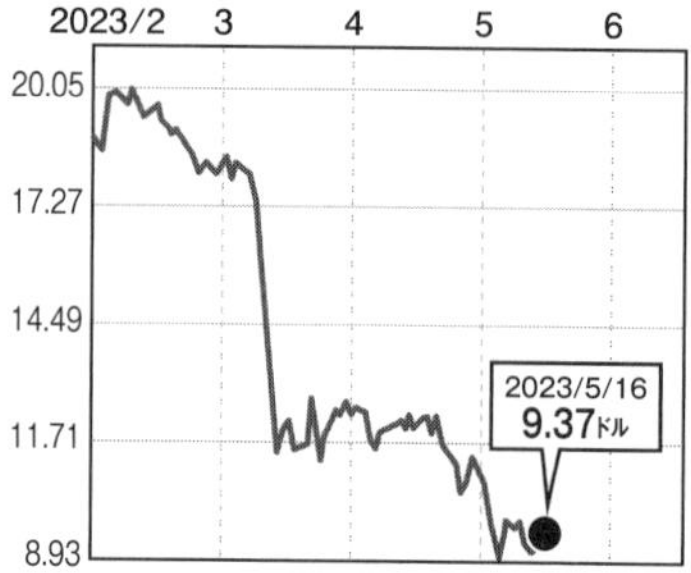

最高値と直近値の割合46.7%

18位　ハンティントン・バンクシェアーズ

HBAN:NASDAQ

オハイオ州コロンバス。

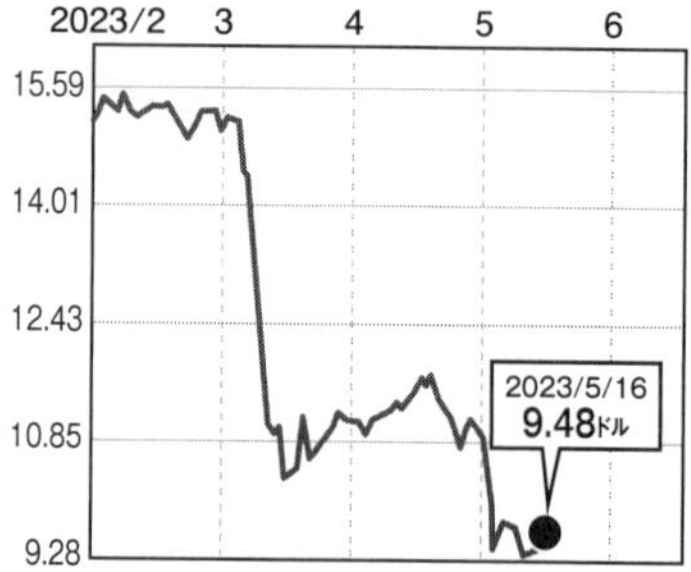

最高値と直近値の割合60.8%

19位 アリー銀行

ALLY:US New York

ユタ州サンディ市。
危ない。

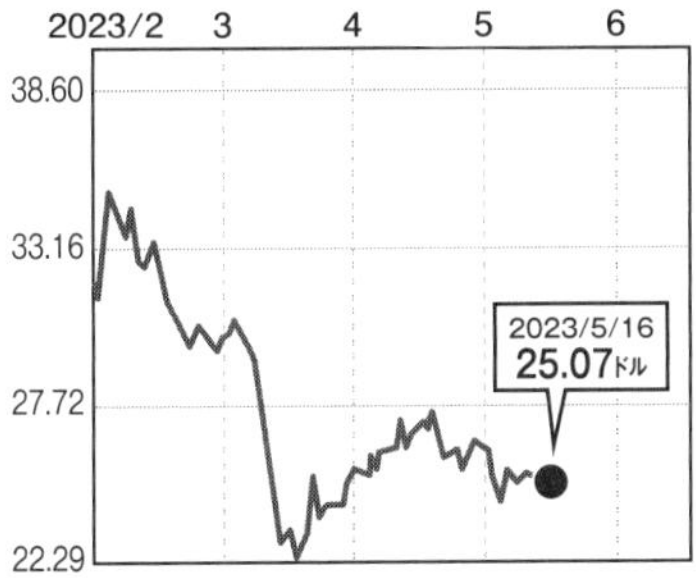

最高値と直近値の割合56.9%

20位 BMOハリス銀行

BMO:US New York

イリノイ州シカゴ。
カナダ大手モントリオール銀行のアメリカ子会社。
危ない。

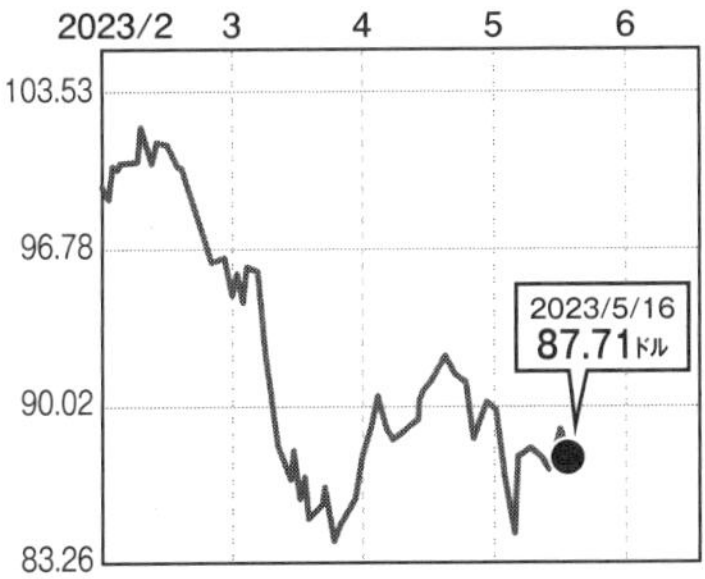

最高値と直近値の割合79.5%

21位 HSBCホールディングス

HSBC :US New York

HSBC の在米子会社。
株価が落ちてない。
大丈夫。

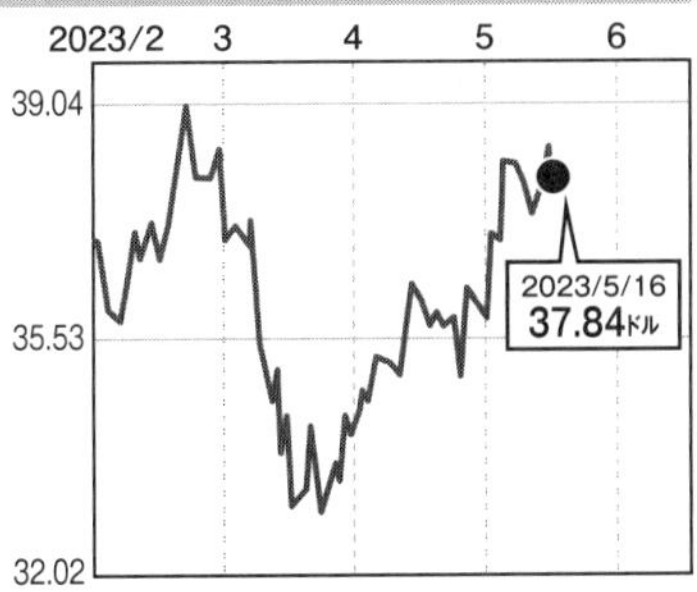

最高値と直近値の割合96.9%

22位 アメリカン・エキスプレス

AXP:US New York

アメックスカード。
バンカメの子会社。
株価が落ちてない。

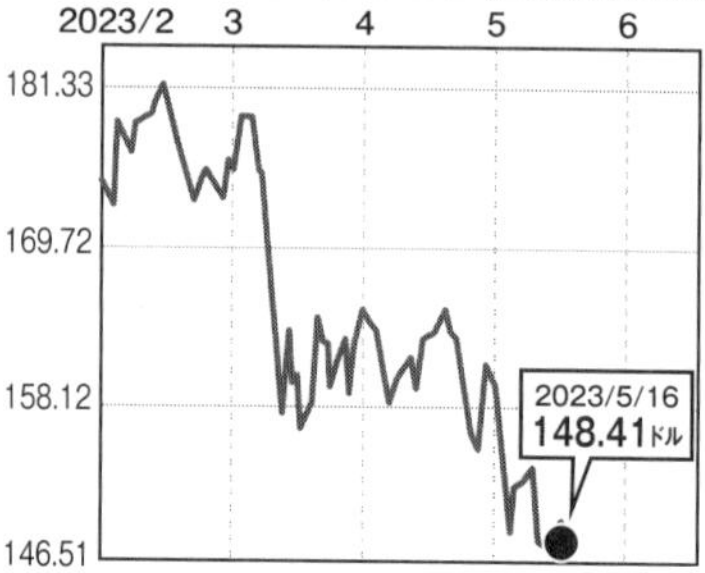

最高値と直近値の割合81.8%

23位 ノーザン・トラスト銀行

NTRS:US NASDAQ

イリノイ州シカゴ市。

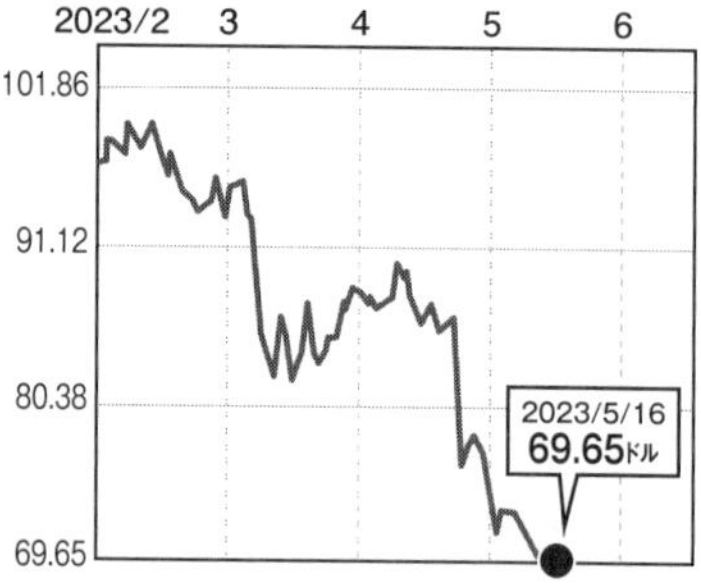

最高値と直近値の割合61.2%

24位 リージョンズ・ファイナンシャル

RF:US New York

アラバマ州バーミンガム市。
危ない。

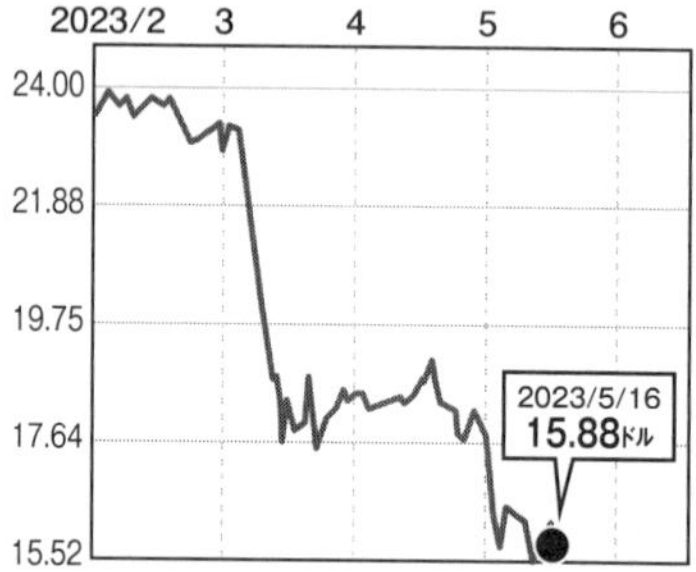

最高値と直近値の割合66.2%

25位 ファーストシチズン・バンクシェアーズ

FCNCA:US NASDAQ

ノースカロライナ州ローリイ市。
生協の銀行。優秀だ。
株価が上がっている。強い。

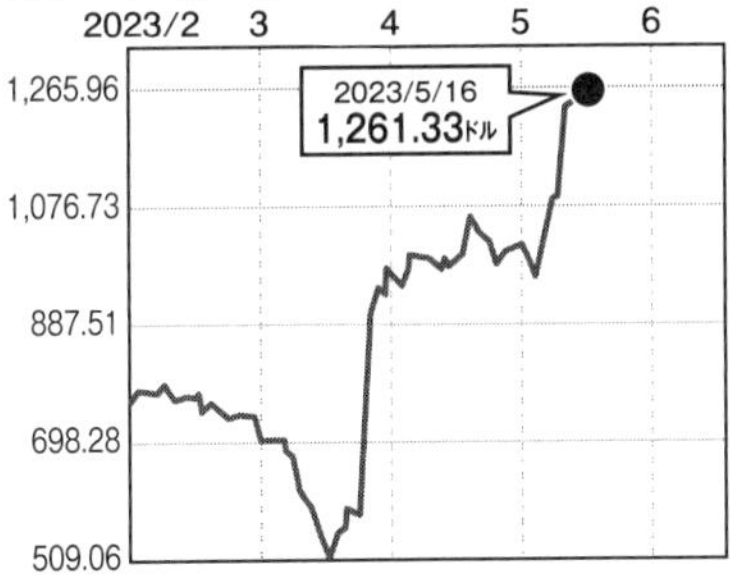

最高値と直近値の割合99.6%

26位 サンタンデール銀行

SAN:SM SOC.BOL SIBE

スペインの銀行のロスチャイルド銀行。デラウェア州の子会社。
大丈夫。

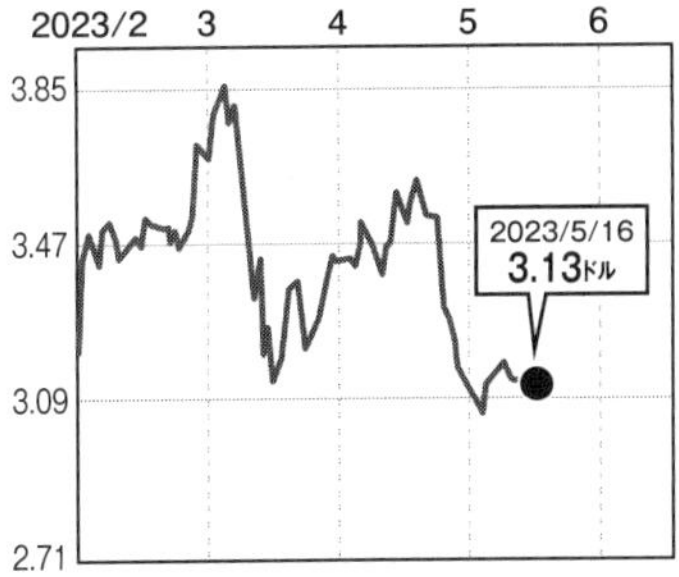

最高値と直近値の割合81.3%

27位 RBCベアリングズ

RBC:US New York

旧英老舗のベアリング商会の残党。大丈夫。

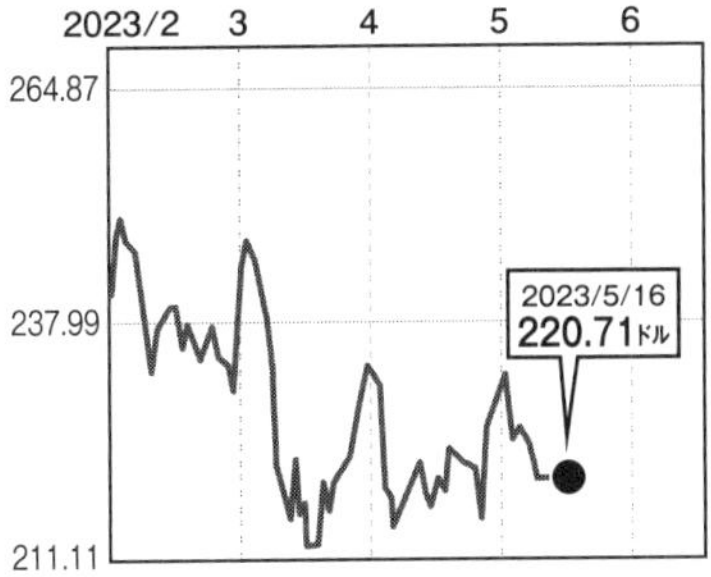

最高値と直近値の割合83.3%

全米30位以下の銀行ほとんどが危ない
（p64の潰れそうなトップ14行と重なる）

28位 BNPパリバ銀行

BNPQY:US OTC US

フランスの最大銀行。
大丈夫。

最高値と直近値の割合90.0%

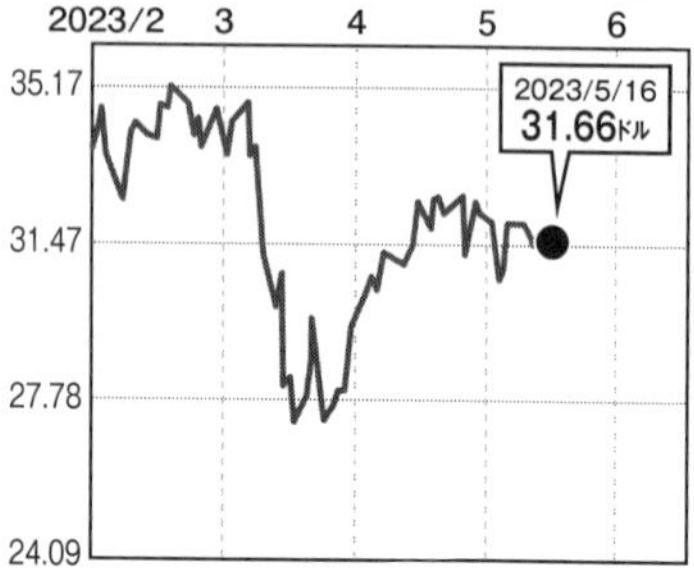

29位 ザイオンズ銀行

ZION:US NASDAQ

ユタ州。
ここもダメ。

最高値と直近値の割合40.2%

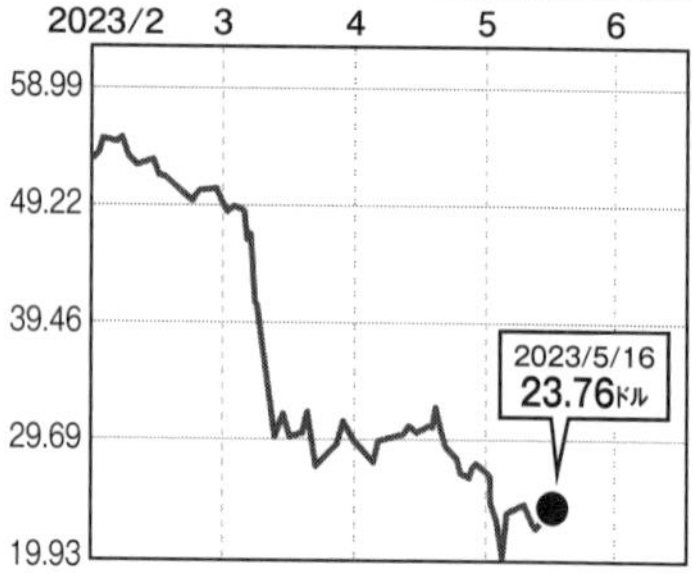

30位 コメリカ銀行

CMA:US New York

テキサス州ダラス市。
危ない。しかしテキサス州政府が支える。

最高値と直近値の割合39.2%

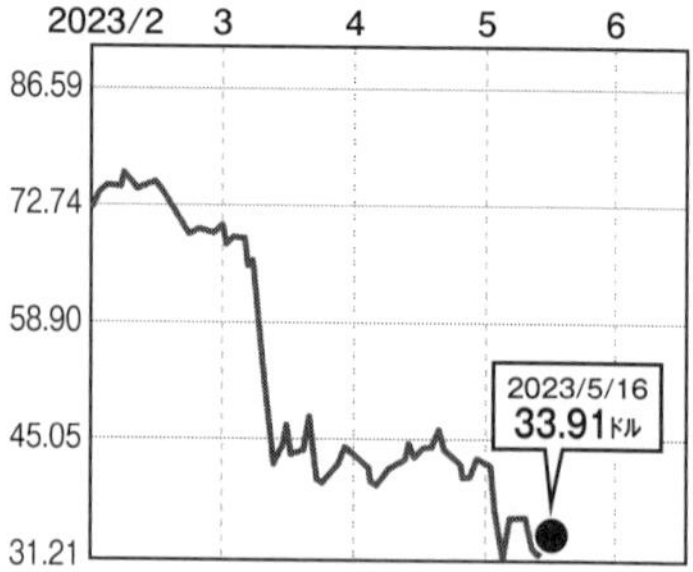

31位 ファースト・ホライゾン銀行

FHN:US New York

テネシー州メンフィス市。
エルビス・プレスリーの町。
ダメ、潰れる。

最高値と直近値の割合41.2%

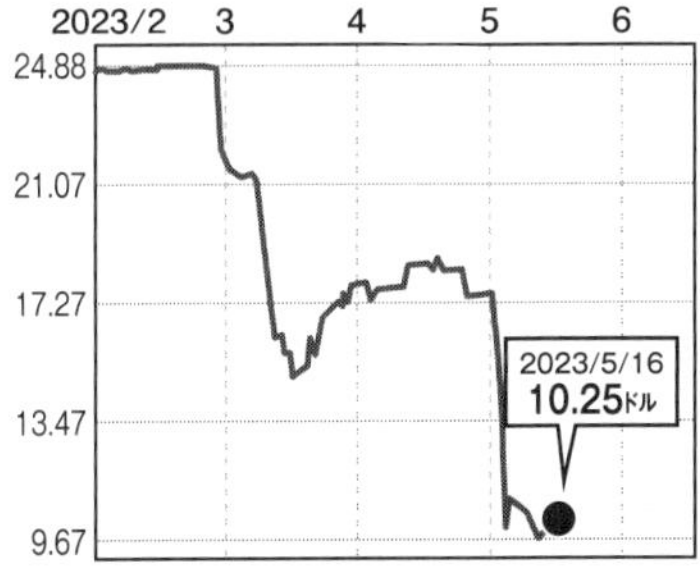

32位 ウェブスター銀行

WBS:US New York

コネチカット州スタンフォード市。
潰れるだろう。

最高値と直近値の割合60.4%

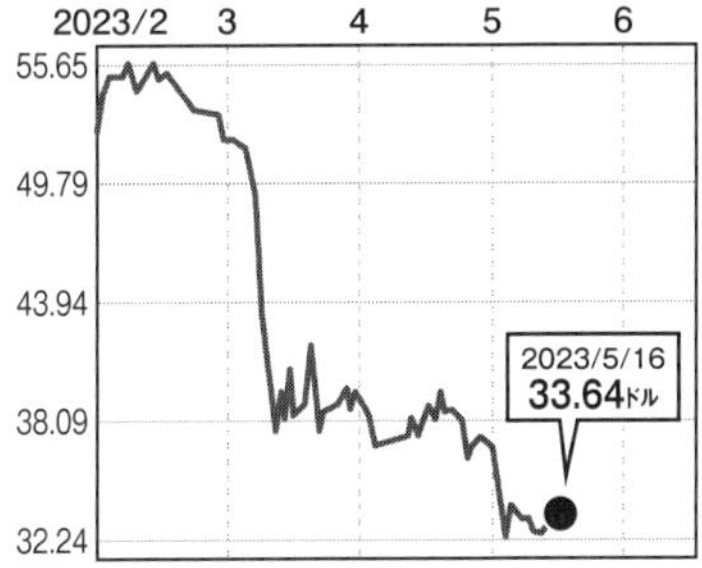

33位 ウェスタン・アライアンス銀行

WAL:US New York

アリゾナ州フェニックス市。
潰れる。もうダメだ。
最安値18ドルあり。

最高値と直近値の割合36.6%

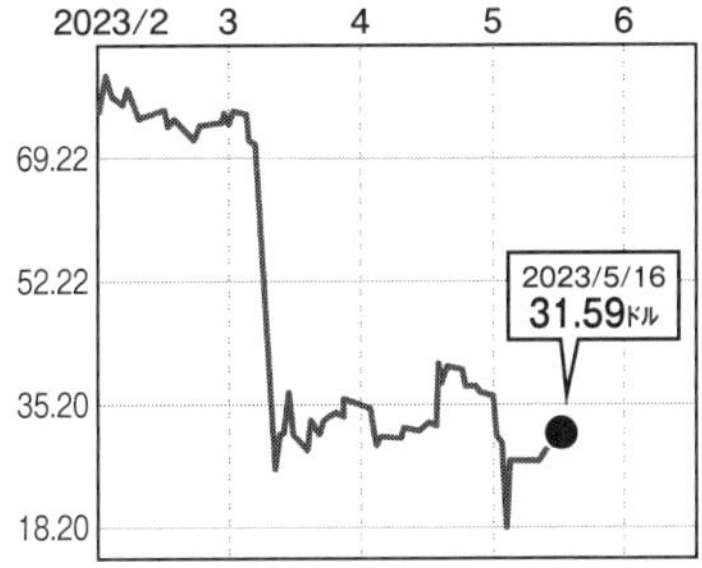

34位 イースト・ウエスト銀行

EWBC:US NASDAQ

カリフォルニア州パサデナ市。
危ない。潰れる。
最安値41ドル。

最高値と直近値の割合57.9%

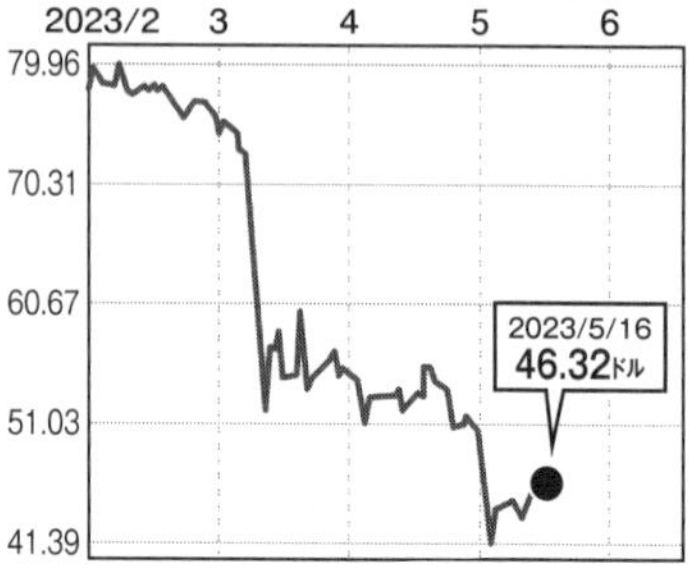

35位 シノーバスファイナンシャル・コープ

SNV:US New York

ジョージア州コロンバス市。
大きな市でアトランタの南200キロにある。
潰れる。

最高値と直近値の割合57.6%

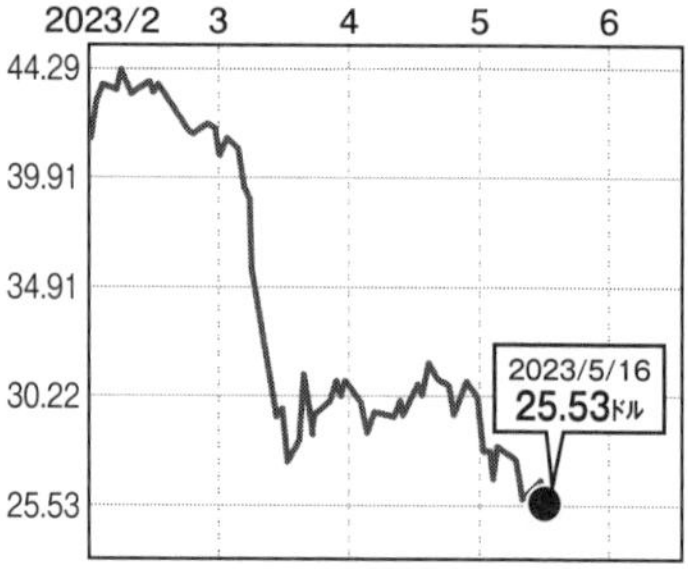

36位 ヴァレー・ナショナル・バンコープ銀行

VLY:US NASDAQ

ニュージャージー州パセイク市。NY の西50キロ。
潰れる。

最高値と直近値の割合51.7%

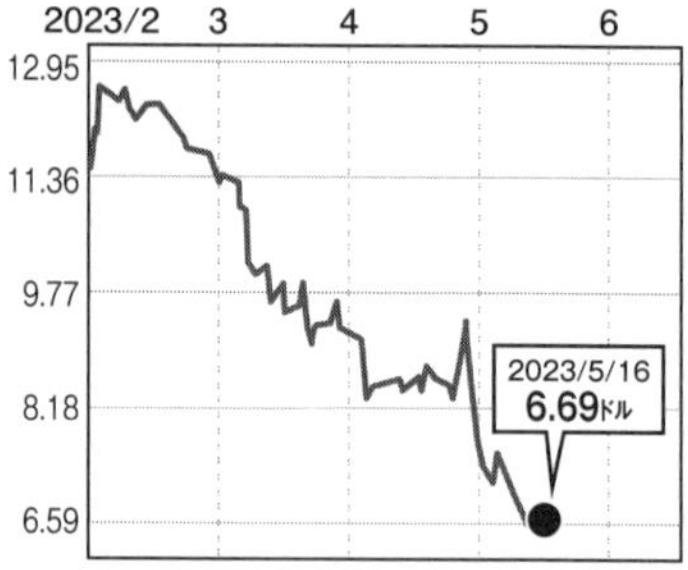

37位 カレンフロスト・バンカーズ銀行

CFR:US New York

テキサス州サンアントニオ市（州都）。
危ない。しかし州政府が助ける。

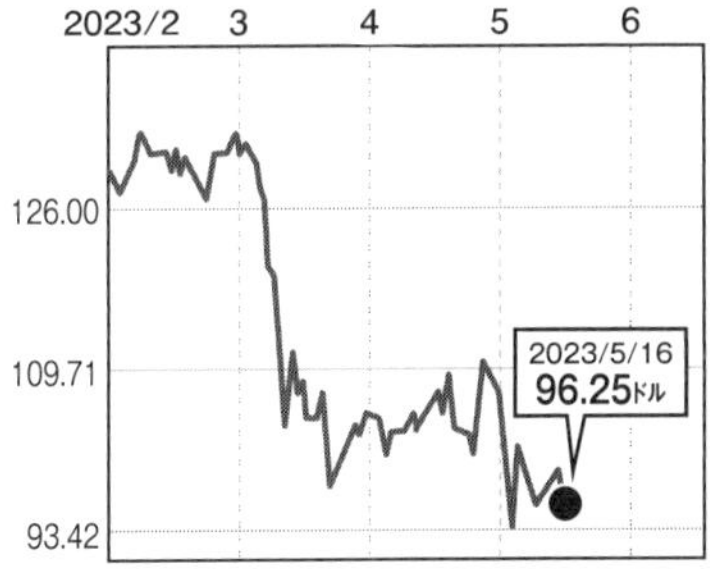

最高値と直近値の割合60.7%

38位 カナディアン・インペリアル・バンク・オブ・コマース

CM:US New York

カナダの銀行の子会社。
イリノイ州シカゴ市。
最安値39ドル。危ない。

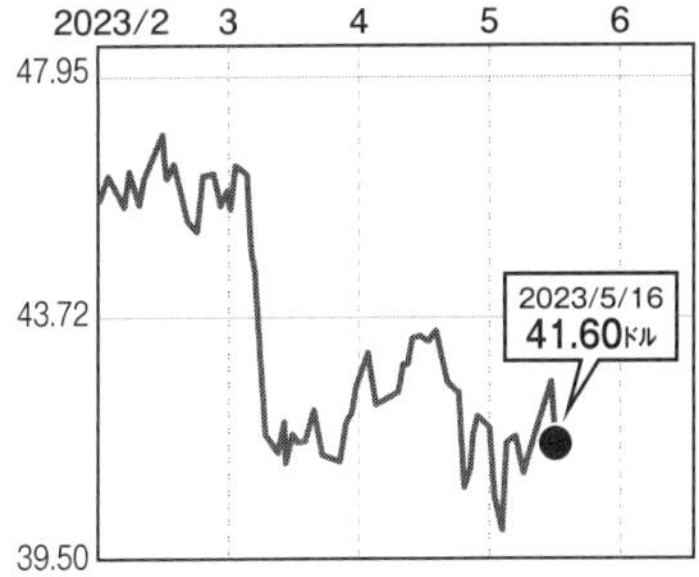

最高値と直近値の割合73.7%

39位 BOKファイナンシャル

BOKF:US NASDAQ

オクラホマ州タルサ市。
オクラホマシティの東200キロ（ウイチタ市の南200キロ）。大丈夫。

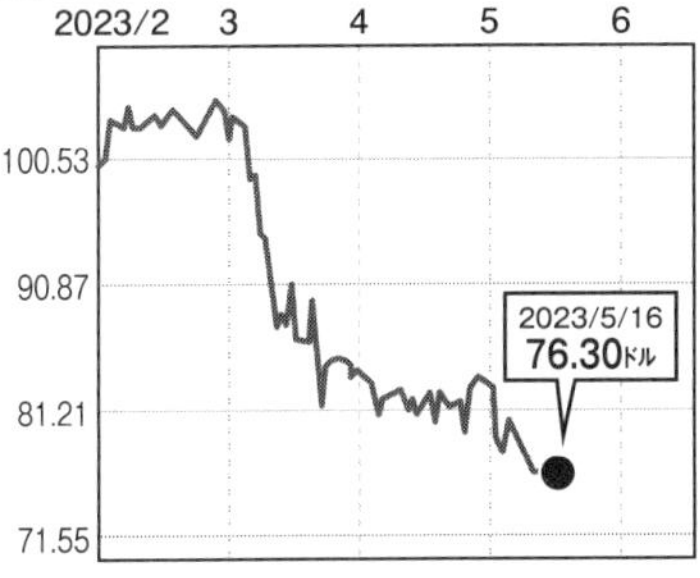

最高値と直近値の割合69.2%

40位 オールド・ナショナル・バンコープ

ONB:US NASDAQ

インディアナ州エヴァンズビル市。
危ない。

最高値と直近値の割合62.0%

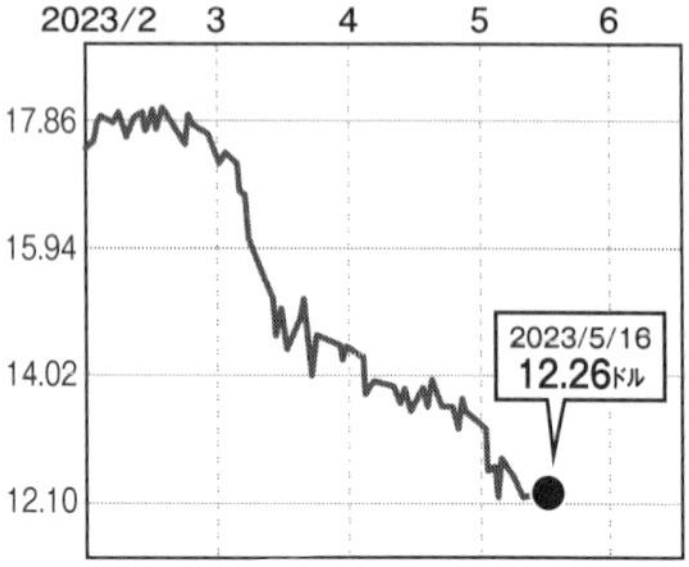

41位 サウスステート銀行

SSB:US NASDAQ

フロリダ州の内陸にあるウインターヘヴン市。ケネディ宇宙センターの西方100キロ。
危ない

最高値と直近値の割合66.6%

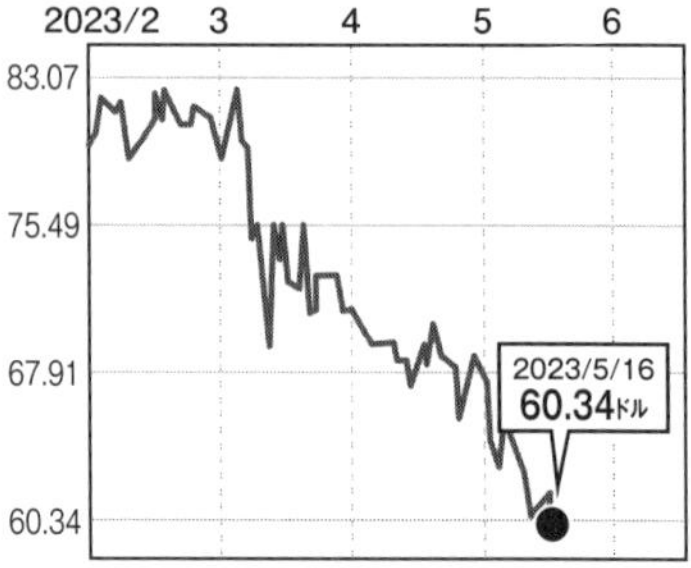

42位 ファースト・ナショナル銀行

FNB:US New York

ペンシルベニア州グリーンビル市。
ピッツバーグ市から200キロ内陸にある。
大丈夫。

最高値と直近値の割合72.2%

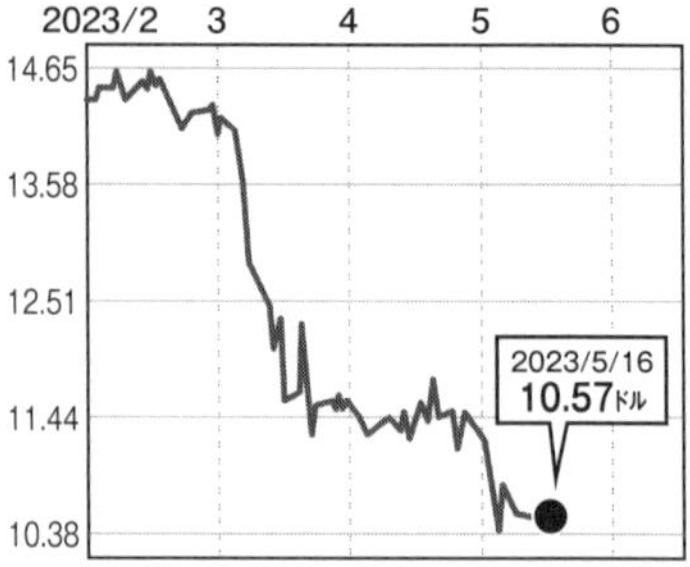

43位 レイモンド・ジェイムズ・ファイナンシャル銀行

RJF:US New York

フロリダ州セイントピーターズバーグ市。フロリダ州西側のメキシコ湾側。
大丈夫。

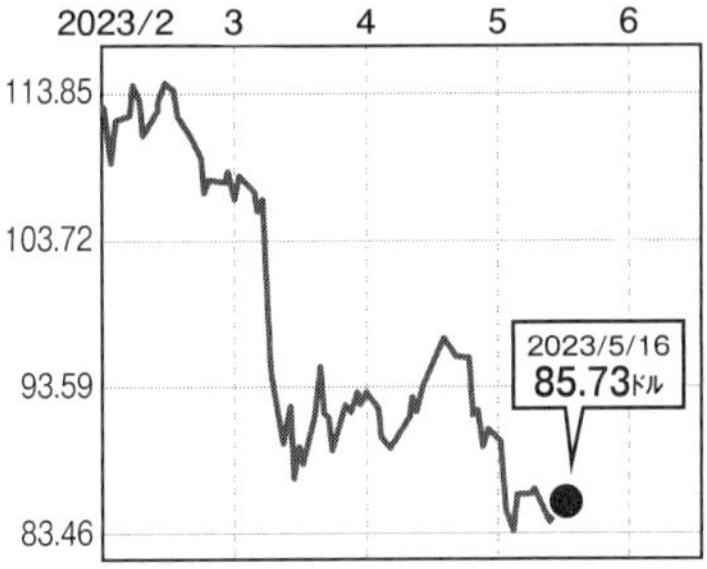

最高値と直近値の割合69.1%

44位 ピナクル・フィナンシャル・パートナーズ

PNFP:US NASDAQ

テネシー州ナッシュビル市。
危ない。

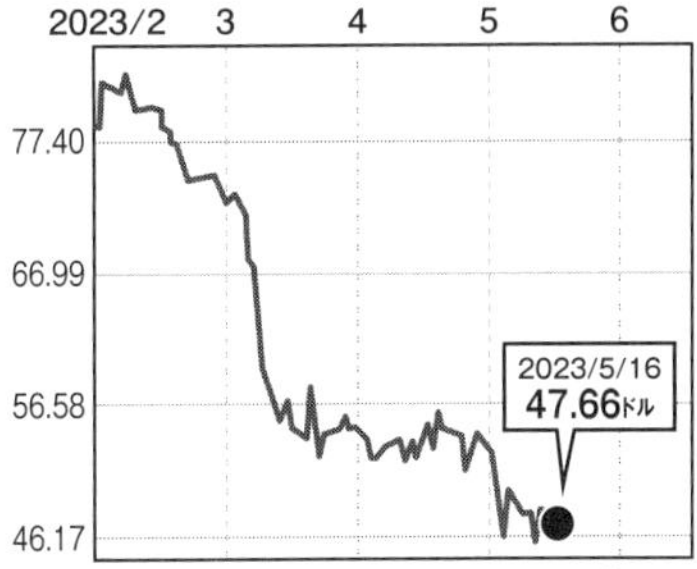

最高値と直近値の割合54.3%

45位 パックウエスト・バンコープ

PACW:US NASDAQ

カリフォルニア州ベリーヒル。
極めて危ない。潰れる。

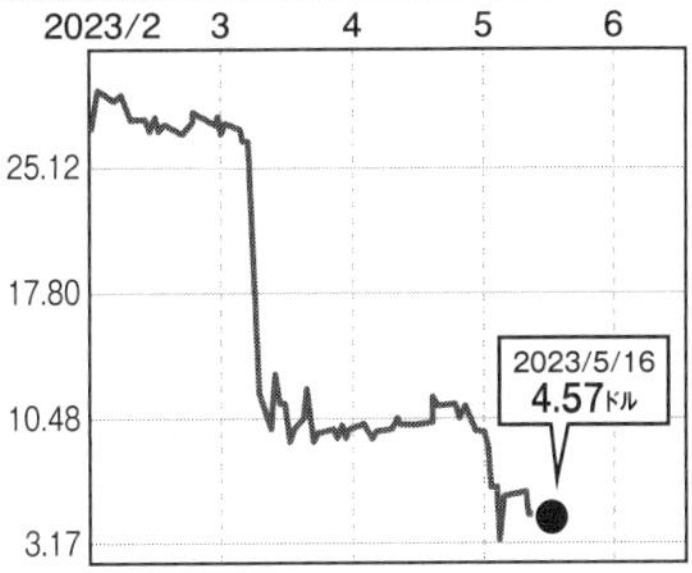

最高値と直近値の割合4.1%

とんど）の含み損の合計は、6500億ドル（75兆円）を超える。

米規制当局は近年、これらの長期債（自分が発行する米国債）を「きわめて安全な資産である」とみなして銀行に買い入れを促《うなが》すとともに、流動性（②流動性リスク）と資産負債管理（①信用リスク）に関して欧州より緩《ゆる》いルールを敷いてきた。これも軽率だった。

問題は銀行にとどまらない。米金融大手JPモルガンは、3月15日、「キャリートレード（に類似した取引をしている事例）は多数あり、そのすべてを（政府が）救済できるわけではない」と忠告するメモを公表した。

そして、「商業用不動産は、ゼロ金利下では良い投資対象だった。だが、金利が（急速に）上昇したので、もうそうではなくなった」と指摘。その上で、「不動産投資信託（REIT《リート》）など逃げ足の速い資金で（米国債などを）買い入れた場合は、とりわけ危険な状況になりかねない」と警告した。

この理由から、米大手投資ファンドのブラックストーンなどは最近、一部のREITの利益分配を制限・停止した。

同様に、「未公開株を指《さ》すプライベート・エクイティ（PE）や、ベンチャー・キャピタル（VC）（への投資）は、低金利下では高い収益を上げる。しかし高金利下では、悲惨な結果になりかねない。ただし、これらのファンドは資金の一部が固定されている。かつ透明性が相対的に低いことから暗転する（投資が損失に変わる）ペースは他よりも緩やかだ」と。

世界最大のヘッジファンド、ブリッジウォーター・アソシエイツ創業者のレイ・ダリオ氏は、「SVB銀行破綻は、景気変動の転換点をいち早く知らせる〝炭鉱のカナリア〟だ」と警告する。

同氏は、「2008年の世界金融危機（リーマン・ショック）の痛みは、住宅用不動産に集中した。しかし今回は、キャッシュフローがマイナスであるベンチャー企業やPE会社、商業用不動産会社（への投資）が最も打撃を受けている」と指摘する。

それでも、外から見ているだけでは、キャリートレードの解消がこれからどれほどの規模で起きるのかわかりにくい。これが3つ目の重要ポイントだ。ティール氏のような「善良な」預金者は、フィナンシャル・タイムズ紙や他のメディアが、事前に警告していたにもかかわらず、SVBに迫りつつあったリスク（引用者注。即ち銀行の資金運用が〝逆ザヤ〟になった、③金利リスク）には目を向けなかった。

テクノロジー関係者は新技術には注目する。しかし資金管理や自己資本比率といったことは見過ごしがちだ。彼らが銀行に注目するのは、アプリや暗号資産（仮想通貨）が既存の銀行を混乱に陥れるだろうと思う時だけだ。

だが、考えが甘かったのはテック業界だけではない。異常なほどの低金利が10年も続いた。このことで多くの投資家が低金利を普通だと思うようになった。キャリートレードがあまりにも常態化し、（その③金利リスクが）意識すらされなくなった。失敗するまでは。

米連邦準備理事会（ＦＲＢ）が、金融危機を回避するため引き締め局面を終わらせさえすれば（引用者注。即ち、政策金利を引き下げさえすれば）、低金利が再び戻ってくる（だから問題は解決する）、との皮肉な見方をする人もいる。

実際、１９８４年に当時のボルカーＦＲＢ議長が、（当時のアメリカの激しい）インフレに対抗するために強力な金融引き締めを断行した（引用者注。政策金利を14％にまで引き上げた）。この金融引き締め政策が終止符を打ったのは、コンチネンタル・イリノイ銀行の経営破綻（１９９４年）がきっかけだった。

金融緩和を2021年までやり過ぎたことが、逆に急激な引き締め（QT《キューティ》）政策になった。このあとは、世界的な景気後退が金利を押し下げる可能性がある。そうなると、投資家や銀行は今後、借り手が一斉に経営破綻に陥る①信用リスクも警戒しなければならなくなる。だが、現在最も喫緊を要する問題は、キャリートレード（③金利リスク）だ。

ラリー・フィンク氏が、前述の書簡で指摘したように、「SVBの破綻は長年の金融緩和のツケ」だ。つまり、米銀行規制は緩和された。そのために銀行が危険な資金運用をするようになった。にもかかわらずFRBが金融緩和を長期間継続したことが原因だ。

他のSVBの預金者と同様、ティール氏の5000万ドルの預金は、議論は呼んでいるものの全額保護されることになった。だが、他のキャリートレードのリスク（③金利リスク）を今も抱えている投資家たちは、ティール氏ほど幸運ではない。そうなった時の彼らの怒りはどれほどのものになるだろうか。

（By Gillian Tett　英フィナンシャル・タイムズ、2023年3月22日）

このように今回の、そしてこれからも起きる銀行の連鎖破綻は、③金利リスクを自覚しなかったこと、だ。即ち銀行の経営者たちが、安い資金を手に入れ（米国債買いで）それが高値掴《つか》みだったと気づかないで大損を出したのである。

CET1《シーイーティワン》（中核的な自己資本。保有する普通株式など。劣後株も含む）について次に載せる日経新聞の記事（2023年3月27日）が重要だ。

「現在のBISのバーゼル規制では、銀行の健全性を示す『普通株などの中核的自己資本（CET1）』を算出する際、自国通貨建ての自国国債をどれだけ持っていてもリスクゼロですむ。企業や個人に融資すれば、銀行は増資などで一定の自己資本を積む必要がある。しかし、国債は例外扱いでいくら保有しても増資は必要ない。それが銀行の国債保有（国債買い）を膨張させて金利リスクを生む一因となっている」

自国通貨建ての自国国債は、リスク・ゼロとして中核的自己資本（CET1）に含めることができる。だから金利リスクを無視して積み上げてきた。このことが今回の金融危機（全米各州の有力地銀《ちぎん》の連鎖破綻）であらわになった。

これが前の方に載せたFT女のジリアン・テッドが、いち早く書いた、「BISのバーゼル委員会も各国金融当局も、金利リスクの危険性をわざと見ないふりをして来た」なのである。

「AT1債、「鬼っ子」正念場　見過ごしたリスクが現実に」

AT1債は、金融機関（民間大《だい》銀行たち）に巨額の公的資金投入をするしかなかった2008年のリーマン危機時の「ツー・ビッグ・ツー・フェイル（大きすぎて潰せない）問題」に対する反省から生まれた金融商品だ。

主要各国は、（それ以降は）銀行救済のコストを納税者の負担となる公的資金の投入（ベイルアウト）ではなく、（なるべく）株主と債権者に損失吸収させること（ベイルイン）で救済しようとする法整備を進めた。その一環で設計されたのがAT1債だ。AT1債は、平時は債券《ボンド》だが、経営悪化時は株《ストック》に転換したり、（投資の）元本《がんぽん》を削減したりして損失を吸収する。

重要なのは、どんな場合に、損失吸収のトリガーが引かれるのか、だ。

破綻前に発動する場合は、各国のAT1債は同じ基準を設《もう》けている。財務悪化で「CET1（普通株等自己資本）比率が5・125％か7％などを下回った」ときだ。

さらに、世界でスイスだけが追加で独自のトリガーを設けている。大手2行の総資産が国内総生産（GDP）の2倍を超えているスイスは、銀行は「ツー・ビッグ・ツー・セーブ（大き過ぎて救えない）になっていた」。だから破綻のかなり前の段階から、ベイルインを発動できるようにしている。

クレディ・スイスのAT1債は、「生存状態（バイアビリティ）で発動するイベント」として、破綻回避に不可欠な特別な政府支援を受ける場合は、「償還（返済）しない」と目論見書《もくろみしょ》で明示していた。UBSも同様だった。

スイス金融市場監督機構（FINMA）は、3月23日に追加声明を公表した。3月19日にクレディ・スイスに対して実施した流動性支援が、「特別な政府支援に該当した（引用者注。従ってAT1《エイティワン》債については全額償還されない）」と説明する。

だが、AT1債の投資家には、この決定が政府の恣意的な裁量で決まったように映っており、訴訟になりそうである。

クレディ・スイスの普通株主たちは、UBSとの株式交換によって、保有株の全損《ぜんそん》を回避できたのに、会社清算時の弁済順位が普通株より上位であるAT1債を全額毀損する（引用者注。全く弁済されない）のはおかしいと不満をつのらせている。「スイスには全額減損もありえる特別なトリガーがある。このことは機関投資家たちの常識だ」。AT1債の投資経験が長い英ヘッジファンド、ケイガン・キャピタルの中川成久最高投資責任者は指摘する。彼はリスクが大き過ぎるとみて、スイスのAT1債を投資対象から外してきた。

だがすべての日本の機関投資家が（中川氏のように）発行条件をきちんと調べて投資していたわけではない。「日本の投資家たちが、スイス固有のリスクを把握していれば割引価格でAT1債が取引されたはずだ。だが『スイス・ディスカウント』は発生していなかった」（中川氏）。

投資家が重要なこれらのリスクを見過ごしていた大きな要因は、カネ余りだ。「このAT1債は金融機関が発行する全ての証券の中で、インフレ期待を上回る利回りを提供してきた唯一の資産である」。クレディ・スイスAT1債の大口保有者とみられる英ブルーベイ・アセット・マネジメントは、2年前の顧客用資料で、AT1債の魅力をこう強調していた。

ブルームバーグ通信によると、米ピムコや米インベスコなどもクレディ・スイスのＡＴ１債を大量に保有していた。低金利下において運用利回りを底上げする商品として、欧米の運用会社・年金基金に加え、アジアを中心とする富裕層の投資家にもクレディ・スイスのＡＴ１債は人気が高かったようだ。


クレディ・スイスＡＴ１債の全損処理は、そんな投資家に冷や水を浴びせた。世界ＡＴ１債は急落し、約２００銘柄を組み入れた代表的指数は、３月20日に最安値を更新した。

「自己資本基準を満たした健全行が突然倒れた。そのうえにＡＴ１債がベイルインした。投資家が受けた心理的なショックは大きい」。（編集委員　川崎健）

（この記事の冒頭部分）

銀行が発行する永久劣後債《れつご》（ＡＴ１債）の価格が急落している。金融大手ＵＢＳによる救済合併に伴い、クレディ・スイス・グループが発行した１６０億スイスフラン

（約2・3兆円）のAT1債の価値を、ゼロにするとスイス監督当局が決定。市場が見過ごしていた金利リスクが突然現実になった。カネ余り時代の「鬼っ子」といえるAT1債。市場存続の正念場を迎えている。
「G-SIBs《ジーエスアイビーズ》（グローバルなシステム上の重要な銀行）のAT1債は安心だ、との見方が市場にあったと思う」。野村証券の星千鶴クレジット・アナリストは明かす。
「発行が始まった2010年代半ばは複雑な仕組みやリスクに注目が集まった。しかし実際の元本減額ケースが限られた（引用者注。ほとんどなかった）ため、『損失吸収リスク』に対する関心が薄れていった」……

（日本経済新聞、2023年3月27日）

このようにして、2008年の〝リーマン・ショック〟のあと、銀行が抱える経営リスクのうち、「ハイ・リターン（高利回り）を保証する劣後債（retarded bond《リターデッド ボンド》）。優先債《ゆうせんさい》preferred bond《プリファード ボンド》でない）については、いざという時（銀行の信用危機）には返済（償還《しょうかん》）は全くなされませんというハイリスク商品」は、まず見殺しにされていい、という考えでAT1債《エイティワンさい》（Additional Tier 1 Bond《アディショナル ティア ワン ボンド》）という債券は、世界中のプロの投資家たちの間で売られていた。高い金利商品には高い危険《リスク》が当然、付きまとう、という当たり前の考えが、金融のプロたちの感覚の中で麻痺《まひ》していた。とりわけ米国債やヨーロッパの各国債がそこに充当《じゅうとう》されている場合は、リスクフリー（完全に超《ちょう》安全）と考えたことの、決定的な誤りが、露出して、発覚した。この世に完全に安全（パーフェクト・リスク・フリー）なものなど、無いのである。国家という無前提に偉そうにする権力と権威の団体の信用も、今やそれ程のものではない。私たちは、このことを身に沁みて分かるべきなのである。

インフレとはエネルギー（石油、ガス）の価格が上がっているだけのこと

原油価格がウクライナ戦争で急騰して、その後、下落した。今はWTI《ダブリュティアイ》（北米）とドバイの原油が、1バーレル＝70ドルぐらいだ。1バーレルというのは、159リットルで、159キログラムとほぼ一緒だ。デブな男二人分の重さだ。バーレルというのは樽《たる》のこと。

原油よりも天然ガスのほうが今の世界ではどんどん重要になっている。

ロシアは天然ガスがたくさん出る。カスピ海からは石油も出る。ロシアはこのエネルギ

ーを握っているから強いのである。野口悠紀雄氏は、ロシアは、シンガポールや韓国程度のGDPしかない弱い国だと書いていた。エネルギーの重要性を計算に入れていない。ロシア（プーチン）は、世界の天然ガスの値段を決定する権限（価格支配力）を握っている。だから強いのだ。大国なのである。今度のウクライナ戦争は、実はエネルギー（石油、天然ガス）戦争である。

ヨーロッパ諸国は、ロシアからの天然ガスを止められた。あるいは自分たちで止《と》めた。始めからアメリカが同盟国《アライ》であるはずのヨーロッパ諸国に、アメリカ産のシェールガス（天然ガス。値段は高い）を買わせるために仕組んだ戦争である。この視点を抜きにしたウクライナ戦争の評論（分析）はすべてダメ（無効）だ。

最後はエネルギーの問題になる。プーチンが、「ヨーロッパ人たちは、（ロシアからの）天然ガスが無くなったら、薪《まき》で暮らすのか」と笑いながら言った。人類は、もう薪《まき》や囲炉《いろ》裏《り》で暮らすことはできない。

ここで変なことを、私は老婆心《ろうばしん》で書きます。薪《まき》ストーブはだめですよ。別荘を買った人はすぐに暖炉《だんろ》や薪ストーブとか始めようとする。原始時代から人類は薪を焚いてきた。ここには深い郷愁《きょうしゅう》がある。私も薪ストーブをかっこいいと、一瞬思ったことがある。でも、薪ストーブはだめですよ。完全に騙《だま》しだ。友人たちの実例で知っている。あれはメンテナンス（維持、管理）が大変なのだ。何度、掃除してもダクトが、煤《すす》で真っ黒になっていて取れない。専門の煙突掃除人に来てもらわないと済まない。

その費用が毎年バカにならない。薪は自分で木材を割って積み上げる。薪割りの大変さを、一度でいいからやってみるといい。かつ薪《まき》は2年以上、カラカラに乾燥させたものしか使えない。この薪をホームセンターで買うとかなりの値段がする。だから、スウェーデン製の100万円する薪ストーブなんか結局、別荘の飾りだ。これが真実の話だ。人生の教訓です。人生は詐欺《さぎ》と騙《だま》しに満ちている。ハッと気づいた時には、もう騙されている。これの連続だ。

私は熱海の家で、電気ストーブを15台ぐらい持っていて、あちこちすべての部屋に置いてある。石油やガスはまったく使いません。それで月に冬は電気代が10万円だ。でも、それで構わない。ガス代、灯油代が全くかかっていない。

普通の家庭の電気代が、毎年じわじわっと1万円ずつ上がった。2011年3月の東日本大震災での、大津波と原発事故の後の補償金を、被災地でまだまだ払っている。ウクラ

原油価格はウクライナ戦争で急騰後、下落──エネルギー輸入代こそがインフレ（物価高）の大要素である

1バレル（＝159ℓ）当たり、WTI先物

原油産出国2020年		原油産出量　万バレル／日量	シェア %
1	アメリカ	2,000	19
2	サウジアラビア	1,200	12
3	ロシア	1,150	11
4	カナダ	600	5
5	中国	500	5
6	イラク	500	5
…		…	…
合計		1億300万バレル	100

出所　米国エネルギー情報局（EIA）

イナ戦争の影響でも電気代は上がっている。いつの間にか、知らないうちに月の電気代が3万円の人は4万円になっている。政府がそのように仕組んでやっている。

都市ガス代はあまり変わらない。ガスは案外、マレーシアとかインドネシアとか、あの辺の海辺や近海の地下から産出する。あそこから日本にたくさん来ている。「アメリカ産のシェールガスを買え」とか言われて買わされた。けれども、日本にはほとんどアメリカ産は来ていない。それらはヨーロッパ諸国にがんがん回って行っている。

産出地の天然ガスを液化《えきか》して運ぶ。液化することを「リクイデーション requidation」と言う。ガスを氷漬けにして液体に変える。その液化する設備プラントを、三井東圧化学と日揮《にっき》と千代田ケミカルが持っていて作っている。それがアメリカではサウスカロライナとルイジアナにある。

日本の商社は、2023年3月期連結決算で、三菱商事は1兆1800億円（前期比25%増）の純利益を出した。三井物産も1兆1300億円（同23%増）と1兆円超えの最高益を出した。

住友商事も、5650億円（同21%増）で、資源高が追い風となった。そして日本郵船や大阪商船三井の船が、ヨーロッパにアメリカ産の天然ガスを一所懸命に運んでいる。これで日本の商社と船会社はぼろ儲けだ。この話は日本国内ではタブーになっていてニューズでも報道しない。

日本の商社は8年前に、計画的にアメリカで大損をさせられた。前述したサウスカロライナ州とルイジアナ州の積出港に、天然ガスを液化する設備《プラント》を、アメリカの国策《こくさく》に従って無理やり作らされたからだ。住友商事が3000億円の損金《そんきん》を処理した。三井物産は、秘密で1兆円の損を出した（公表しなかった）。

そして、その後実にうまく計画的にウクライナ戦争が起きて（起こして）、これで日本の商社と、大手船会社は、今、大儲けをしているのだ。

エネルギー（電気代と暖房費）が大事なのだ。エネルギーがないと震《ふる》える。凍《こご》えるからね。別のところでも書いたが、日本もヨーロッパ諸国（先進国）と同じで、エネルギーが輸入代金の8割だ。貿易収支では日本は、年間に100兆円ぐらい輸入している。そして110兆円分ぐらい輸出している。その差額10兆円が、日本の黒字だ。これが毎年アメリカに貯まって、アメリカで米国債を買わされている。これは表に出ているお金だ。だから、日本は黒字国家だ。毎年、10兆円ずつ儲かっている。

だけど、この輸入総額100兆円のうちの80兆円は、石油と天然ガスだ。それぐらいエネルギー代（光熱費）は国民生活にかかっている。

物価高になる、というのは、この石油と天然ガスの代金がかさむからだ。

日本はまだまだインフレではないデフレ（不景気）のままなんだ、と私がいくら言っても私の周りの者たちが納得しない。いくら言っても聞かない。バカなんだ。

そこらの主婦がテレビに乗せられて食料品の値段が上がった、上がったと騒ぐものだから、まるで日本はいつの間にかインフレに逆転したように皆、錯覚している。

日本は、食料などの原材料費は上がっている。輸入品が上がっている。輸入木材や鉱物資源の輸入代金が、倍に上がっているというのは本当だ。だからといって、日本はインフレ（これが景気回復のこと）ではない。日本は今もデフレのまま、不景気のままだ。他のところで書いたが、物価で一番大切な指標は、賃金だ。賃金は物価の一種なのだ。人を雇って働かせた時の出費という物価だ。この賃金（給料）が全く上がっていない。

だから日本はインフレではない。日本はずっとデフレ（不景気）のままのド貧乏国だ。ヘンな勘ちがいをしないように。

金融・経済の記事やテレビ報道を見ていると、まるで日本をインフレ（景気回復期）の国であるかのように、専門家どもがしゃべっている（書いている）。これは仕組まれた策略だ。

日本には今、1日1000円で生きている人がたくさんいる。月10万円で暮らしています、という人もたくさんいる。年金が月10万円ぐらいしかない。だが、自分は貧乏だ、と誰も思いたくない。食費よりも一番お金がかかるのは、住宅費（住宅ローン）、あるいはアパートの家賃。それと子供の教育費。これで8割を占める。子供の幼稚園から塾から、学校の学費まですごくお金がかかる。この2つが生活費のほとんどを占めている。食費は切り詰められる。だが、貧困層は、ここに限界が来つつある。

ペトロ人民元がアメリカのドル覇権に挑戦する

2022年12月8日に、習近平は、サウジアラビアに行った。「ペトロ人民元」を作る話をしに行った。すでに米ドルの世界覇権《はけん》（ワールド・ヘジェモニー）の力は崩《くず》れている。

習近平は、サルマン国王（87歳）、そして息子のムハンマド・ビン・サルマン（MbS《エムビーエス》

と言う）王太子（✖皇《こう》太子と書くな。サウジは帝国《エムパイア》ではない）と会談して、サウジ・リアル通貨と、人民元の交換比率を細かく決めて、直接決済で貿易で使えるようにした。原油の決済に、ドルを使わないことを決めた。

かつて、「オイルダラー」と呼ばれて、米ドル建ての資金が世界を席捲した。中東各国の原油の取引は、すべて米ドルで行われた。1971年8月15日、ニクソン大統領が「ドルと金《きん》の兌換《だかん》（交換）を停止」した。この〝ニクソン・ドル・ショック〟の打撃を柔らげるために、原油（石油）の取引は必ずドルで行うこと、という「ワシントン・リヤド密約」が即座に結ばれた。ドルの信用を石油という実物資産の力で、裏打ちしたのである。私、副島隆彦が、これを指して、「金《きん》ドル体制の崩壊から、ドル石油体制（修正IMF《アイエムエフ》体制）へ」と名付けた。1998年刊の自分の本から書き始めた。このあとの50年間でオイル（ペトロ）ダラーの力が衰えて、米ドルはどんどん勢力を失った。その代わりの新しい版（バージョン）が、前出した、サウジと中国が開始したペトロ（オイル）人民元による世界通貨への道である。このペトロ人民元（レンミンビ）の成立は、世界史上の画期《かくき》となる。

今年の3月10日に、サウジとイランが積年の対立を越えて和解した。そして国交を回復した。中国の王毅《おうき》前外相がその仲裁（ミーディエイション）の役を演じた。これも世界史的な大きな出来事である。

サウジはイスラエルとも仲良くなっていたので、この関係から、イスラエルとイランも対立をやめる方向に動く。これで中東全体に平和が戻ったのである。

これまでサウジ国王は、中国から核兵器を、まるまるそのまま買う話を秘密外交でしてきた。アメリカはこれに怒っていた。中国の核《かく》技術者のトップが、リヤドに行こうとすると、搭乗していたマレーシア航空の民間機が必ずアメリカに撃ち落とされた。アメリカとしては、サウジへの中国からの核《かく》移転は絶対に、許さないということだった。だが、もうそれもタガが外れた。

現在、ＢＲＩＣＳ（ブリックス）の非《ひ》西側同盟の、新興5大国のＢ（ブラジル）、Ｒ（ロシア）、Ｉ（インド）、Ｃ（中国《チャイナ》）、Ｓ（南ア）の、Ｓは、南アフリカ（経済力が小さい）からサウジのＳになりつつある。

世界の主要な港でドル決済がどんどんされなくなっている

現在、世界中の主要な港で、ドルによる決済をしなくなっている。その代わりに金《きん》の地《じ》金《がね》を、直接使って決済（ペイメント・セツルメント）を実行し始めている。

これを de-Dollarization「ディーダラライゼイション」と言う。日本人は、「脱《だつ》ドル化」と言いさえすれば、たったそれだけで、何か分かったような気になる。日本の知識層は、知ったかぶりの馬鹿が多い。深く、ひとつの言葉の意味を考えるという訓練が全く出来ていない。

「脱ドル化」の真実は、ドル以外の通貨で、世界中の港《ポート》で貿易決済がどんどん行われているという現実のことを指す。世界中の主要な港は、ポート・オーソリティ port authority と言って、「港湾《こうわん》運営権者」によって、経営されている。「港湾当局」と訳してもよいが、これは民間企業の体裁《ていさい》を歴史的に取っている。大英帝国（グレイト・ブリテン）がこの制度を発達させた。世界中の大きな貿易港の「港の運営権」（ポート・オーソリティ）自体が民間企業によって売り買いされるのだ。

ポート・オーソリティは、自主運営で利益も出す。例えば、ギリシャの主要なピレウス pireus 港のポート・オーソリティを、２０１６年に中国の企業が、30億ドル（４０００億円）で買って運営している。

スリランカのハンバントタ Hambantota 港も、中国企業が港湾運営権を買っている。これは強い支配力を持っている。貿易のライセンスを発行する。その国の政府から独立している。

このポート・オーソリティの許可《ライセンス》があれば、その港の中で、保税区《ほぜいく》（bonded area ボンデット・エリア）に陸揚げすることなく船と船を寄せ合わせて「洋上転売《ようじょうてんばい》」をしている。このとき、チャンドラー chandler と呼ばれる商人たちが、実際の物流の決済をしている。その支払いを金塊（ゴールド）で行っている。それを、ポート・オーソリティは、自分が許可を出しているから、見て見ぬふりをしている（黙認）などというものではなくて、実際に許可を出している。

だから簡単に言えば、バーター（物々交換）でも船荷の貿易の実行を行っている。このことは普通の日本人の感覚では分からない。日本人は、何でもすべてお役所（公務員。お奉行様）が管理してやっていると思っている。そうではない。日本の神戸や横浜でもこの実態は存在する。

だから山中竹春《やまなかたけはる》という奇妙な経歴の人物が横浜市長になった。文科系なのにウイルス学やワクチン学の医学者なのだという。

このチャンドラーという資格を、どうやら日本の金券ショップ屋の大黒屋や、おたからやの裏にいる親会社が、この港湾当局からもらっているらしい。すなわちチャーター（許可証、憲章）をもらっている。これで日本の神戸港や横浜港の港の中で公然と金《きん》での取引をやっているのか、と自問してみると、やっぱりやっているだろう。

日本の港湾当局は知らん顔している。領土、領海内での治外法権《ちがいほうけん》といえば、分かり易い。貨物船から陸揚げせず、まだ日本の税関（カスタム・オフィス）を通って（通関《つうかん》をして）いなければ、日本の関税《タリフ》はかからない。

これを洋上転売《ようじょうてんばい》と言う。競取《せど》りという古くからある俗語で、日本でも少し広まった。密《みつ》貿易の船と船が危険を覚悟で洋上で接合して積荷を移し替えることだ。これを安全な港の中でやる。

これまでは、米ドルの力が強かったので、お互いがドル建ての金額で銀行口座どうしの支払いと受けとりの証明書（これをB《ビー》／L《エル》。Bill《ビル》 of《オブ》 Landing《ランディング》 積荷目録《つみにもくろく》と言う。これにL《エル》

／C《シー》信用状とかの金融書類が付く）があった時に、保税区に荷揚げして、このあと日本国内に搬入したり、別の船に積み込むということをやってきた。

ところが、ウクライナ戦争が始まって、ロシアが国際金融から強硬に排除（仲間外《はず》れ）された。ロシアからの天然資源（原油、天然ガス、鉱物資源、木材）などをロシアが世界中の主要な港で売ることが、ロシアへの制裁《せいさい》（サンクション sanction）のためにルーブル通貨を使えなくされた。

それで日本の商社たちが、まさしく前述した金《きん》で支払って輸入しているのである。どうも北海道の小樽港《おたるこう》がその中心のようだ。大黒屋やおたからやが、必死で「金《きん》の買い取りをします」と全国の商店街で宣伝している。「本日の買い取り価格8645円／g」とかやっている。これらの金《きん》が、港での貿易決済用に使われているようだ。ロシアは、まだまだ金《きん》を買う。だから、現在の金《きん》1オ（ウ）ンス＝2000ドルよりも、1割は高くで受け取るだろう。だから金《きん》の国際値段はこれからも上がるのである。いくらアメリカ様《さま》が、自分たちの、今やオンボロ通貨のドルを守るために、必死で、紙キレの金《きん》（ペイパー・ゴールド）で金《きん》の先物《さきもの》市場で、ニューヨークとシカゴで金《きん》の価格を、毎日、毎日、叩《たた》き落としても。それでも金《きん》は王々《おおおお》しく復活する。

あるいはロシア産の天然ガスを、西側諸国がどうしても買いたい時には、金《きん》かあるいは人民元《レンミンビ》（中国通貨）の預金証書で支払っている。前述したとおりギリシャの一番大きな港であるピレウス港（首都アテネの外港《がいこう》）は、中国企業がその港湾運営支配権（ポート・オーソリティ）を買った。

当時は、それが騒ぎになった。ギリシャ政府は国家破産して貧乏だったので、中国に港の管理と運営権を売り渡しても構わなかった。そこから、ギリシャの国庫にも収入が入る。同じく国家破産に等しいスリランカの南の大きな港であるハンバントタ港も中国企業が買った。

同じく、パキスタンのペルシャ湾の隣りの、オマーン湾のグワーダル港もパキスタン政府から中国が管理権を買っている。ここには中国海軍の艦船も出入りしている。アフリカのジブチ港も同様である。南米諸国もそうなりつつある。こういう世界の主要な港で、前述したチャンドラーの資格をもらっている貿易業者たちが、金《きん》やドル以外の通貨で盛んに貿易の決済を行っている。

こういう知識を日本人は誰も持たない。意図的に、日本は大きな外側の世界と切り離されている。

日本でも脱ドル化が進んでいる

ついでに敢《あ》えて書く。北海道の函館港ではなくて、小樽港のその港の外で、日本の漁業者の漁船たちが、ロシアの船が積んできたタラバガニや、ホタテ貝や鮭などの魚介類を買って、それに日本円で支払いをしている。小樽港のすぐ外なのに、日本の海上保安庁（海の警察官）の巡視船は、見て見ぬふりをしている。

それで、その日本の漁船たちは、まるで自分が日本領海と経済水域でタラバガニや鮭や、ウニ、イクラなどを収穫したふりをして、それぞれ、自分の港に帰っていく。私がこの話を聞いたのは、実に20年前である。その漁民は、青森県の大きな陸奥《むつ》湾の中の大湊《おおみなと》港の漁業者である。下北《しもきた》半島の西側である。

この漁民は、地元の自民党の政治家の後援者で、私は自分の講演会のあと、その漁民の家に、議員の秘書に連れて行かれて話を聞いた。

私がわざと、「私もあなたの漁船に乗って漁《りょう》に出られますか」と聞いたら、「いやー、先生のその体じゃ無理だな」と言われた。だからこの漁業者は、何と青森湾（陸奥湾）を出て、ぐるっと、津軽半島を回って、小樽まで行って、そのロシア船から海産物を安く買っていたのである。「ニセ札（の日本円）を掴《つか》ませると、ロシア人にピストルで、ズドンと撃たれるぞ。日本のヤクザ者たちの顔写真が操舵《そうだ》室に小さく並んで貼ってあるからよ」とその漁民はニヤリと笑って言った。

日本円に力があるから、ロシアの密漁船に近い漁業者たちは、そのように外貨を獲得している。それを別のロシアの貿易商に売って、たとえば新潟港などから日本のトヨタなどの中古車などが、どんどんロシアに1台5万円というゴミ扱いの品として売られている。これでも立派な貿易といえば、貿易である。密貿易といえば密貿易である。ここでも米ドルを使わないで、貿易がどんどん行われている。これが前述したディーダラライゼイション de-Dollarization「脱ドル化」の実態である。この動きが世界で、どんどん進んでいるのである。

さらにもっとはっきり書く。政治家の鈴木宗男氏が、北海道民から見たら、真実の〝北海道の王様〟なのだ。北海道知事なんかよりずっと力がある。そして、鈴木宗男は、ウクライナ戦争でも、完全にロシア寄りの立場で、ロシアのプーチン政権の動きを支持している。私、副島隆彦も同じである。

ウクライナ人をけしかけて、ウクライナ人なんてロシア人（ルーシ）の一部で一種のくせに、まるで大昔から自分たちが独立国の別の民族であるふりをしている。ウクライナ国の半分ぐらいはロシア語を話して暮らしている人たちである。ロシア語から見れば、ウクライナ語は、方言《ダイアレクト》にしか過ぎない。ゆっくり話せば通じる。それを無理やり西側（ザ・ウエスト）の欧米白人の側、すなわちディープ・ステイトたちが、裏側から後ろから、武器、弾薬をただでたくさん渡して、戦争を嗾《けしか》けたのが問題である。これがウクライナ戦争の原因だ。

ロシア国民が怒り狂うはずだ。欧米白人の兵隊、軍人たちは誰も死なない。武器弾薬の在庫一掃《ざいこいっそう》（インベントリー・クリアランス）で、アメリカの軍需産業がボロ儲けして、それでアメリカの景気が何とかなっているのである。

これも私が、これまでの自分の本で書いてきたとおり、戦争刺激《しげき》経済（ウォー・エコノミー　war economy）である。「戦争で不景気（景気後退《リセッション》）を吹き飛ばす」というやり方である。しかも、戦争を自分がするのならともかく、人にやらせて、アメリカの軍事産業と兵器輸出が大儲けするやり方だ。ウクライナ人とロシア人だけが戦闘で死ぬ。何と卑劣な考えだろう。ところが、細かく言うと、ウクライナで米軍の将校たちがもう4000人ぐらい戦死しているらしい。自ら志願して、ウクライナ兵たちに軍事指導員（トレイニング・オフィサー）として行った。そして高性能の兵器の使用法を教えている時にロシアの長距離ミサイルで狙われて死んだ。

だから鈴木宗男が北海道の王様なのだ。大変な力を持っているのである。道民たちは、このことを肌で分かっている。だから、鈴木宗男が何かあると、今でも日本政府の代理人（代表）として、ロシア側と交渉する太いパイプを持つのである。

このようにして世界中の主要な港で、今、現実に米ドルを使わないで貿易がどんどん行われている。それの最大の動きはインド洋だ。20万トンの原油のタンカーの動きが世界の貿易の人工衛星の画像から突然消える。ロシアからアジアの方に向かった原油を積んだ船が、いつの間にか、どんどんインドの港に入っている。

私は自分の、前のウクライナ戦争本でも書いたが、プーチンとモディ首相が話し合ってインドは、半分ぐらいの安い値段でロシア製の原油を売ってもらうと話が付いている。インドは14億も人口がいる大国である。つい最近、中国の人口を追い抜いた。貧乏大国であるから、少しでも安いエネルギーを外国から買わないと国がやっていけない。

アメリカのバイデン政権は、インドのモディがロシア制裁に協調せず、言うことを聞かないものだから、モディ政権を打ち倒そうとして、CIAがインドでたくさん動いている。野党の西側寄りのインド国民会議（党）をけしかけて、モディのインド人民党の政府を倒そうとする。

スキャンダル攻撃で。それでも、今もインド民衆のモディへの支持は非常に高い。モディはカリズマ　charisma　的な人気がある。日本のインド料理屋のインド人たちもそう言う。

貧しいインド人は1日、3円、5円のパームオイル（ヤシ油）を使って作られるカップラーメンのようなもので生きている。このパームオイルを買うためにも、安い原油がどうしてもインドは欲しいのだ。

日本語で脱《だっ》ドル化と言えば、私たちはすぐに分かった気になる。どう分かるか、というと、ドルが信用を失って、ドルでの売り買いを人々が止めるようになる行動のことである。まさしくその通りだ。ドルを自分で持っていることがやがてイヤになる。すなわちドル預金と、ドルの100ドル紙幣の束《たば》での現金持ち、を止めようという動きである。ザ・ダラー・フォールズ The Dollar Falls「ドルの下落」とも言う。もうすぐドルが世界の基軸通貨（キーカレンシー）ではなくなって、ドル以外の国の通貨での支払いや、まさしく金《きん》での支払いが始まっている。

ドルの大暴落への対応がリデノミネーション

やはりリデノミネーションを来年2024年11月に財務省と日銀が連合して行うだろう。日本は、今、為替は1ドル＝139円である。しかし、私がこれまでに書いてきたとおり、円の実質の購買力（パーチェス・パウア）は、その2倍の力がある。だから、1ドル＝65円でいいのである。私はそこまで、早い時期に行くと思う。そして、さらに60円、40円、20円にドルは暴落していく。

その時に、通貨単位の変更を、日本側はドルの大暴落に対応して行う。このことをいくら私が書いても、まだ誰も信用してくれない。それではドルの暴落に対応して、日本政府は、慌《あわ》てて1万円札の次に、10万円札、100万円札を作るのか。「ドルが強くて円安に向かう」と、まだ馬鹿たちが言っている。本当に頭のてっぺんからアメリカに洗脳されたやつらだ。

アメリカ本土やハワイに旅行で行けば、昼飯だけで、1食40ドル、5000円かかる。ニューヨークでは、ラーメン1杯が4000円（30ドル）だと、知っている人たちは知っている。そのうちの2割は、高いニューヨークのシティ・タックス（市税）と消費税である。そして15％は配膳係へのティッピング（✖チップといつまでも言うなバカ。tippingだ。チップとは木のクズのことを言う）である。だから、40ドル5000円になる。とんでもねーの一言だ。

さらに、ヨーロッパでいちばん高いのはスイスだ。観光と金融業だけで食べている小国（人口はたったの1200万人）のスイスである。スイスでは昼食1人分だけで6000円するだろう。

だから、アメリカの金融恐慌と一緒に起きる米政府の財政崩壊（国の信用が崩れる）と共に、起きるであろうドルの世界的な信用崩壊（ドル大暴落）に対応して通貨単位の変更、すなわち1万円札を1000円札に切り上げるのだ。これを今も、だあれも理解できない。「副島先生、まさか、そんなこと有り得《え》ねえよ」と言う日本の金持ちたちがいる。


もうすぐ日本が戦争に負けて80年になろうとしている。終《しゅう》戦ではない敗《はい》戦だ。そのあとずーっとアメリカによる強度の日本支配が続いている。80年たったら世界中で何が起きても、大変動が起きても、おかしくないのである。どうしてこれが理解できないのか。だから、私の金融本に何回も載せたが、「渋沢栄一の新しいお札は1万円の、ゼロを1つ取って、1000円」にする。

かつ、そこについているホログラムのピカピカのステッカー sticker を、剝《は》ぎ取って張り替えればいいのだ。あるいは、別の新しいステッカー・エンボスを上から貼ればいい。例のピカピカのギザギザがついているやつだ。日本政府は、これくらいのことは簡単に出来る。そうしないと、1万円札を束で持っている人が、10万円札の時代になってしまうと、本当にリアカーで引っ張って運ばなければならなくなる。

第1次世界大戦に敗北し、ハイパーインフレを起こしたドイツでは荷車なしではお札を運べなくなった。

これが第1次世界大戦後にドイツが敗けたときに出現したレンテンマルク「1兆マルク」というお札である。古いお札の束を荷車で引っ張るこの写真のとおりである。なぜなら、ドイツが戦争で負けた賠償金を払うために、ドイツ政府が、「それだったら100万円札を印刷して作って、それを戦勝国であるイギリスやフランス、アメリカに払えばいいんだろ」ということで、山ほど印刷したからだ。

その時、その国のお札の信用は地に落ちる。人々が見向きもしなくなる。本当にそういう時代が来る。だから、今のアメリカで、米ドルを、無限に、じゃぶじゃぶと刷り散らして、使っている。そして世界中に垂れ流している。次の金融危機（アメリカの有力地銀《ちぎん》たちの連鎖倒産《とうさん》）が起きた時も、アメリカ政府（財務省）とＦＲＢは、山ほど米ドル札を発行して（法律の根拠なんかない）、瀕死《ひんし》の銀行たちを一斉に救済するだろう。他にやる手（術《すべ》）はもうない。だから、もうすぐ、米ドルが、レンテンマルクになる。米ドルのお札の信用が、一気に消滅する時が来る。

だから、私が実物資産以外は信用するな、と書き続けてきた。その王者は、まさしく金（ゴールド）である。

アメリカは没落してドルは大暴落する

アメリカは没落する。もうすぐ、ドルは大暴落する。だが、いくらドルが暴落しても、アメリカ国民にとっては、もうどうでもいいことだ。新札《しんさつ》を刷るから生活に困らない。いや生活は困窮するが、人間は生きてゆく。アメリカは国家分裂する。これまでの輸入品の高級品が、高騰《こうとう》して買えなくなる。アメリカ人は、食料とエネルギー（石油と天然ガス）が有るから生きてゆける。

1ドル＝10円なんて甘い。1ドル＝1円になる。それでちょうどいい。幕末、明治の初めは、1ドル（スペイン帝国金貨。これをメキシコ1ドル金貨と呼んだ）＝1両（小判）だった。それが、そのまま＝1円（明治金貨）になった。あの時に戻るのだから、自然と言えば自然なのだ。

私がこのことを前の前の本で、書いたら、私の本を熱心に読んでくれている大《だい》資産家が「これは先生、いくらなんでもあんまりだよ。1ドル1円なんて、とんでもない」と私に抗議の電話をしてきた。

この人たちは、何百億円も資産を持っている。そしてドル預金の形で、2億円分とか持っている。口座決済用のドル資産を、例えば200万ドル（2億6000万円）とか持っている。それが100分の1になって、たったの260万円になってしまうことが死ぬほどイヤなのだ。

彼らの頭は、まだまだアメリカさまに、しがみついている。アメリカさまのおかげで、敗戦後の78年間、自分も苦労したけれど、アメリカが日本を守ってくれたおかげで、自分はこれだけの資産を作れたと、アメリカさまに腹の底から感謝している。

そろそろ、世界が本当の激動期に入る。ここから先は、視界不良となって、暴風雨の中を、突き進む感じになります。みなさん、気を引き締めてください。

金融の予言者（プレディクター）を公言してきた私の言葉と理論に、真剣に耳を傾けて、しっかり付いて来てください。

私の予言と忠告に従わないで、いい加減な、甘えた考えのままでいると、自分自身が、ひどい目に遭うだろう。大きな世界の動きから振り切られて、投げ捨てられる。

第4章　金は1グラム＝1万円をもうすぐ超える

金価格が暴騰し始めた

金《きん》の価格は、4月13日にNY値段（世界値段）で、1オ（ウ）ンス（31・1グラム）が、2000ドルを超えた。4月13日に2041ドルになった。

このあと、左のグラフにあるとおり5月4日には、2055・7ドル（終値）まで上昇した。その日の瞬間の高値は**2085・4ドル**まであった。しかしそのあと、金の値段は激しく叩《たた》き落とされて、毎日のように1950ドルまで落ちた。このあとも何度も2000ドル台に戻ったが、その度《たび》に上からハンマーで叩かれるように下落した。

これまでの金の最高値は、左のグラフのとおり去年（2022年）の3月8日の**2078・8ドル**である。この数字は私たちが覚えておくべき数字だ。2000ドルの線での攻防戦（塹壕《ざんごう》戦）が今も続いている。私たちは、金《きん》が早く2100ドル、2500ドル、そして3000ドル、そして6000ドル台になることを望んでいる。

そうすれば私、副島隆彦が予言して来たとおり、「金《きん》は今の3倍まで上がる」が実現する。私は今も、堅《かた》くこの予言（プレディクト　predict）が当たると信じている。金は、

1オンスあたりの国際金《きん》価格（直近1年半）

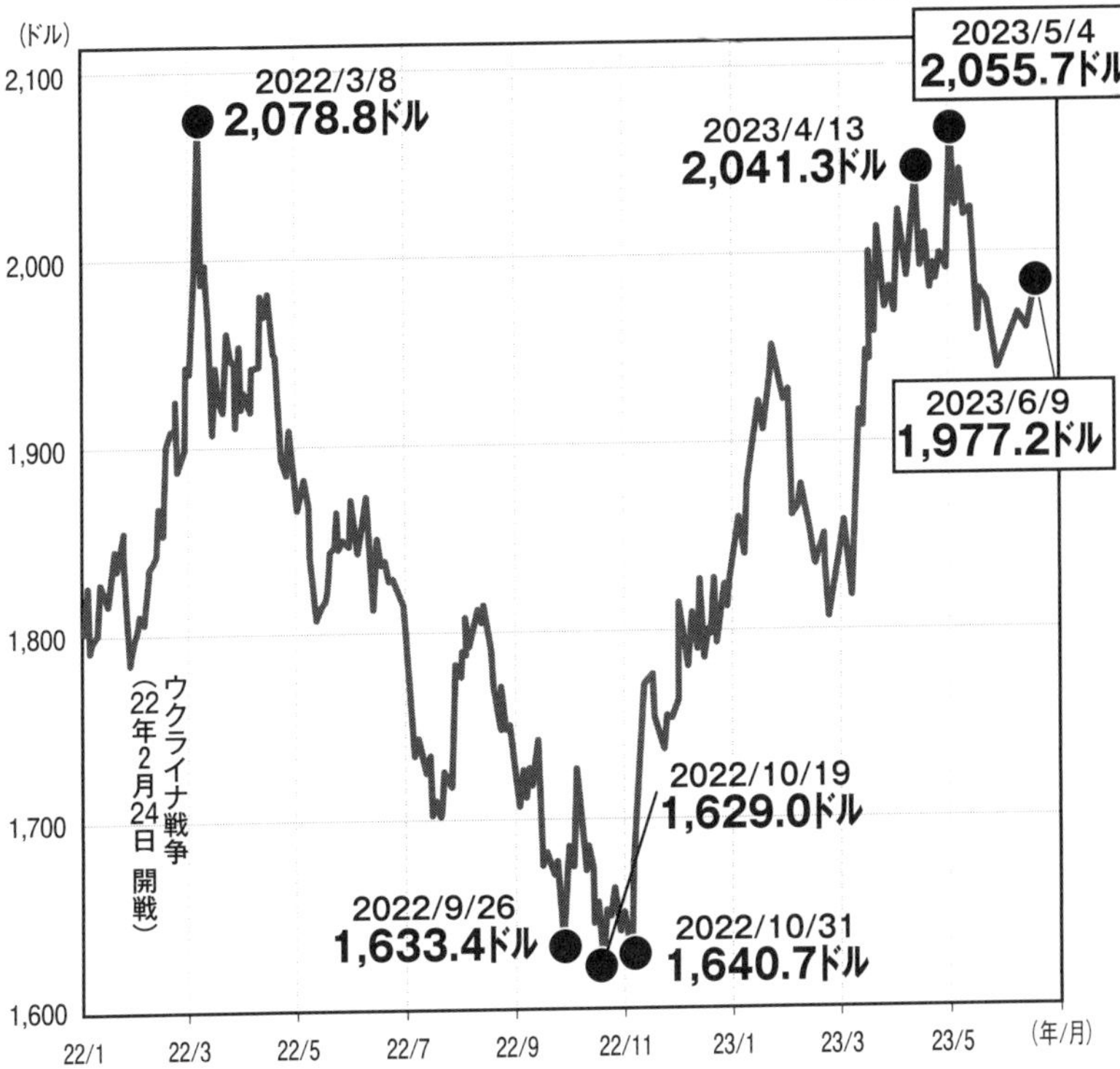

出所　COMEXの中心限月終値

2023年5月4日の瞬間の最高値は2085.4ドルである。上記のグラフの同日の2055.7ドルは、終値である。

1オ（ウ）ンス（31・1グラム）6000ドルになるだろう。皆さん、それまで自分の手持ちの金《きん》を握りしめて、じっと保有してください。

そうしたら、「金融ショックなら（金《きん》は）7000ドルもあり得る」と予測する人が現れた。日経新聞の5月25日付でのインタビューだ。発言したのは、アブダビ投資庁《とうしちょう》（各国にある国富《こくふ》ファンドだ）に勤めていた日本株運用部長（ファンドマネージャー）の林則《はやしのり》行《ゆき》という人だ。アブダビ国（UAE《ユーエイイー》。アラブ首長国連邦《エミレイツ》の主要な国）なら、これぐらいのことを考えている。

金の世界値段（国際価格）の大きな流れ（変化）は、P189（左）の「48年間の長期の金《きん》価格」の表をじっと見ると分かる。

2011年9月に、1900ドル台を突破したあと、4年後には何と1049・6ドル（2015年12月27日）まで叩き落とされている。1000ドル少しだ。国内価格は1グラム＝4500円ぐらい（P191の表を見る）だった。

このあと2019年から、ドカーンと上がりだして、1グラム＝8100円を越した（2020年3月7日）。国内の金《きん》価格については、あとの方で丁寧に解説する。

1オンスあたりの国際金《きん》価格
(1975~2023年の長期48年間)

出所　貴金属商金推移価格、COMEXの中心限月終値を参考にして作成

金《きん》の世界値段は、やはりウクライナ戦争が起きたので上がり出した。2022年3月になってから、毎日のように2000ドルの大台を超えて、上昇するようになった。すると、決まってその次の日に、60ドルも下落させられる。そして1950ドルぐらいで下げ止まる。このことの繰り返しだ。この攻防戦が続いている。何故、こんなことが起きているか。その謎解《なぞと》きは、このあとの方で書く。

国内の金は1円の円安で、1グラム60円上がる

現在の金の日本国内価格は、大阪取引所（JPX《ジェイピーエックス》＝日本取引所の一部。JPXの中心が今も東証《とうしょう》と名乗る）の卸値《おろしね》（ミドル。中央値）は、直近《ちょっきん》で6月12日で9716円である。この9716円の根拠は、P187のドル建て（世界値段）の1977ドルが根拠である。この「1977ドル ÷ 31・1 × 139円」で、1グラム＝8836円である。

ただし、この値段は、卸売《おろしう》りの値段（プロたちの大阪取引所）である。小売りは、これに900円（消費税と手数料）を足す。だからこれが左ページの表の中の一番右側の直《ちょっ》

金《きん》の国内小売価格は今9,000円/g (2015~2023年：8年間)

(円/グラム)
卸値に900円プラスしたもの
金現物、初の９０００円台　米銀行破綻で買い広がる
2023年03月13日16時30分
金地金＝２０２２年６月、東京・銀座の「ＧＩＮＺＡ ＴＡＮＡＫＡ」
国内の金現物の小売価格が１３日、初めて１グラム当たり９０００円台に乗せた。金はインフレや有事に強く、景気後退局面でも価格が下がりにくい安全資産とされ、米国の銀行の経営破綻を受け、保有する動きが広がった。
米ＳＶＢ傘下行が経営破綻　預金流出、金融危機後で最大
貴金属販売大手の田中貴金属工業（東京）によると、同日の店頭小売価格（税込み）は、前週末比１２２円高の９０００円となった。
2020/8/7
7,769円
2022/4/20
8,969円
田中貴金属の
小売り価格
2023/6/12
9,716円
ウクライナ戦争
(22年2月24日開戦)
もうすぐ金1グラム＝
1万円だ。
我慢に、我慢です
10,000
9,500
9,000
8,500
8,000
7,500
7,000
6,500
6,000
5,500
5,000
4,500
4,000
2015
2016
2017
2018
2019
2020
2021
2022
2023
(年)

出所　田中貴金属の資料から作成

近《きん》の金額である。これは田中貴金属が平日の毎日決定して公表している金額である。田中貴金属が、午前9時半に決定して、その日は、終日《しゅうじつ》この金額でお客に金を売る。

客が金を売る場合（田中貴金属に売りに行くとして）はこの買い値から、たったの100円の差だ。消費税分の1グラム800円分が戻ってくるから、9601円だ。だから100円ぐらいと覚えておけばいい。なぜなら、金《きん》は消費しないから、10％の消費税分が戻ってくる（ことになっている）。だから、たったの100円の差なのだ。ただし、おたからややなんぼやや大黒屋などの金券ショップみたいな店では、この消費税分を客に返さない（渡さない）ところがある。よくよく注意しなさい。世の中はいろいろキタナラしいのだ。私が何を言っているか、分かる人は分かるでしょ。

このことから分かるとおり、もうすぐ金1グラム＝1万円。1キログラムのバー（延べ板）ならば1000万円だ。

1万円まで、あと一息だ。やれやれ、ようやく金《きん》が、ここまで上がって来た。業者の卸売りの価格は、9100円だ。そして、小売価格はもうすぐ1万円だぞー。もうすぐだ。我慢して待っていなさい。そしてみんな喜べ。

「金価格が過去最高を更新　円安で1グラム9644円」

地金大手の田中貴金属工業（東京）は、4月29日、金の（小売りの）販売価格を1グラム当たり前日比179円高の9644円に設定した。国内金小売価格の指標として約2週間ぶりに過去最高を更新した。

明日30日も同じ価格だ。これまでの最高は、4月14日の9609円だった。欧米金融不安と円安ドル高基調を背景に、金価格は3月13日に初めて9000円に達して以降、値上がり傾向が続いている。

日銀が4月28日、植田和男氏の総裁就任後では最初となる金融政策決定会合の結果を発表した。大規模（金融）緩和の継続方針が明らかになった。このため円安ドル高が急速に進行した。このため、国内の金《きん》価格にとって追い風となった。金価格は、原油同様に、国際的にドル建てが一般的だ。

（共同通信、2023年4月29日）

このように4月29日で小売りで金1グラム＝**9644円**まで上がった。あとひと息だ。

この記事を読むと、円安になると、国内金価格は値上がりすることが分かる。なぜなら、「ドル建て÷31・1×為替＝国内値段」となるからだ。この為替（ドル円相場）で、1円動いたらいくら変わるか。簡単に、「1円、円安になったら1グラムで60円上がる」と覚えておきなさい。

田中貴金属、石福、徳力、日本マテリアルでもいいから、これらのきちんとした金《きん》業者に持って行って、売りたければ売りなさい。再度、念を押して書きますが、おたからや、大黒屋、なんぼやに持ち込むと、皆さんはすぐに騙されて、この消費税の800円分を誤魔化されて、1キロ830万円ぐらいで買い叩かれるから気をつけなさい。

しかし今や全国の商店街にある「金《きん》買い取り業者」に持って行って売る人は売りなさい。みんな人それぞれの事情がありますから。これ以上は、私は書きません。

だから、まだじっと待《ま》って、金をそのまま持《も》っていなさい。1グラム＝1万円は、もうすぐだ。それどころか2万円、3万円まで行くぞー。金1キロ板（バー）で、2000万円、3000万円になるんだよ。そういう時代が来るのです。副島隆彦の言うことを信じて、じっと持ってろ。なんで、こんな簡単な先読み（未来予測）がみんな分からないのだろう。

金は減価償却がないから売ったら消費税10%が返ってくる

土地と金だけは消費しない。消えてなくならないことになっている。他の物品《ぶっぴん》は、電気製品でも何でも使っていれば壊れる。建物は減価償却《げんかしょうきゃく》する。depreciation　デプリシエイションと言う。家は43年で減価償却する。電気製品も自動車もボロになっていって使えなくなる。

ところが、土地は減価償却しない。金《きん》も減価償却しないことになっている。だから、10%の分の消費税が返ってくることになっている。不思議な話だが、こうなっている。しかも、この考え方だって、国家（政府）様《さま》はいざとなったら、法律改正して無しにするだろう。国家は強盗団《ごうとうだん》だから、緊急事態では何でもする。国家というものは、大きな真実は、以下のたった2つの目的で存在する。①税金を取ること（徴税《ちょうぜい》）と、②戦争（そのために国民を徴兵《ちょうへい》する）。これだけだ。このようにして消費税分の売値の10%が戻ってくる。だから売値と買値にほとんど差がない。手数料は1キロ当たり3万円ぐらいだ。

買い値は、今、小売りで９６００円だ。

いま金の価格が上がっているので、金を売ろうという人がたくさん出てきているらしい。「今が金を売るタイミングだ」という番組をテレビがやっている。何故か、そういうニューズばかり流す。どうもこの動きは怪しい。日本人の個人が金《きん》を手放すことを奨励《しょうれい》している。何か、政府や金融庁、国税庁の意図《いと》のようなものを感じる。
だからこそ、まだまだ今からでもいいから金《きん》を買いなさい。買う余力がある人は、まだまだ買いなさい。売ることばかり考えなくていい。いま1グラム1万円（直前）だから、それが2万円になるまで待っていなさい。あと2年ぐらいで2万円になる。そして3万円になります。

私はずっと予言しているが、２０２４年の終わりごろに、世界が、戦争か大恐慌で大きく動揺して、日本でもどさくさが起きる。このどさくさの時も、まだ売らない方がいい。どさくさが通り過ぎた２０２５年には、今の倍あるいは3倍になる。今は金1キロ（1枚と言う）が、１０００万円だ。それが実質で２０００万円になっているだろう。心配しないでいい。黙ってじっと待っているだけでいいのだから。

その時、世界的な通貨変動があって、リデノミネーション（redenomination　通貨単位の変更）が起きる。お金の数え方のケタがちがってくる。それがあっても、金《きん》の価値の実質は変わらないからしっかりと保持《ほじ》していなさい。

金《きん》というのは、それぐらい強いものなのだ。金は、〝実物資産の王者〟だ。皆さんが自分が持っている金を信用しなくて、どうするんですか。だから黙って持っていなさい。ただしどうしても売らなければいけない人は売ってください。相続の問題とかあるから。

２０００万円になってから売りなさい。その時に、リデノミネーションで、10分の１になっているとしたら、２０００万円が２００万円になってしまいます。お札（紙幣）のケタが１つ減る。１万円札が１０００円札になるからだ。

だが、このことは対外的《たいがい》には（即ち外国との関係では）円の力が10倍になることを示している。円が１ケタ**切り上がる**のだ。だから慌《あわ》てることはない。さらに１ケタ落ちて、１００円札になることも起こり得る。それで金１キロが20万円になってしまう。それでいいから、金を持っていなさい。その時の20万円というのは大変な価値だ。家一軒を買えるかもしれない。

国が召し上げるのは売値の3割と覚えておく

金《きん》を売ったら税務署が来ると心配する人たちがたくさんいる。あんまり心配しなさんな。金融資産（預貯金と株とか）で3000万円以下の人は、税務署は相手にしません。3000万円以下のお金（財産）しかない人が、ここでぐだぐだぐだ悩むな。そんなものは貧乏人だ。金《きん》の1キロ、2キロの売買は、税務署は相手にしない。ここまで私がはっきり書くと、きっとそのうち問題になる。そのうち国会で議員が発言する（そのように仕組む）対立点になるかもしれない。国税庁（税務署）は、私、副島隆彦が書いている金融の本を、注意深くウオッチ（監視）している。「公報公聴《こうちょう》部」という特別な部署でやっている。

3000万円以下の預貯金と金《きん》は、生活費と言うのであって、資産と呼べるようなものではない。かなり貧しい老人たちでも、しっかりと郵便局に1300万円（これが限度）を貯金している。全国に3000万人の老人がいる。彼らは家族にも教えないようにして、月に1回バスに乗って、郵便局まで行って、年金に入っているから5万円下《お》ろしたり、健康保険料を払ったりする。

金《ゴールド》は2022年3月に2,000ドルを突破したあと塹《ざん》壕《ごう》戦になった

（NY金《きん》の値動き直近4年間）

出所　COMEXの中心限月終値

　このグラフから大きく分かることは、2018年8月に1200ドルまで下落していたのが、800ドル上げて2000ドル台になったという事実である。

だから、停年退職したサラリーマン上がりの人が、3000万円分の金《きん》を持っていても、それはいざという時の生活費なのであって、相続財産と呼べるようなものではない。ただし、バカな下っ端の税務署員（犬《ワン》コロのような人間）で、この健全な思考（考え）が理解できない者たちがいる。老人を痛めつけてイジめることに喜びを感じるマゾヒストの職員たちを、わざと国税庁は育てる。私はもっといろいろ深く知っているゾ。

相続税の問題になった時に、まず財産が5000万円以下の人に相続税はかかりません。小さな家1軒と3000万円の預金ぐらいまでは相続税の対象にならない。それでもなんとか500万円とか、取ろうとする。1億円以下の個人資産はゴミだと国（国税庁）は本当は思っている。このことを分かってください。

金1キロを売りにいって1グラム9500円で、1キロ950万円で売っても黙っていなさい。何もしないことだ。向こう（税務署）からは何も言ってこない。向こうはいちいち、そんな小さな金《かね》の動きのことを調べたくない。「いやいや、大金です。正しく申告してください」と言うとしたら、ちょっと、その税務署員は頭がおかしい。自分だって中古車を友人に100万円で売って（譲って）いちいちそれを税務署に申告しない。甥っ子の入学祝いや、葬儀の香典を20万円包んだからと言って、それを経費として申告せよ、という税務署員はいない。

彼ら税務署員自身が帳簿を付けていない。公務員という貧乏サラリーマンだから。かつ、こういう出費や売買のお金を申告していない。何という奴らだろう。それなのに、相手が資産家（小金持ち）だと見ると襲いかかる。法人（会社経営）だと3年に1度税務調査をする（ことになっている）。ところが法人会に入っていて、税務署のお仲間の経営者のところには、税務調査をしない。

金の売買の証拠を見せられたら黙って払いなさい

それでも税務署が何か言って来たら、身構えないといけない。

ただし向こうは必ず証拠を握ってから来る。あなたが金《きん》を買った時か、売った時の記録が書いてある文書の証拠を摑《つか》んでから来る。当《あ》て推量だけで来るとしたら、よっぽどである。その時は、「証拠は有るのですか」と、しつこく家に来た税務署員に聞かなければいけない。

税務署側が、金《きん》の売買の証拠をあなたに見せたら、その時は、「分かったわ。じゃ、払うわ。おいくらなの?」と言って、予《あらかじ》め現金を準備して置きなさい。向こうは証拠をつかんでいるから家まで来る。取り立てる金額まで計算して来る。その時には税務署と不要なケンカをしないように。

本当は、金1キロを1グラム3000円で買ったとしても、買った時の領収証が残っていなければ、「6000円で買った」と言いなさい。6000円で買って9500円で売りました、と。その差額は3500円だ。350万円儲かったということになる。「350万円の利益があったのね。それで、税金はおいくら払えばいいのですか?」と聞きなさい。それ以外の余計なことは、一切《いっさい》、何も言ってはいけない。向こうは、あなたがベラベラとしゃべるのを待ち構えている。何もしゃべらないことだ。

そして、そこから国が取っていくお金は大雑把に3割、と覚えてください。30%が国に取られる。

だから、350万円の1/3の100万円が税金だ。簡単に言うと、利益と、収益と、所得、は一緒だ。利益、所得、これは税法用語で「課税所得《かぜいしょとく》(taxable income タクサブル・インカム)」と言う。

1グラムあたりの金《きん》の国内小売（税抜）価格（1975~2023年 長期48年間）

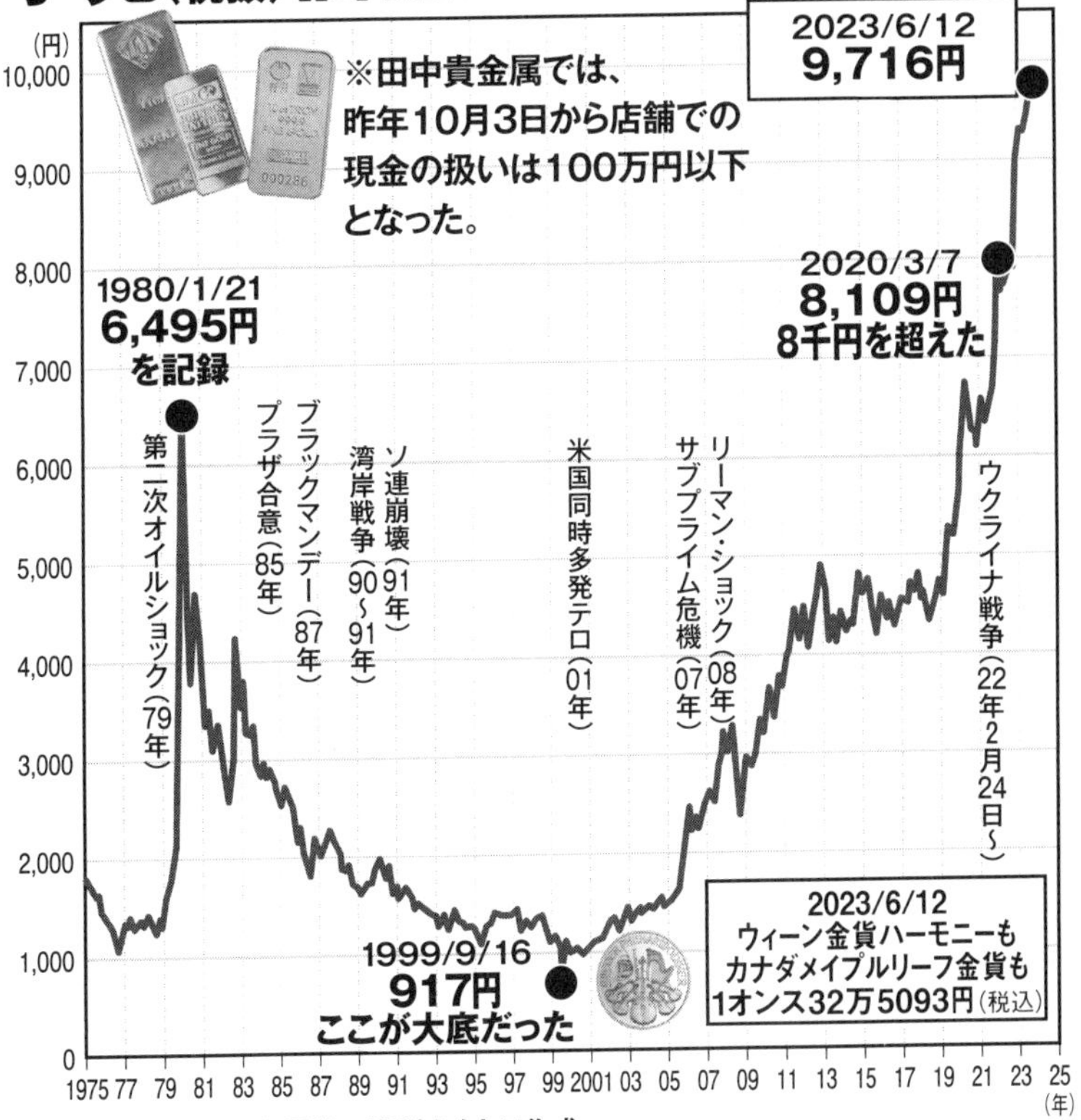

出所　田中貴金属等の資料をもとに作成

この大きな弧《こ》で世界の動きを見なさい。金《きん》は今からいよいよ世界中で大切にされる。

「50万円は経費にしてよ」と言って値切りなさい。「分かりましたよ、奥さま。じゃ、引いておきますよ」と言って引いてくれる。向こうはとにかく税金を持って帰りたいだけだ。本当に妥協する。

金《かね》の計算は自分でしないで、目の前で税務署員に計算させなさい。300万円の利益だったら30%だから、さっと計算してくれて100万円だ。もうその利益は向こうにバレているのだからさっさと払いなさい。「100万円払えばいいのね」と、その場でぱっと現金で払いなさい。その準備をしておきなさい。税務署が来るとなった以上、証拠を持って来て課税額（取り立てる金額）まで事前に、決めている。

これが相続税の場合は、もっと難しい。相続税の計算と支払いは、お金持ちにとっては、たいへんだ。ただし、それは課税される資産が3億、5億、10億円の世界の人たちの話であって、5000万円以下は前述したとおり、ゴミみたいなもので、国家は相手にしません。家、土地、建物の評価を含めて、「法の謙抑《けんよく》」と言って、国が何でもかんでも国民の資産に高額の課税をしてはいけない。金《きん》は形見分けと言って、おじいちゃん（そのあとおばあちゃん）が死んだら、残された家族がみんなで、ササッと分けて、さっさと持って帰ればいいのだ。

「死んだおじいちゃんが、金《きん》をいくら持っていたか、私たちは知りません」「だって、人に教えるわけがないでしょ」と税務署に言えばいい。金《きん》だけが他の銅や鉛《なまり》やアルミなどと異なって当然に金融資産である、と言い切るだけの度胸《どきょう》を、本当は国税庁は持っていない。そのくせ、相手（国民）に知恵（知識）がない、と思って、騙《だま》してさっと取り立てると思っている。国税庁、税務署は、公設《こうせつ》暴力団だ、と彼ら自身が、しみじみと身に浸みて知っている。こんなイヤな職業に就《つ》くんじゃなかった、と。

金《きん》を小分けにしたければ日本マテリアルに頼みなさい

金１キロを、１００グラムずつに小分けしたい人は、日本マテリアルに行きなさい。上野と御徒町《おかちまち》にあります。１枚につき16万円ぐらいかかる。１００グラムに換えてあちこちで売って回るようだ。１００グラムの金は、90万円だ。だから２００万円を超していないから。金《きん》を買い取ったお店側は税務署に「支払い調書」を２００万円以下だから提出しない。

「ばかの金」で金《きん》をあやつる

本書のP124以下の第3章で紹介したFT《エフティー》紙のジリアン・テット女史が、『フールズ・ゴールド』"Fool's Gold"という本を書いている。日本語版（日本経済新聞出版、2009年刊）では『愚者《ぐしゃ》の黄金』という本だ。「ばかの金」というのは、金を買うやつは馬鹿だ、という意味ではない。

フールズ・ゴールドの「フール」は「アホ」で、アホの金というのは、硫黄と鉄が混ざって出来ている自然合金だ。キンキラキンに光るほどではないが、鈍《にぶ》い色の金色で、黄鉄《おうてっ》鉱《こう》という。トヨタ自動車の車のエンブレムや他の車のマークがそうでしょう。あれが本物の金《きん》のわけはない。それが「フールズ・ゴールド」（ばかの金）だ。

どういうことかというと、偽物《にせもの》の金《きん》という意味で、つまり金証券《きんしょうけん》、ペーパー・ゴールドのことだ。ゴールドマン・サックスとFRB自身が、これを使ってNY《ニューヨーク》の鉱物資源の市場で金《きん》の取引を大量にやっている。「スパイダー・ゴールド・シェア」SPDR goldshare と言う取引所だ。この紙キレを金《きん》と同等の価値のある証券だ、ということに

金《ゴールド》の国内の卸《おろし》値《ね》の価格（直近8年間）

小売りは、これに900円足す

出所　日本取引所グループ（JPX）　大阪取引所の資料から作成

くれぐれも、これは卸《おろし》の値段だ。小売り価格はこれに900円（消費税と手数料）を足す。

して今も盛んに金先物《さきもの》市場で取引されている。

日本でも、野村證券や大和証券などでこの「スパイダー」を売っている。金ＥＴＦ《イーティーエフ》という債券の一種だ。紙切れだ。これがまさしく「ばかの金」だ。

昔（１９８５年に）、豊田《とよだ》商事という詐欺《さぎ》会社が、金持ち老人たちを営業マンが騙して、「これは金《きん》と同じ価値があって、いつでも金《きん》に交換できます」を謳《うた》い文句にして、この金《きん》証券を売っていた。ここの社長は、公然、記者たちが建物を取り囲んでいたアパートで、刺し殺された。口封じだ。

金《きん》証券の先物市場はぶっ壊れてゆく

悪《ワル》の銀行の頂点であるゴールドマン・サックスでさえ、全米でトップ10の銀行の10位に入るか、どうかだ（Ｐ１３５の表参照）。ゴールドマン・サックス Goldman Sachs は、〝ガヴァメント・サックス〟と呼ばれて、この20年間、アメリカ政府と一体化して、悪いことばかりしてきた。今も、金の地金《じがね》（インゴット）の本物の金《きん》の値段を、ニューヨークで暴落させるために、ＦＲＢと組んで、この「スパイダー」ＳＰＤＲなどの金証券先物《さきもの》市場（金《きん》ETF）で、レバレッジ（投資倍率）500倍どころか、今や1000倍の倍率を掛けて、金《きん》を売り崩している。だから、この5月に金が、1オンス＝2000ドル台まで戻ると、すかさず上からこの「ばかの金《きん》」を使って、叩いて1950ドルまで、一気に60ドル叩き落とすというようなことをずっとやっている。果たしてこんなことをいつまで出来るか、だ。

それでもこのゴールドマンとFRBがやっている悪《あく》ラツな〝金殺し〟の謀略に負けないで、金《きん》価格は、実物資産の生《なま》の力で跳ね返す。すぐに2050ドルまで回復する。2078・8ドルの去年（2022年）3月8日の市場最高値を突破して、次の1オンス＝2100ドルの壁も超えるだろう。その時は、為替が5月30日の1ドル＝140円のままだとすると、2100ドル÷31・1（g）×140円＝9453円（卸値《おろしね》）となる。この卸値に960円（消費税他）を足すと、1万0413円（小売）となる。金《きん》は立派に1グラム＝1万円を超えている。

どうやって金の値段を人為的に、違法に、暴落させているかと言うと、私がこの10年間、私の本で書いてきたとおり、ゴールドマンとFRBは、ばかの金（ペーパー・ゴールド）を使ってやる。自分たちが、公的権力（親方《おやかた》日の丸ならぬ親方星条旗《せいじょうき》）を背景にしているものだから、担保（ギャランティ）を全く出さないで市場で取引する。市場参加に必要な担保《ギャランティ》の、投資掛け金《きん》の2割を差し出してから、金《きん》を先物市場（金ETF）で売るということをしない。つまり、こいつらは、どれだけでも、無限大で、金先物市場で、バクチを張れるということだ。これを〝ネイキッド・ショートセリング naked short selling〟という。日本語で、「裸の空売り《から》」だ。

これからも、まだまだこの、金の代わりの紙切れを口約束だけで、金《きん》の先物取引で、「ばかの金」でゴールドマンとFRBは、金《きん》を売り崩す違法な操作を続けるだろう。これは明らかに相場操縦《そうばそうじゅう》だ。相場操縦はマーケット・マニピュレーション market manipulation と言う。ただの違法ではなくて犯罪（刑事違法）だ。それを堂々と政府自身がやっている。今のアメリカはそういう国なのだ。

そして、ある日、この金《きん》の金《きん》証券市場（取引所）が崩れ落ちる。金の代わりの紙キレの売り買いをしている先物市場である、NYMEX（ナイメックス。NY穀物取引所）の親

世界中の中央銀行が金を増やしているのは本当だ

「中央銀行による2022年の金準備の積み増し量は約1136トンと過去最大を記録した。欧米の個人投資家による地金、金貨といった現物投資も2008年の金融危機以来の高い水準が続く」

（日本経済新聞　2023年1月31日）

こんな統計はウソ八百。中国の金保有量は爆発的に大量である

中銀の金購入は長期化

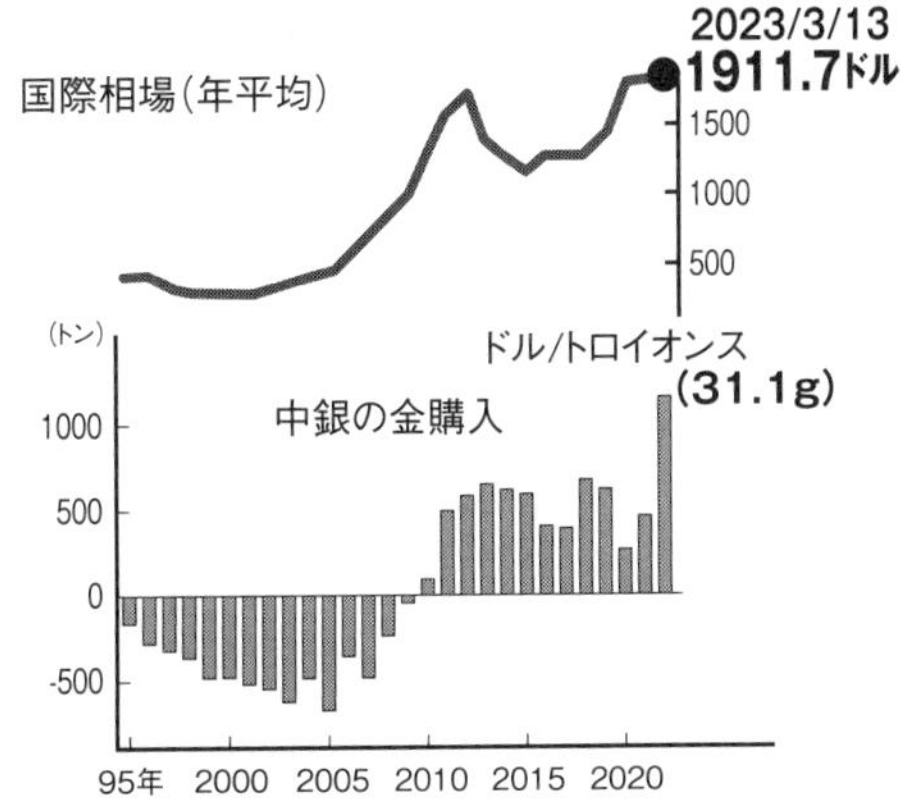

出所　メタルズ・フォーカス、リフィニティブ GFMS、WGC、田中貴金属工業
日本経済新聞　2023年2月10日

こんなに少ないはずがない

新興国が金準備を増やしている

順位	国名	過去10年の増加量（直近の保有量）
1	ロシア	1340トン（2298）
2	中国	956（2010）
3	トルコ	426（542）
4	カザフスタン	236（352）
5	インド	228（786）
6	ウズベキスタン	216（397）
7	ポーランド	125（228）
8	イラク	100（130）
9	タイ	91（244）
10	ハンガリー	91（94）

中国は本当は、この20倍ある

天皇家の金《きん》もある

（注）2022年に各国が公表した直近の保有量と12年末を比較、ウズベキスタンは13年3月末比。出所は IMF、WGC

出所　日本経済新聞　2023年1月31日

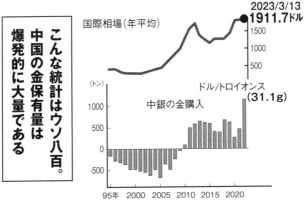

会社が、シカゴにあるシカゴ・マーカンタイル取引所（CME《シーエムイー》）だ。レオ・メラメッドという人物が乗っ取ったのだが、創業者みたいなもので、今は名誉会長である。このレオ・メラメッドは、高齢でもうすぐ死ぬだろうが、その時が、CMEが潰《つぶ》れる時だ。ここがぶっ壊れるところまで行くだろう。それが世界大恐慌突入である。

ニューヨークの金融市場とシカゴの先物市場は深く連結している。分かり易く言えば、ニューヨークとシカゴの関係は、東京と大阪の関係だ。シカゴは豚肉や牛肉の全米の集積所で、耕運機やトラクターを作っていた。だから今でも、小麦や豚肉、トウモロコシなどのコモディティ（農産物）の取引所として生きている。

この豚肉やトウモロコシの先物市場から、金や、銅、鉛など金属の先物市場が生まれた。やがてドル円などの外国通貨もシカゴで先物《さきもの》市場で、売り買いをすることが、1970年代に始まったのである。だから日本円の先物《フューチャー》が、シカゴの豚肉の売り買いの隣のブースで、売り買いされている。そして日経平均《へいきん》（「日経500（とか）」）なるもの（債券だ）も、ここで売り買いされている。だから、東京のその日の株価の値《ね》動き全体を、先物で前日に、その鼻ヅラを引き回すようにして決めている。今もこの構造は変わらない。

だから、Ｐ92で書いたとおり、カイル・バスたち、国際投機筋《とうきすじ》と呼ばれる薄汚い強欲《ごうよく》人間どもが、日本国の円通貨を、投機商品（スペキュレーション）として売り買いする。これは日本国債を先物市場で売り買いするのと同じことだ。だから日本国債の中古品（古米、古古米のようなもの）を先物《フューチャー》で売り崩して、儲けを出すというやり方で仕手《して》相場を張ってきた。

これに第5章Ｐ２４８で説明するとおり、日銀総裁の黒田東彦が、彼らと戦い抜いて日本国債の暴落を防いで日本国《こく》の信用を守り抜いた。偉かった。今も10年物国債の利回り（実質金利）年率０・５％という壁を必死で守って、「０・５％でいくらでも日銀が（中古の日本国債を）買い取る。どこからでも持って来い」という大見えを切った防御策を堂々と繰り広げている。そして黒田は勝った。

カイル・バスたち、世界バクチ打ちどもは、3月10日から始まったアメリカの中堅銀行（有力地銀《ちぎん》）の連続破綻で、自分たちの資金の取り入れ口《ぐち》がきつくなって、これまで通りゆかなくなった。安くで「キャリー・トレイド」で使っていた資金が借りられなくなった。かつ自分自身の元手《もとで》である種銭《たねぜに》の金利も跳ね上がって、首を締《し》められて大損を出した。仕掛けていた取引をどんどん解約した。これで日本国債暴落攻撃に大失敗した。P92で書いたとおりである。

世界の中央銀行が競って金を買い漁っている

それに対して、ロシアと中国は、世界中から金の地金《じがね》を、今も盛んに買い集めている。インドとサウジとUAE（アラブ首長《しゅちょう》国（エミレイツ）連邦《ユナイテッド》）や東南アジア諸国も、どんどん金《きん》を買っている。金《きん》はすでに世界価格では、私が前の本で書いたとおり、金1グラム＝1万3000円（1オンス＝2700ドル）になっている。これに日本国内からも追いかけて追いつくに決まっている。記事を載せる。

「金利上昇なのに金《きん》高値の深淵　金融不安・力学変化映す」

金（ゴールド）の国際価格が高値圏を維持している。3月下旬には節目の1トロイオンス2000ドルを超え、史上最高値に迫った。金は「世界経済を映す鏡」（マーケットアナリストの豊島逸夫《としまいつお》氏）とされる。足元の金の高止まりは、市場が欧米の金融システムへの警戒をなお続けていることに加え、米国を中心とした世界の力学変化を先取りしている。

指標となるニューヨーク先物（中心限月《げんげつ》）は、足元で1トロイオンス1900～2000ドル前後で推移する。米中堅銀行の破綻をきっかけとした投資家心理の悪化が主因となり、3月の金《きん》価格は、2週間で1割上昇するなど大きく値上がりした。米シリコンバレーバンク（SVB）と、ニューヨークが地盤のシグネチャー・バンクの経営破綻、スイスの金融大手UBSによる、同業のクレディ・スイス・グループの救済（3月19日）など欧米の金融システムへの不安が台頭。市場でリスクを回避する動きが広がった。

金は株式や社債、国債と異なり、発行体が破綻する信用リスクと無縁なので「安全資産」とされる。産出量が限られ希少性《きしょう》（スキャーシティ・ヴァリュー）も高い。過去をみても、景気減速や地政学的な緊張など市場の不安感が高まる際に買われやすい。

新型コロナウイルスの感染拡大による景気悪化の懸念が強まっていた2020年8月7日、金《きん》は（引用者注。瞬間の）史上最高値である2089・2ドルまで急騰。2022年のロシアによるウクライナ侵攻後には、地政学リスクや世界的な高インフレを受けて2078・8ドルまで上昇した。歴史的に2000ドルを超えたのはこの2つの場面と、そして2023年3月の金融不安の場面しかない。

今回の金高《きんだか》は、過去2回の高騰局面とはやや様相が異なる。カギを握るのは金利の動きだ。金は金利を生まないという弱点がある。このため、高金利状態では本来、売られやすい。ただ足元では金利が高くても、金価格は底堅い。

さらに金の買い手として、従来の機関投資家や需要家に加え、中央銀行の存在感が高まっている影響もある。国際調査機関ワールド・ゴールド・カウンシル（WGC）によると、2022年の（世界中の）中銀《ちゅうぎん》による純《じゅん》購入量（購入から売却を除いた値）は、1135トンと、データのある1950年以来で最高水準となった。

なぜ中銀の金買いが急増したのか。ウクライナ侵攻後の経済制裁によりロシアは保有する米ドルを凍結《フリーズ》された。各国の中銀や公的機関は、それを見て、万が一の制裁リスクを懸念し、制裁下でも融通が利きやすい金の保有妙味を高めた。購入を増やしている国家の多くはスウェーデンのV－Dem研究所が算出する「自由民主政治指数」で「非《ひ》民主政国」に分類される。

金《きん》を必要とする国家が増えていることは、「従来の世界経済に挑むスタンスが始まっている証拠で、世界の分断加速につながりかねない」（楽天証券経済研究所の吉田哲氏）。日本貴金属マーケット協会の池水雄一氏も「中銀の金買いは、ドル一強の世界を揺るがす兆候」と指摘する。

金高《きんだか》は中国の影響力が高まっている余波《よは》だとの分析もある。日産証券の菊川弘之《きくかわひろゆき》氏は、「中国が仲介したサウジアラビアとイランの外交復活（3月10日）が、世界の通貨や覇権を巡る勢力図を大きく変えうる」と指摘する。米国の影響力低下が顕在化し、中国の存在感が増《ま》した「新たな世界」を、金《きん》市場は先取りしている。

3月25日付の英フィナンシャル・タイムズ（FT《エフティ》）電子版によれば、現物の金《きん》を証券化した上場投資信託（ETF《イーティエフ》）で、世界最大の「SPDR《スパイダー》ゴールド・シェア」のコールオプション（買う権利）への買いが急増しているという。金融・貴金属アナリストの亀井幸一郎氏は「金《きん》価格を押し上げているのは、短期的な流れではなく構造的な買い材料。市場の注目はますます増しており、今後も上昇基調が続きそうだ」とみていた。

（日経ヴェリタス、2023年4月1日　堀尾宗正記者）

この記事にあるとおり世界中の中央銀行が、慌てて金《きん》買いに走っている。次の記事にも有る。

「中央銀行の金購入55年ぶり高水準　22年、ロシア制裁契機」

中国やトルコなどの中央銀行が、金（ゴールド）を大量購入している。2022年の純《じゅん》購入量は、55年ぶりの高水準となった。ウクライナ侵攻後の経済制裁で、ロシアが保有する米ドルは凍結され、各国で制裁下でも融通が利きやすい金へのシフトが活発になったとみられる。中国が人民元建てでの原油輸入を増やしたことで、貿易や金融取引でもドル離れの動きがあり、基軸《きじく》通貨ドルの影響力が少しずつ弱まっている。

国際調査機関ワールド・ゴールド・カウンシル（WGC）が、1月31日、2022年の金取引の報告をまとめた。中銀による純《じゅん》購入量（購入から売却を除いた値）は、1135トンと、1967年の1404トン以来の高水準となった。

1967年は、金とドルを固定レートとした金・ドル本位《ほんい》制が、米国の財政赤字や英ポンド切り下げで揺らぎ「欧州中銀が大量に金を買った」（WGC）。1971年8月15日に米国がドルと金の兌換《だかん》を停止する〝ニクソン・ショック〟に至る過程だった。

2022年の購入量はそれ以来の歴史的な変化だ。ロシア制裁が購入の契機となったとみられる。「（ロシアや中国が）欧米と対立することになった場合、米ドルなど『西側』経済圏の資産は、保有リスクが高いと印象づけた」（金融・貴金属アナリストの亀井幸一郎氏）

WGCは、各国の中銀が、国際通貨基金（IMF）に申告した金《きん》の保有量をまとめている。IMFに報告されていないものの、独自の調査に基づき購入している確度が極めて高いと思われる分に関しては、未報告分であっても国名を非開示にして計上し、世界全体の取引を（引用者注。WGC自身が自分で勝手に）まとめている。

　国別で金購入が目立ったのは中国だ。11月～12月の2カ月で、62トン買ったことを明らかにした。公表は3年ぶり。11月までの1年間に米国債を約2割減らしており、年間での金《きん》購入量はさらに大きい。

　インフレが進むトルコ（148トン）やインド（33トン）、カタール（35トン）、ウズベキスタン（34トン）も購入規模が大きかった。

　WGCは、詳細な推計手法を明らかにしていない。ウクライナ侵攻後に外貨準備の公表をやめたロシアなどが大口になっているとみられる。「ロシアは産金国《さんきんこく》であり、自国の金《きん》を外貨準備《フォーリン・リザーブ》として蓄えている可能性が高い」（マーケットアナリストの豊島逸夫氏）

　中銀の金買いは、リーマン・ショック後の2010年ごろから顕著になった。

　楽天証券の吉田哲氏の協力を得て、2012年末と2022年の金保有量を比較したところ、最も保有量を増やしたのはロシアで、10年間で約2・4倍の2298トンとなった。中国も約９５０トン増やしており、増加幅はロシアに次ぐ。外貨準備に占める金の比率はロシアが10年で約１割から約２割に高めた。ベネズエラは１割強から８割強になった。

ハンガリーは金保有を10年間で30倍となる94トンまで増やした。このことで実際に西側からの制裁対象となった国の購入もある。

制裁（エコノミック・サンクション）以外にも、世界経済やインフレ、米経済への不安も外貨準備の分散の一環として金《きん》を買う背景にある。ポーランド国立銀行（中銀）は、「金《きん》はどの国の経済にも直結せず（影響や打撃を受けないので）、世界の金融市場の混乱に耐える」と説明する。

中銀による金《きん》買いは、ドル離れの象徴だ。外貨準備に占めるドルの割合は、２０００年には7割を超えていた。だが、現在は6割を下回るようになった。

ＩＭＦによると貿易におけるドルのシェアは、88％強となお支配的な通貨だ。ただ、中国はロシアやイランとの原油取引を人民元建てにし、シェアも７％と世界5位に浮上してきた。

（日本経済新聞、2023年1月31日）

ここまで長々《ながなが》と新聞記事を読んで来て、私、副島隆彦ははっきりと書く。
バカ言ってるんじゃないよ全く、お前たち。この私が、こんな嘘《うそ》八百で書かれた記事なんかに微《かす》かにも同意すると思うな。これまでに、私は自分の本で何十回もすでに書いてきた。「国際調査機関 ✖ ワールド・ゴールド・カウンシル（WGC）が……」なんて、一体、どこに存在するのだ。言ってみろ。この虚妄の、インチキ国際機関めが。そして、それに諾々《だくだく》と従う、この国の金融の専門家たちよ。お前たちは本当に✖WGCという国際機関（笑）の発表を信じて、あれこれ言っているのか。かつての大本営《だいほんえい》発表と同じじゃないか。

P211に載せた金の統計グラフもそうだ。世界の中央銀行が金を増やしているというのは本当だ。北朝鮮の中央銀行までが一所懸命に金《きん》を買っているだろう。
だが、この表の中の各国の政府（ここでは中央銀行が代表する）の金《きん》の保有量は全くのウソである。こんなチンケな少量の数字のわけがない。

何と、よく見ると、この表にイギリスが入っていない。女王陛下の、ではなくて、今度のチャールズ3世国王の、イギリスの金《きん》は入っていないのだ。イギリスは1万トンぐらいは持っているだろう。いや、4万トンぐらい持っているだろう。アメリカ合衆国（FRB）でさえ8300トン持っているのだから（たったの。笑）。4万トンの半分がBOE（イングランド銀行）で、残り半分が英国王（家）個人のものだろう。

日本の天皇も、5000トンぐらいは持っている。隠している。アメリカが預かっている形になっている分が多い。戦争に負けた時に取り上げられて持っていかれたのだ。預かっていることになっている。預かり証書ぐらい日本政府が持っているだろう。

この金の保有のグラフの括弧《カッコ》のほうで、明らかだが、ロシアは4年間で1340トンを増やした。そして2018年に、一気に全部、米国債を売ってすべて金《きん》に換えた。だからここに2298トンと載っている。本当はロシアはこの10倍はある。2300トンではなく、2万トンは持っている。

中国はたったの2010トンとなっている。馬鹿なんじゃないか。中国はワールド・ゴールド・カウンシルという会社を腹の底から馬鹿にしている。だからWGCに報告なんか全くしない。

地球上で掘り出されている金《きん》が、17万トンというのはウソだ。本当は50万トンぐらいある。その2割を中国が持っている。だから、2000トンではなくて10万トンだ。そうでなければこれからアメリカに取って替わって世界覇権国《はけんこく》（ザ・ヘジェモニック・ステイトthe hegemonic state）になれない。

日本は敗戦後、ずーっと、ずーっと765トンだった。ところが、この間《あいだ》、2年前に、急に60トン見つかった。日銀が公表した。「見つかりました」だって（笑）。だから日本国内で今、825トン金を保有しているということになっている。他にもっと500トンぐらいあるだろう。あちこちに隠している。有名な765トンは、敗戦直後にアメリカに預けた形で取り上げられたものだ。公表されている825トンを、1グラム＝8600円の時価を掛けると7兆950億円となる。たったの7兆円（世界の0・5％）だ。

こんなものでは、いざという時の国家の準備（リザーブ）にならない。しかも、前記の765トンは、日本橋本石町《ほんごく》の日銀の本店の地下の金庫には無い。全く無《な》い。それではどこにあるのか。それは、アメリカのケンタッキー州のフォートノックスの米陸軍基地の、巨大な横穴のトンネルの中に保管されている。ここはニューヨーク連邦銀行《フェデラルバンク》（NYFB）が管理している。

世界中の中央銀行がどんどん金を買っていることは世界中で知られている。そしてヨーロッパ各国とアメリカ政府は金《きん》を、持っていない。それでもアメリカの個人の金持ちたちは金を持っている。合計で5万トンぐらいだろう。しかし、アメリカの中央銀行FRBの執行機関であるニューヨーク連銀は、もうほとんど金を持っていない。外国との貿易決済の時に、帳尻を合わせるために、金《きん》で払ってしまった。

ワールド・ゴールド・カウンシルとかIMFは、今やインチキ国際組織だ。平気でウソをつく。このことは金融の業界人は言ってはいけないことになっているけれど、だいたいバレている。私がずっとこれを書き続けたから（笑）。それでは天皇陛下の金は、どこに隠してあるのか。バチカンと、スイス銀行と、ロンドンのバンク・オブ・イングランド（BOE）に隠している。このことも言ってはいけないことになっている。天皇陛下の金だ。

だから私、副島隆彦が、「金の地上在庫《ちじょうざいこ》は、世界で17万トン（WGC発表）ではない。その3倍の50万トンは有る」なのだ。私は、このようにずっと書いてきた。今さら考えを変えるはずがない。そして半分の25万トンは、おそらく世界中の民間保有だ。

金は上海黄金市場で取引されるようになる

19世紀（西暦1800年代）までは、イギリスのロスチャイルド財閥が金《きん》価格を決めていた。ロンドンの「ロスチャイルド銀行の黄金の間《ま》」で決めてきた。今は、ここはLME《エルエムイー》（ロンドン貴金属取引所《メタルエクスチェンジ》）となっている。

このロスチャイルド家の権力（権限）が戦後に奪い取られて、今はアメリカのあらゆる商品（コモディティ。基本物資のこと）の先物市場である、CME（シカゴ・マーカンタイル・エクスチェンジ）で、先物《さきもの》価格で金の値段を決めている。シカゴの前述したレオ・メラメッドというジジイがやっている。彼はまだ生きている。

このCMEの子会社であるコメックス（COMEX）とナイメックス（NYMEX）という鉱物とエネルギー（石油、ガス）の先物市場がニューヨークに有る。これらがやがて一斉に機能停止する時が来る。ロンドンも機能停止して、実質は中国の上海黄金《おうごん》市場（SGE）が決めるようになるだろう。現在、すでにSGEが、世界一の金《きん》の取引を毎日している。

「プラチナ、ロシア回避で1割高。パラジウムからシフト」

白金とパラジウムの値動きに差
2021年12月下旬を100として指数化

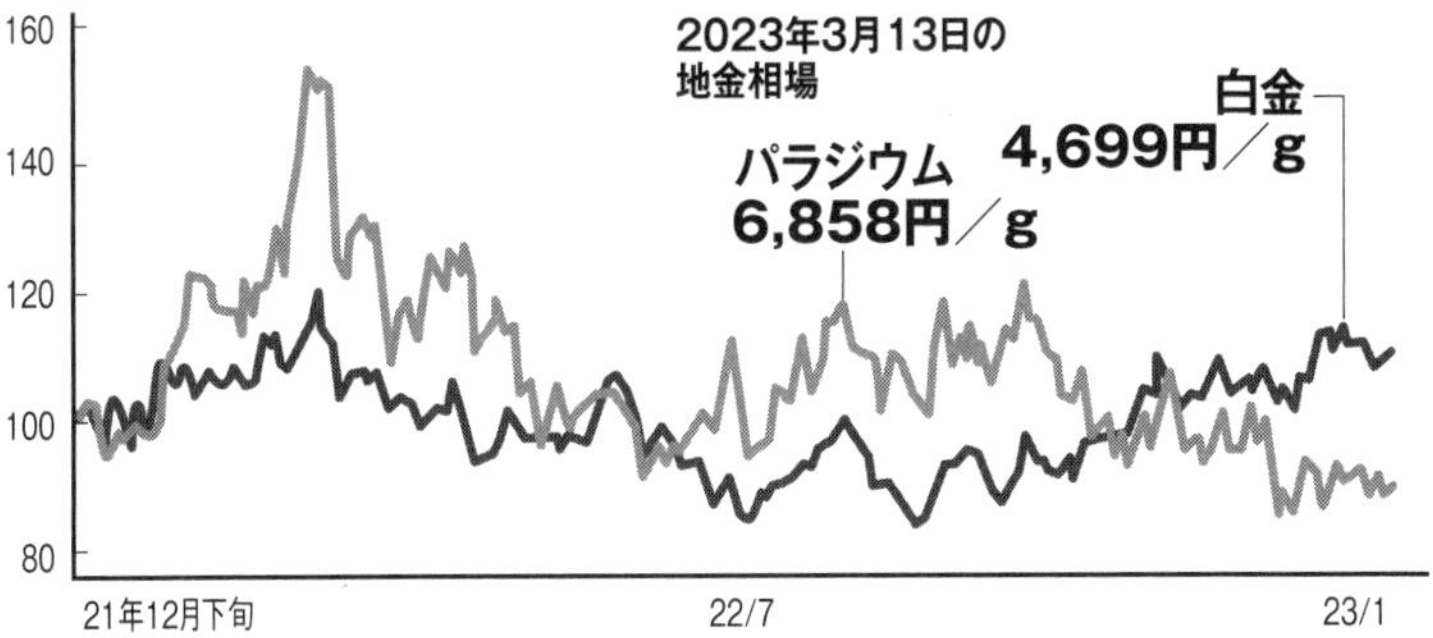

日本経済新聞 2023年１月25日

白金価格が堅調だ。ウクライナ危機への警戒感が高まった2021年12月下旬に比べ約1割高い。足元では世界景気への懸念がいったん後退し、自動車の排ガス浄化触媒向け需要の回復を先取りする動きが広がっている。自動車メーカーが触媒として、ロシア産が多いパラジウムから白金にシフトする動きも相場を押し上げている。

あくまで金《きん》が中心。買いたければ、他のもどーぞ。

その時は、中国とロシアは案外、公正にやる。独裁国家であるがゆえに、逆に公正だ。インドとブラジルとサウジアラビアもみんな見ている。金《きん》が公正な値段で取引されて、現《げん》物《ぶつ》の値段で動くようになる。バクチ打ちのための狂った今の先物市場は無くなるだろう。リスクヘッジだけのための健全な先物市場に戻る。そうなった時、金《きん》の価格は今の3倍ぐらい平気で上がる。

P112で書いたが、現在、世界中に、4000兆ドル（50京円）ぐらいのドルが流れている。ドル中心（ドル覇権《はけん》）の時代が終わる時には、それを肩代わりする新しい世界通貨（ワールド・ニュー・カレンシー）が必要となる。そして、その2割ぐらいは現物《げんぶつ》のエネルギー（天然ガス、石油）と、金《きん》を中心とした鉱物資源と、豚肉や小麦という農産物実物資産を、現在の価格の金額で表示したものを総計したものが存在しないといけない。現物の実物資産の4倍までしか、ペーパーマネー（デジタル・マネーと紙幣）は存在（発行）を許さない、と決めないといけない。19世紀までイングランド銀行（中央銀行）は、自分が発行した金貨《きんか》の4倍までしか紙幣（お札）を、発行しない、と決めていた。それで大英帝国の信用を築いてきた。

貴金属の王様は金《きん》だ。今、地上に50万トン有るとして、1グラム＝1万円で計算しても、500兆円だ。5兆ドル（1ドル＝100円で換算）にしかならない。他の実物資産をすべて金額に換算して合計しても、この10倍の50兆ドルだ。これだと、4000兆ドルの1・25％にしかならない。

ということは、米ドルの価値を一桁《ひとけた》落とすリデノミネイション（1／10にする）を実行して、ようやく、12・5％になる。この倍の20％（2割）まで実物資産の価格（価値）を引き上げるには、さらにドルの価値を半分にする必要がある。

地上のすべての米ドルは200兆ドルに減価《げんか》する。この時次の世界の新しい基軸通貨（名前はまだ決まらない）が誕生する。その時、金《きん》は、やはり現在の3倍に値上がりするだろう。〝実物資産の王者〟なのだから。そこまで、金はあと3年で上がる。

私は大きな数字（巨大な数字）が自分の頭で分かる人間だ。だいたいこれぐらいで、アメリカが世界覇権を手放して、ニューヨークやワシントンがもう威張れなくなって、新しい世界が始まる。新しい世界中央銀行は、ユーラシア大陸の真ん中の、カザフスタン国にできる。アルマトゥという都市だろう。そこに世界中から中央銀行総裁たちが集っていろいろと決めることになる。そこに、世界貿易（物流）と送金《レミタンス》とお金の新しい決済制度《セツルメント》ができる。そこは中央アジアだ。ユーラシア大陸の中心（へそ）は、地理学で測ってカザフスタンのアルマトゥだ。アメリカが威張りくさる時代はもう終わる。ヨーロッパが威張る時代も終わる。この５００年間（16世紀から）続いた、欧米白人の時代が終わる。

その時に果《は》たしてデジタル・マネーがどれぐらいの力を持つか。私はまだ想定できない。紙のお札は残るだろう。それと金《きん》の関係がどうなるか、を私は今考え中だ。デジタル・マネーの力が強くなり過ぎて、政府が国民のお金の動きを全部捕捉し管理するのかどうか。そういう問題が必ず出てくる。

それでも金《きん》は金《きん》だ。何があっても金が一番強い。なぜ金が強いかといえば、それは５０００年の人類の歴史で、世界中の王宮（パレス。宮殿。今はだいたい国立美術館や博物館）は、みんな金《きん》で覆《ふ》いている。表面を金《きん》で被覆《ひふく》している。名古屋城のシャチホコも表面を金で塗っていた。このことは人類が、どこの国でもずっとやってきたことだ。だから金はそれ自体に価値がある。

それ以上の理由はない。人類の文明（シビライゼイション）はたった５０００年だ。それ以上は古くない。それ以上は遡《さかのぼ》らない。それより古いのは考古学（アルケオロジー）

の対象となり、歴史学（ヒストリー）ではない。文字（letter、レター）が有ることからあとが歴史（学）だ。文明は紀元前3000年にメソポタミアとバビロニアとエジプトでほぼ同時に始まった。中国は謙虚《けんきょ》に4000年と言っている。日本は、中国文明（帝国と文明は同じだ）の一部である。

日本建国は、西暦668（天智《てんち》7）年だから、建国して、1355年にしかならない。このことでグダグダ言う者は頭が悪い。それだけだ。日本文化（ジャパニーズ・カルチュア）は、中国文明《チャイナシビライゼイション》（歴代中華帝国）の一部である。私たちは、今も、こうして漢字《かんじ》（中国文）を書いて読んで使っている。

人類（人間）の文明は金《きん》と共に始まった。金《きん》を持っている者が勝者だ。

預金封鎖がすでに準備されている

私の本の読者たちからの質問、どころではない。切実な訴えが今も私にたくさん来ている。それは、自分のお金を、例えば、500万円を下ろそうと銀行に行っても、窓口で簡単に下ろさせない、という事件というべきか、小さなトラブルが多発している。銀行側が、本気で客と争おうとする。何ということだろう。自分が預《あず》けた金《かね》を、簡単に下《お》ろさせないのだ。

銀行側が言うことは決まっていて、「このお金を何にお使いですか」とお金の使い道（使途《しと》）をしつこく聞き出そうとする。それを役所（金融当局）に連絡します、と言う。使い道をハッキリと言わないと、もう下ろさせてくれないという事態に今はなっている。自分のお金を銀行で下ろしにくくなった、という話を、私は10年前から聞いている。

銀行に預金している自分のお金を自由に下ろせなくなっている事態に、私たちは本気で用心、警戒しなければいけない。自分のお金を下ろして自分が何に使おうが、それは本人の自由である。それをなぜ、銀行が何の権限でしつこく、しつこく使い道を言えという権限や資格があるのか。不思議な話である。

ひどい場合は、「どうしても下ろしたいとおっしゃるなら、警察を呼びます」とまで銀行が言い出している。本当に冗談ではすまない状況になってきた。犯罪性の資金の動きのように見なされて、激しい嫌がらせを受けるようになった。この経験をしている日本人はたくさんいる。小金持《こ》ち（小資産家《しょう》）なら皆、このイヤな目に遭っている。

きっと政府（金融庁）の銀行への命令がここにはある。法人（会社）の取引であれば、たいていは企業間の取引であるから、帳簿がしっかりしているから、内国為替《ないこくかわせ》と言って、銀行間の口座の付け替えや、振り替えで、毎日大量に行われている。

ところが、個人の小金持ち（小資産家）は、たったの５００万円を下ろして別の銀行に預けたりするだけで、あれこれ銀行から言われる事態が起きている。一体、何が着々と進行しているのか。それはまさしく預金封鎖《よきんふうさ》が近い将来起きることに備えて、銀行側がその予行演習《ドリル》をやっているのだ。このように私は考える。

「預金封鎖」（bank account clamp-down　バンク・アカウント・クランプダウン）というのは、日本では敗戦の翌年、昭和21（１９４６）年4月に、急に起きた緊急の金融統制令である。clamp《クランプ》 - down《ダウン》 というのは、「締め付け」「強圧」という意味である。それは

「新札切り替え」とともに起きた。それの別名が、その直後に起きたハイパーインフレーションである。

お金《かね》を下《お》ろせなくしておいて、お札（紙幣）の価値が一気に1／10になった。そして、旧いお札（旧札）が無くなった。激しいインフレで貨幣価値が1／10になったから、旧札の10円札では何も買えなくなった。このあと、新百円札（板垣退助）、千円札（聖徳太子）が出るようになった。1万円札というのまで発行されるようになった。

戦争中も敗戦直後も、給料（月給）はだいたい10円だったのだ。それが、急激に、千円（1950年頃）1万円（1960年頃）になった。そして10万円（1970年代）になった。預金封鎖とハイパーインフレは、日本が戦争に負けたすぐ次の年なのである。

日本政府（大蔵省）が、占領軍である米軍に対して、「いくらでも日本のお札を差しあげますから、米ドルを日本国内で使うのはやめてください」とお願いをした。だから、ものすごい金額の新しいお札を、米軍に差し出したのである。だからハイパーインフレが起きたのだ。この事実を、専門家たちが誰も書かない。

日本全国の進駐米軍、そしてその他連合諸国の軍隊《アライド・フォーシズ》（各県ごとに駐屯した）が物資や食糧品を、敗戦直後の貧乏極まりない日本から必要なものを調達した。その時は、間《あいだ》に入る日本人の業者にいろいろ頼んで、買ってきてもらう形にならざるをえない。この時、米軍は、お金に糸目をつけないでどれだけでも日本円で支払った。それで日本国内に大量のお札が出回った。それで日本円の紙幣の価値（バリュー）が、どどどどーっと暴落した。それで1ドル＝360円になった。

　この時、駐留米軍の御用《ごよう》商人たち（PX《ピーエックス》に出入りした）が、戦後の日本の各県ごとの新興の田舎財閥（成金《なりきん》）になったのである。米軍の物資補給担当将校（appropriation《アプロプリエイション》 officers《オフィサー》。軍《ぐん》資金を握るから実力がある。日本軍では主計《しゅけい》と言った）が、古い軍用バスと枕木（鉄道用）とガソリンの供給を彼らに与えた。

1ドル＝1円にこれからなってゆく

　開戦前から、そして戦争に負ける敗戦直後までずっと、1ドルは＝6円だった。戦争に負けた直後の最下級の職業軍人（下士官《かしかん》）の月給が12円だった。戦争が始まった時の給料と同じだ。戦争中はインフレは全くない。それが、基本給でいえば今の自衛隊員の月給12

万円である。
12円が12万円になったのだ。だから日本は1万倍のハイパーインフレーションを起こした、ということである。この点がハッと分からないと知識層の読書人にはなれない。銭湯や、新聞代や、豆腐や、電車賃などが3000〜4000倍になったと言われている。簡単にいえば、1万倍である。

だから、私はこれからの円の力は、あの当時との逆転現象が起きて、ドルに対して円が10倍、100倍の表示になっても少しも構わないと思っている。だから今の1ドル＝130円が、10分の1の1ドル＝13円とか、さらに10分の1の1ドル＝1・3円になることがあり得るのである。

江戸時代の末期に、1両小判が＝1ドル金貨と等しかった。それが明治になって、1円＝1ドルとなった。明治、大正、昭和の初めまでドル円の為替レートは、1ドル＝1円だったのだ。だからそれに戻ればいいだけのことなのだ。私は、この自分の近未来予測（予言《きん》だ）は少しもヘンだとは思っていない。これぐらいの知識がないと天才とは言われない。

これまでの本で私は、ずっと書いてきた。日本政府は裏勘定《うら》（裏《うら》帳簿）で、アメリカ政府に、累積で1800兆円（16兆ドル）ぐらい、貸し付けている。あるいは奪い取られている。もう何十回も書いたが、日本の円資金で米国債を買った形になっている。

この裏金は、どうせ1円も戻ってこない。日本人は我慢するしかない。だから、その代《か》わりに1ドル＝13円という、日本円の力が今の10倍になることが、起きても不思議ではない。アメリカ政府からすれば、アメリカ国が破産して（外国からの借金を返せないこと）、ドルの力（購買力）が、今の10分の1になっても構わない。対外《たいがい》借金が全部激しいドルの暴落で、消えてしまうのだから、それでかまわないとアメリカ側は考える。

日本円は新札切り替え時に、リデノミネーションをやる

国と国の間の通貨の信用と、通貨（お金）の購買力で考えると、こういうことが起きる。起きる時は本当に起きる。アメリカ国内では、激しいインフレがすでに起き始めている。ハンバーガー1個が、12ドル（1600円）ぐらいするという事態になっている。ニューヨークやハワイでは、昼食のラーメン一杯が30ドル（4000円）する。

これが、もっと激しくなることを防止するには、政府が自国の通貨を自分の力で法律によって切り上げて、10倍の購買力にする。そうすると、ハンバーガー1個が1・2ドル（160円）になる。これで何の不思議もない、と私は思う。

だからこの時アメリカ政府の動きに合わせて、日本円を10倍に切り上げるという動きが、日本政府によって断行されるだろう。だから、新1万円札の表紙に貼ってあるホログラム（ステッカー）を貼り替えて、ゼロを1つ取って、1万円を1000円札にする。私は本気でこのようになると考えている。これがリデノミネーションである。通貨単位の変更である。

アメリカ国民は、ドルの力が10分の1になるから、外国製品を買えなくなって輸入ができなくなる。しかし、それでも構わない。アメリカ国内で取れる農産物と食糧とエネルギー（石油と天然ガス）で十分に生きていける。ぜいたく品が輸入できなくなるだけだ。どうしても必要な輸入物資としての半導体や、先端部品などは外国から買わざるをえない。しかし、それ以外の物だったら、アメリカ国内で生産できる。10倍のバカ高い値段になる外国製品と比べて、国内で作る製品がものすごく競争力を持って安くで作れる。この大きな利点を持っている。アメリカは帝国（エムパイア）即ち世界覇権《はけん》国であることをやめてただの普通の国になればいいのだ。

アメリカは腕力でこれまで積み上げた外国からの借金を実質踏み倒すことになるから、対外《たいがい》的な信用を無くす。しかし、それは戦争に負けた国が味わう屈辱感と同じものである。それ以上のことではない。

この時、日本はアメリカ帝国からの支配を受けなくなる。これまで50年間、アメリカにものすごい金額でふんだくられて持っていかれた分をすべて放棄して、以後は属国の立場から身を振りほどいて自由の身となれる。だが、そう簡単にこのように世界政治がうまく進むとは私も思っていない。大変な動乱状況あるいは大《だい》戦争も有り得る。

それでも「ドル覇権」は、もうすぐ終わる。

第5章　黒田日銀総裁は日本を救った

黒田は勝利宣言をして引退の花道を飾った

日銀の黒田東彦《くろだはるひこ》総裁が、4月8日に退任の記者会見をした。

黒田は、10年間の日銀総裁としての自分の務めを果たして、引退の花道《はなみち》を飾った。私は、黒田に対して最大限の褒め言葉を送る。黒田を腐《くさ》し続けた経済学者や経済評論家、新聞記者たちなど、どうでもいい。

黒田総裁は、10年前の2013年4月に登場した。「異次元緩和《いじげんかんわ》」を打ち出して、アメリカの言いなりになる、ふりをしながら、日本国の通貨と国債借金の現状での管理可能と、インフレ管理を、やりきると宣言した。

私は、10年前の当時、自分の金融本で書いた。「黒田は人格者である。日本官僚のトップとして立派な人物である。ただし、黒田が景気の梶《かじ》取りに失敗して山本五十六《やまもといそろく》と同じような自殺（への旅立ち）をしなければいいが」と。

黒田は今年の1月18日の記者会見で、ハッキリと「今のまま金融緩和政策を続ける。長

黒田東彦は４月に立派に花道を飾った

2013年4月から10年間（5年と5年）の任期を終えた。満願の微笑みを浮かべながら黒田日銀前総裁は辞任の発表をした(4月8日)。黒田は真の愛国者である。

期金利の目標もプラス、マイナス0・5％の幅で維持する」と宣言した。途端《とたん》に10年物国債（長期金利）の利回り（イールド）が、0・36％に急落した。

日銀が、自分たちで敷いた防衛線であるこの「10年物国債、利回り0・5％を死守する」を、3月10日のシリコンバレー銀行破綻で見事に守りぬいた。その予兆が1月18日にはっきりと見えた。黒田の狙いどおりだった。

この時まだイギリスから仕掛けられていた、国際投機筋《とうきすじ》と呼ばれる者たちによる金融投機筋を先兵《せんぺい》とする、日本国債の暴落（長期金利の上昇）の策動は粉砕された。前の方のP92で「カイル・バス氏は再び負ける」の箇所で私はこのことを書いた。日本側の日銀と財務省の堅い連携による、日本金融官僚たちの鉄の団結の連合艦隊が、日本を守り抜いたのである。

去年（2022年）の9月22日、「円安阻止《そし》介入」で、日銀黒田は、堅い決意で2・8兆円分の米国債を売って、日本国債を買うことで、初回の円買い（円防衛）を実施した。このときは、ドル円の為替相場は1ドル＝144円だった。これで140円まで円安の流れを逆転させて、円高（ドル安）に押し戻した。

為替の動き（ドル円相場。直近3年）

出所　Yahoo!ファイナンス

輸入原材料のせいで諸物価が上がっていることは事実だ。しかし、これを指して「日本もインフレだ」と言ってはならない。日本は大きなデフレ（不景気）で苦しんでいる国なのである。

このあと国際金融投機筋《すじ》の攻撃は、嵩《かさ》に掛かって、日本国への威圧的な態度で1ドル＝150円まで、円は売られた（10月20日）。

ここで、日銀黒田は、すかさず反撃に出て、第2回目の防衛戦で10月21日に、5・5兆円分の円買い（米国債売り）を断行した。これで、円安の流れは停止した。敵からの攻撃は遂に止《と》まった。以後は円高方向への流れが出来た。このあと1ドルは140円を割った。黒田東彦の勝利である。そして、1ドル＝132円まで戻った。

しかし、今年の5月20日から再び急激に円安の動きが起きた。それまで1ドル135円だったのが、急激に140円まで、一気に5円（5月29日）も円安（ドル高）に動いた。この動きはもっぱら政治要因である。

「G7広島サミット」の開催（5月19日）の前日18日に、バイデン大統領は山口県岩国《いわくに》市にある米軍基地に降り立った。バイデンは岸田首相と広島で即座に、日米首脳会談を開いた。この時、バイデンが強硬に岸田に「日本はアメリカに10兆円（800億ドル）をただちに支払え」と恫喝《どうかつ》して強要《きょうよう》した。岸田はこれに屈服した。

世界暴力団の首領であるバイデンの訪日で、日本は10兆円の支払いを呑《の》まされた。だから、その翌日に、ドル円相場が急激に３円円安に動いて１３８円になった。そして１４０円まで行った。

日本財務省が日銀の世界中の主要支店を通して、１兆円ぐらいずつ円資金を売ってドルに交換して（ドル転《てん》と言う）ただちにアメリカ財務省の口座に入金した。この10兆円のうちの半分の５兆円は財政赤字に苦しむアメリカ政府を救援する資金として。

そして残りの５兆円（４００億ドル）は、ウクライナ戦争でのウクライナ国への支援金としてである。その翌日、５月21日に、都合よくゼレンスキー大統領が（ロシア軍に）撃ち落とされないように、フランス政府の専用機で、広島空港に到着した。ゼレンスキーも日本に〝カネ取り〟に来たのだ。

ただし、このウクライナ戦争への日本の出費５兆円は、ウクライナ政府に渡されるのではない。アメリカとイギリスの最新兵器と弾薬の購入代金として、米と英の軍需《ぐんじゅ》企業（兵器産業）への支払いに回す分である。日本国は、憲法第９条で「戦争放棄。軍隊の不保持。そして交戦権の否定」とまで頑丈に定めている（平和憲法）。この第９条はダグラス・マッカーサー大将（４つ星将軍《フォースター・ジェネラル》、元帥ではない）が直接、書いたものである。

日本はウクライナに兵器（戦車や高機動榴弾砲《りゅうだんほう》。ハーウィツアー。昔のキャノン砲。今は155ミリ野戦砲）を供与（贈与）できない。「だったらカネで払え」となって、この5兆円もまずアメリカ財務省の口座に払われる。そこからアメリカの軍需企業に兵器代として払われる。

勘《かん》の鋭い日本国民なら「どうせバイデンも、ゼレンスキーも、日本にカネ取りに来たんだろ」と白気《しらけ》た感じで見ている。しかしそういう真実の報道は、日本国内では全くなされない。誰ひとり、この半ば公然の真実を書く者がいない。だから血を吐く思いで私が書く。これが日米関係の真実の姿である。日本はアメリカの属国（従属《じゅうぞく》国、朝貢《ちょうこう》国）である。

日本国債暴落にかけたゴロツキ投資家たちが総敗北した

あの悪名高かったカイル・バスは、2022年中の日本国債への暴落攻撃に失敗し、そのあと去年6月からの香港ドル通貨への暴落投機でも失敗。そして今年3月10日のSVB銀行の破綻で相場師として失敗して自滅した。

他の名うてのゴロツキ投機家たち（世界的な仕手筋、金融詐欺師ども）も、対《たい》日本攻撃で総敗北した。かつ、今のように中国と韓国と日本の政府が自国通貨の防衛のために米国債の売却をＮＹの債券市場で、ガンガンやられると、米財務省にしてみれば、本当に泣きたくなるぐらいイヤなことだ。その分を必死でどこかに嵌《は》め込まないと済まない。

どうも、「リバース・レポ」とか称して、密かに日本政府が例の「外債《がいさい》購入の裏帳簿」で、自分が売った分の米国債を、自分で買い戻しているようだ。日本の財務省官僚も日銀官僚も米国債のことを、実にイヤそうに吐き捨てるように「外債《がいさい》」と呼ぶ。

黒田日銀は米国債を売って日本国債を買った

そろそろこの大きな真実に気づいている連中は気づいている。ところが、私の金融の専門家の弟子でも、「先生、３営業日（１月13、16、17日）で、日銀は17兆円分、日本国債を買いました。これは、もう日銀の破綻が近いですよ」と私に言った。

私は鼻で笑うしかない。次の日（１月18日）が黒田東彦《はるひこ》総裁の記者会見だった。黒田たち日本の金融市場を管理している者たちは、日本の株と各種の日本債券そして為替（ドル円相場）が、3つまとめて、暴落するのが死ぬほどイヤだ。債券と為替のトレイダーたち（客からの預かり資産を運用するファンド・マネージャーでもある）は、自分がポジションで持っている買い持ち（ロング・ホールド）の100億円のうちの10億円がすっ飛んで、パーになると、本当に怖い。

それよりも、もっと大きな政府の年金とかを扱っているファンド・マネージャーたちは、ひとりで、8000億円とか1兆円を預かって運用している。大手銀行や証券会社、生保《せいほ》、損保《そんぽ》の資金運用部のファンド・マネージャーたちだ。大銀行の中では彼らはエリートである。これら大手の金融法人は、日本政府の資金も預かって運用する。その場合を、特別に機関《きかん》投資家（institutional investors　インスティチューショナル・インベスターズ）という。

彼ら自身は、暴落がいつ起きるかで、毎日、毎日、気が気でない。青ざめて死ぬ思いだ。1兆円の1％でも実損を出したら、100億円の損だ。自分の首が飛ぶ。10億円の損なら国内での配置転換（支店勤務へ）で済む。ただし以後は、能力のない者と見なされて出世はない。

日本10年物国債の利回り（直近5年間）

出所　財務省のデータから作成

日本国内のこれら各種の金融市場のファンド・マネージャーたちは、私の弟子まで含めて、「日本の長期金利は、（10年物日本国債が指標）0・5％を超すと、国債がデフォルトを起こして、日銀は破綻します」と言った。これは、金融の統計資料の根拠のあることだから正しい。事実、P251に載せた「10年物日本国債の利回り」のグラフのとおり、2023年2月27日の0・532％を上限として、この時から国債利回りは0・5％の防衛線の内側に沈んだ。そして0・25％にまで低下して、現在（6月）に至っている。

私、副島隆彦は言った。「もし0・5％の壁が破られて、日本国債の暴落＝円の信用の下落が起きるようだったら、その時は、日本政府は自分が保有している米国債を、死ぬほど売り散らせばいいんだ。表面に出している外国為替（外為《がいため》）勘定だけでも米国債（外《がい》債《さい》）の残高はまだ140兆円分ある」と言った。

日本政府は、最大時の去年2022年の9月に、実に、1・4兆ドル（これを、当時の為替レートの140円で計算すると、ちょうど200兆円だ）の外貨準備高を持っていた。中国の（公表されている）保有高よりも大きかった。これを使って、円を防衛すればいい。

新任の植田和男日銀総裁は、新たな円安（日本国債暴落）攻撃に備える

植田新《しん》日銀総裁は、前任の黒田が必死で守り抜いた日本国債の防衛、日本金融システム防衛の路線を、堅く踏襲すると誓った（4月9日）。

現在は、かなり米国債を売って、再び、1兆ドル（140兆円）台まで、減らしている。ただし裏《うら》帳簿で買っている（買わされている）米国債はこの10倍ある。

私がネットで調べたら、2022年の年末で、外貨準備高は、日銀発表で123・92兆円だった。まだこれだけある（2023年1月20日付）。

繰り返すが、2022年12月にも、日銀は、17兆円分、円安阻止介入で、米国債（外《がい》債《さい》）を売った。それで日本国債を買った。いいことだ。

そして1月の17日までの「3営業日」で17兆円分、日本国債を買った。

アメリカ財務省は、日本政府に米国債を売られて、厭《いや》な顔をしただろう。岸田首相が、去年10月にアメリカに行った時、「円安を止めるために、保有する米国債を売ります」と、簡単に事前の通告だけした。これに対して米財務省は、「無言の承認を与えた」となった。

日銀が、なぜ、日本財務省が管理しているはずのフォーリン・リザーブ（外貨準備高《じゅんびだか》）勘定を使えるのか、私にはよく分からない。それでも去年の9月からの〝円安阻止《そし》介入〟で米国債を、すでに60兆円分（5000億ドル）ぐらい売っている。そして、日本国債を、日銀は財務省と合同で結束して、ガンガン買いまくった。これでいいのだ。日本国の財政《ファイナンス》と金融システムを防衛するために必要な行動だ。

これまでの記者会見で、各社の経済部記者たちは、黒田に向かって一言も、「外債《がいさい》（米国債のこと）を売って、日本国債を買って円安を喰い止めているのか」という質問を、一切誰もしない。私、副島隆彦だけが、この巨大な真実をズケズケと書き続けてきた。

このことで今も専門家たちから全く相手にされていない（笑）。私は、もう15年間もこのことを書き続けている。だから、今、再び1ドル＝140円まで円安（ドル高）になったのを、120円台までさっさと円高に戻せばいいのだ。

これは40年前からの米、欧、日の先進国の秘密合意（協定）だ。1985年のプラザ合意の2年後（1987年）から、1ドルは＝120円台と決まっている。P99の43年間の長期の為替のグラフを見ていると分かることだ。皆《みんな》、何をすっとぼけて、大きな真実を見ないふりをしているのか。

黒田はこれで立派に引退で花道を飾った。黒田は偉かった。カイル・バスたちからの日本国債（日本国の信用の上限。ソブリン・シーリング　sovereign ceiling　と言う）への攻撃を防御し抜いた。そして同時に黒田は、自分自身に課した日本国民との10年前（2013年4月）の堅い約束である「インフレ目標値《ち》を2％とする」を達成した。

10年前の2013年4月に、黒田東彦《はるひこ》が、新任の日銀総裁として登場した時に、「異次《いじ》元《げん》緩和（無制限の量的緩和）」と称する金融政策を決断し公表した。あの時以来、丁度10年かけて黒田は、インフレ目標値《ち》（物価上昇率と同じことだ）2％を実際に達成した。ところが馬鹿どもが、それを無視して「消費者物価が上がってインフレが恐い」とずっと言っていた。

日本はインフレではない。断じて、ない。日本は、激しいデフレ（不景気）国家なのだ。もうこの30年間もデフレ（不景気）が続いている。惨《みじ》めで哀《あわ》れな衰退《すいたい》国家（デクライニング・ステイト　a declining state）なのである。日本国民の暮らしは、この30年間ずっと苦しい。日本はすっかり貧乏国なのである。

東南アジア諸国からも「日本はかわいそう。アメリカの家来《けらい》をやらされてずっと経済成長《エコノミック・グロウス》が無い」と憐《あわ》れがられ同情されている。このことは、アジア諸国の一般庶民にさえバレている。それなのに、日本国内では、有識者《ゆうしきしゃ》どもが、この大きな真実を、知らんふりをしてトボけている。揃《そろ》いも揃《そろ》ってアホたちの国なのである。これでは、ますます少子化《しょうしか》が進んで（若い女たちが子供を産もうとしない）衰退国家となる。

ところが、さらに、それに輪をかけて、「インフレだ、インフレだ」と騒ぎ出した愚か者たちがいた。それは、まさしくアメリカの尻馬《しりうま》に乗って、「アメリカ政府がインフレ阻止で騒いでいる。それは、まさしく日本もインフレなのだ。これからはインフレを警戒、心配しないといけない」とバカの一つ覚えの、大学の経済学部を出《で》た、「大学で経済学《エコノミックス》を習ったんだ」のバカたちが、その持ち前の知ったかぶりで騒ぎだした。いつもいつも「アメリカさまに倣《なら》え。右向け右。アメリカさまが英語で金融記事を書いていることの真似をしろ」となった。

日本で「インフレが来る」と騒いだ者たちは、大きな勘ちがいをしている。日本は巨大なデフレ（不景気）のままだ。物価が上がっているように見えるのは、輸入原材料《げんざいりょう》（食料品を含む）の価格が、ウクライナ戦争の世界的影響で上がっているからだ。

物価《ぶっか》を決定する最大の要因（条件）は、賃金《ちんぎん》（給料）である。賃金は物価の一種である。賃金は、日本はまだまだ下がり続けている。立派そうに見える中堅企業の中年40歳代のサラリー（月給）が手取りで30万円を切ってる。手取りで20万円台の給与所得者（勤労者《きんろうしゃ》階級。年収300万円台）が1000万人どころか、2000万人いるだろう。だから、日本のどこがインフレなのか。巨大なデフレ（不景気）のままである。

「日本もインフレだ、インフレだ」と騒いだ者たちの愚《おろ》かさ（馬鹿さ加減）は、アメリカ政府（大きくは一部であるFRB）が、2022年3月から、急に、「インフレが恐い。急いで金利を上げなければいけない。金利を上げて、インフレを杭《くい》止める（✖食《く》い止める、はバカ日本語）」と決断したからだ。それで、FRBが、「0・75％ずつ連続4回」急激に政策金利をこの1年間の間に引き上げた。これが大《だい》失敗であったことは、FRBのパウエル議長が「私たちFRBは間違っていた」（5月4日付記事）で公然と認めたとおりである。本書P49に載せた。

日本で「インフレだ。インフレだ」と騒いだ愚か者たちは、物価高《だか》（上昇）というのは、日本では主にエネルギー代（石油と天然ガス、輸入石炭。火力発電に使う）の上昇によって起きる、ということを知らないからだ。エネルギーの輸入代金の値上がりが、物価上昇（即ちインフレ）の要因の実に8割（80％）を占めるのである。

日本国は、1年間で外国貿易で100兆円ぐらいの輸入代金を払っている。そして11

0兆円ぐらいの輸出（ほとんど工業製品）をしている。その差額の10兆円が、日本の貿易黒字である。これが日本国の1年間の純《じゅん》（ネット。正味。差し引き）の儲《もう》けである。これは全部NYに溜まって米国債で運用されている。だから輸入総額の実に8割はエネルギー代なのだ。

日本は天然資源（ナチュラル・リソーシズ）の少ない国である。とくにエネルギー代（電気代と暖房燃料）である石油《オイル》と天然ガスがすべて輸入だ。これが輸入代金の8割なのだ。だから、一言《ひとこと》で言ってみれば、日本は国民生活のために、電気を作り暖房をするために、一所懸命《いっしょけんめい》に、自動車や工業製品を作って世界中に売って、それで暮らしている。

このエネルギー代金の大きさが、日本経済の基本骨格を作っているのである。だからエネルギー代の上昇が物価上昇（即ちインフレ）の最大要因である。

原油（クルード・オイル）の世界価格は今、1バーレル（159リットル）で72ドルぐらい（WTI《ダブリュティアイ》＝アメリカも、ドバイ価格も）である。これぐらいの価格なら日本は十分に支払える（ペイできる）。

原油（と天然ガス）の代金が、コロナ・パンデミック騒ぎとウクライナ戦争で高騰した時に、物価高（インフレ）が一瞬起きた。この時、なんと黒田が目標値《ち》（インフレ・ターゲット理論とも言った）とした「インフレ２％」を一瞬、達成したのである。

だが、それ以外では、日本はずっと、この国家目標である「インフレ目標値《ち》２％」を達成できないまま、デフレ経済（イヤな不景気）のドン底に沈んだままの国である。だから、「日本はアメリカの軛《くびき》から脱出する」と宣言して、本気で日本国を立て直すと決断する優れた指導者が現れない限り、日本はデフレのドロ沼に沈んだままの衰退国のままだ。

日本国債は代表的なものは10年物だが、20年物、30年物まである。本当は、日米関係には、一番、暗い話として、裏に深く深く隠している、50年物、１００年物まである。米国債にも１００年物があるのである。この１００年物の米国債を日本は裏《うら》帳簿でアメリカから死ぬほど買わされている。アメリカへの貢《みつ》ぎ金《がね》だ。この話は、馬鹿どもには、分からない。

日本のインフレ目標２％達成は黒田の大業績だ

ヨーロッパ諸国が、軒並み年率10％（真実は20％）のインフレを起こしている。

ウクライナ戦争（２０２２年２月24日勃発）のせいで、ロシアに、ではなくてアメリカに騙されて、ドイツやフランスがひいひい言っている。他のヨーロッパの小国たちはもっと苦しい。ロシアからの石油と天然ガスが手に入らなくなってエネルギー代が高騰して（何とアメリカから輸入している）、それでヨーロッパ（ＥＵ）経済はボロボロだ。ただし日本国内ではこのことは一切、報道されない。アメリカと同格のワルのイギリスでさえ、電気代と暖房費（ガス代）が、２年前の３倍になっている。ざまーみろである。

政治の天才を通り越した、哲学者王《おう》（フィロソファー・キング　philosopher king）である、プーチン大統領のエネルギー戦略の勝利だ。エネルギーでヨーロッパを締め上げた。このエネルギー代の高騰によって、皮肉なことに日本の「インフレ目標２％」はやっとのことで達成された。黒田の勝利だ。その主な原因は、前述したとおり石油と天然ガスが値上がりしたので、電気代と暖房費が上昇したからである。だからと言って日本経済がインフレ（好景気）体質になったわけではない。

だから「日本もインフレだ、インフレだ」と騒いだ者たちは、知ったかぶりのバカたれどもだった。今はこの者たちは、ケロリとしている。そして3月10日の米の中堅銀行の連鎖破綻が起きて、アメリカは、インフレ（過熱した経済）の心配をしているどころではなくなった。このあとに来る金融恐慌で、銀行がカネを貸さなくなる恐怖（クレジット・クランチ。信用収縮《しんようしゅうしゅく》）から、景気後退（リセッション recession）、即ちデフレ経済への突入の心配をし始めている。

もう、「インフレが心配だ」など、消えてなくなった。愚劣な金融博奕を今も張っているニューヨークの国際金融資本家たち（ディープ・ステイトの一角）は、どうせ死ぬまでギャンブル（博奕《ばくち》）がやめられない。だから金融パニックで自滅して全滅してしまえばいいのだ。私は来年からの世界大恐慌突入を待ち望んでいる。


日本経済は、こんな低インフレ（食料品価格の上昇）には耐えられる。そのことよりも、賃金がもう30年間上昇しないのが困ったことだ。日本の人口の下半分の6000万人は、今や貧乏人層だ。年収200万円以下の就業人口層（下層の労働者たち）が、1000万人もいる。

黒田東彦にしてみれば、「日本の沈滞（長期の不景気）は、政府の総合的な経済政策（エコノミック・ポリシー）の所為《せい》である。本来、インフレ・ファイター（インフレを防止する）が中央銀行の役割（任務）である。だから日銀が持つ金融政策（マネタリー・ポリシー）の所為《せい》にされては困る」となる。このように、以前の、正直者でクビになった白

黒田の異次元緩和の10年間(2013年4月から)で日本は生き延びた

お札の量(ジャブジャブ・マネー)を増やすことで日本政府(岸田政権)は延命した。この緩和を続ける。

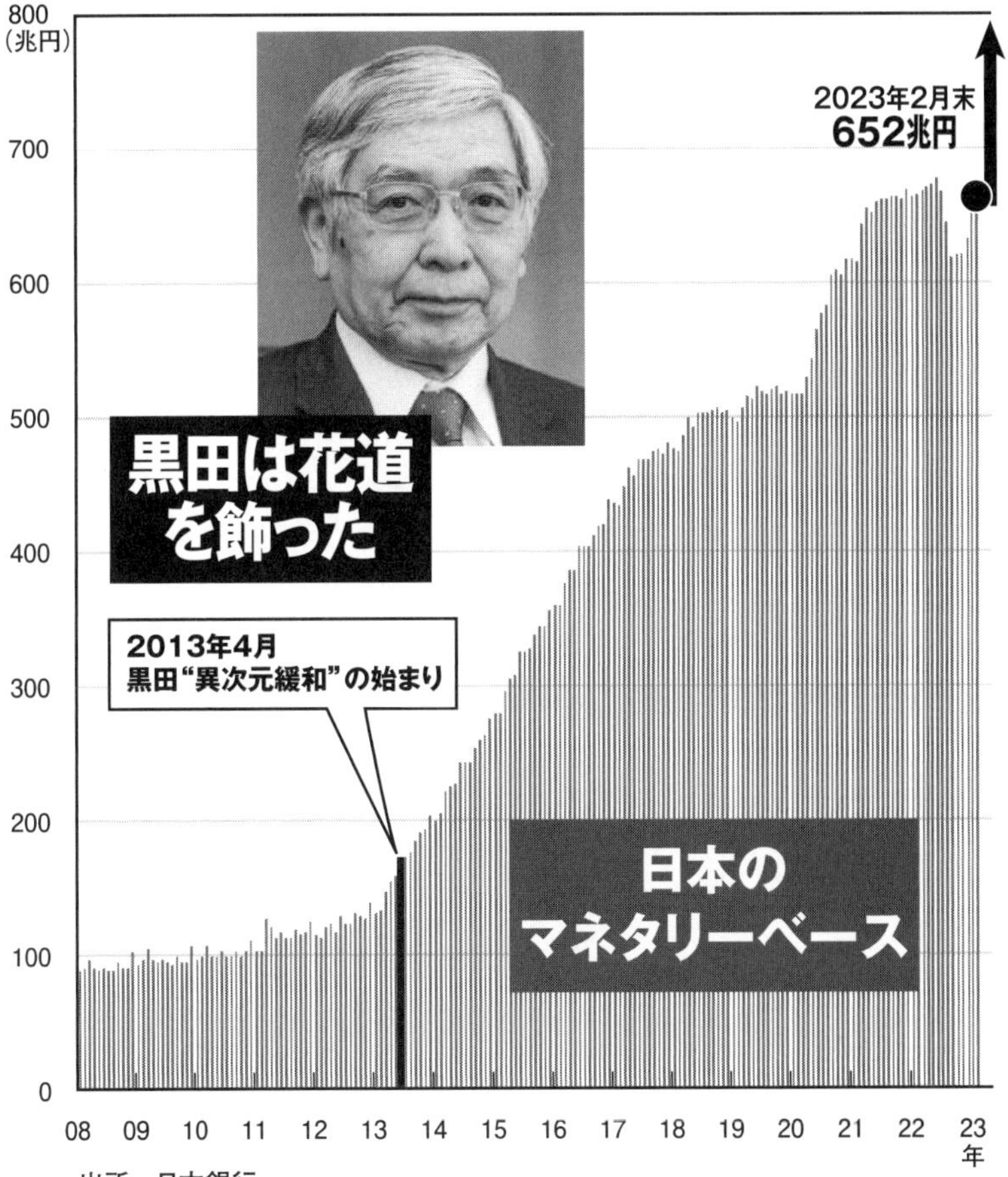

出所　日本銀行

川方明《まさあき》総裁の時も、日銀は主張していた。正しい考えだ。

アメリカの経済学は死んだ

11年前に安倍晋三のバカタレが、2012年の12月に突如、政権を握って（クーデターだ）アメリカの仕掛け通り、首相に復帰した。その後の全般を、アベノミクスと称して、本人は悦《えつ》に入ったが、みんなはバカにした。紫《むらさき》おばさん（浜矩子《はまのりこ》女史）は、これを、〝アホノミクス〟と呼んで評判を取った。

だが、日銀の黒田が、やった金融政策（マネタリー・ポリシー）は、安倍晋三のアベノミクスの一部ではない。全く別物だ。すでに、財務省がやるべき財政《ざいせい》政策（フィスカル・ポリシー）は死んでいる。財政出動《しゅつどう》（景気刺激策）というコトバは、もう30年前から経済学の中から消えた。国家財政のカネはスッカラカンで無くなったからだ。アメリカ経済学そのもの、が死んでいる。どこの国も赤字だらけで財政政策が死んだ（滅んだ）ので、仕方なく、今の世界は、中央銀行がやる金融政策（金利操作と、おカネの量の調節）だけで、生きのびている。

表面上は、アメリカの言うことを聞くふりをして、「アメリカ政府と全く同じ、日本政府も年率２％の物価上昇の目標値（インフレ・ターゲット）を達成するよう努力します」という枠組みは、今もそのままだ。

だが、黒田はそれを逆手《さかて》に取って、日本の金融（お金の量と金利）の舵《かじ》取りを、この10年うまくやった。ゼロ金利政策というのは、24年前の１９９９年（速水優《はやみまさる》総裁の時）に、アメリカが日本に、無理やり押し付けたヒドい政策である。日本をゼロ金利にして、金利差を作ってアメリカに資金が自動的に流れ出すように仕組んだ。ＮＹで米国債を買うしかないようにさせた。トヨタも松下（パナソニック）もソニーも従業員の年金の運用は、ニューヨークで米国債を買うことでやっている。何とか２％ぐらいの金利をくれる。日本の日銀は金利を復活させようとして踠《もが》いたが無理だった。Ｐ１２０で説明した。

黒田総裁の後を継いで、この４月から日銀総裁に就いた植田和男氏は、高等数学もできる東大の先生だ。この人は植草一秀《うえくさかずひで》氏と仲がいいそうだ。植草も、２００１年に金融担当大臣になる予定だった人物だけれど、ワルの竹中平蔵と争い、首相になった小泉純一郎の言うことを聞かなかったものだから、変な事件を起こされて人格崩壊攻撃（キャラクター・アサシネイション）されて悲劇の失脚をした。私は必死で植草を助けたが、微力でどうにもならなかった。

植田は黒田総裁の後を継いで、「この4月8日から自分がやる。大事な政策は変えません。金融政策は景気と物価の現状と見通し、先行きに基づいて実行しないといけない」と言った。これは黒田がやったことを続けるということだ。

しっかりと日本国を守る、いざとなったら日銀が資金を出す。財務省も資金を出す、と。それで財政赤字がさらに膨《ふく》らんでも、日本はなんとか耐えられる、と言い切った。

そして3月10日のシリコンバレー銀行の破綻から流れが急激に変わった。黒田と植田の2人はもう大喜び。日銀と財務省の中も「やった、やった」と拍手喝采しているだろう。「アメリカが崩れ出した。よかった、よかった」と日本の金融官僚たちが喜んでいる。このことはどこにも書いてない。だがこれが真実だ。

日本の官僚たちも上の方は、このように我慢に我慢でやって来た。アメリカに逆《さか》らってクビを切られたくない。官僚といっても、クビを切られたら、ただの公務員サラリーマンだから路頭に迷う。自民党の上の方の、まともな愛国者の政治家たちも、アメリカで金融崩れが始まって、大いに喜んでいる。このことはどこにも書いてない。新聞も書かない。

表が「お札」、裏は「日本国債」

日本の普通国債残高の推移

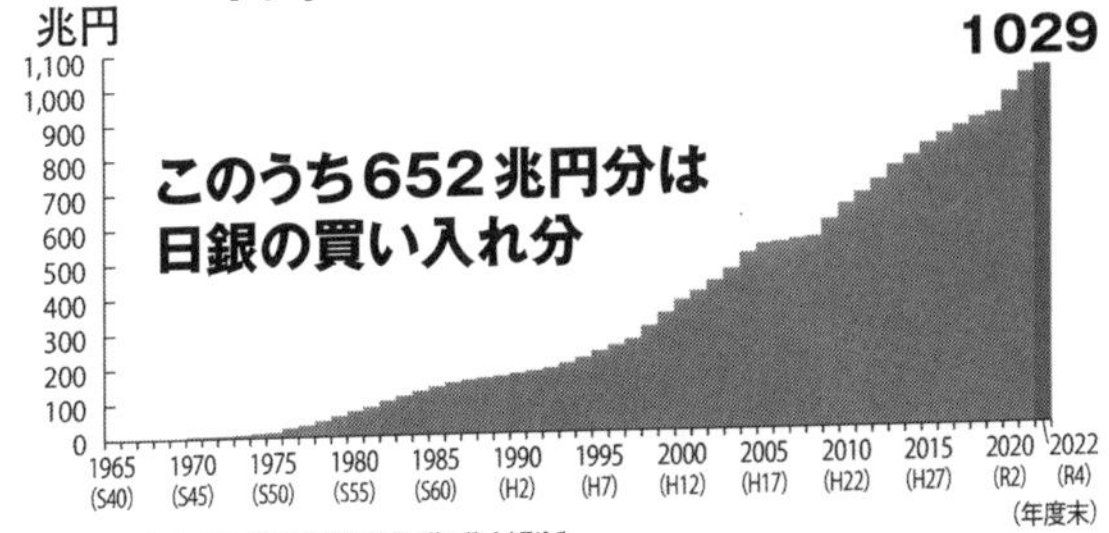

（注）2021年度までは実績、2022年度は補正後予算に基づく見込み。

主な国の国債残高（対 GDP 比）

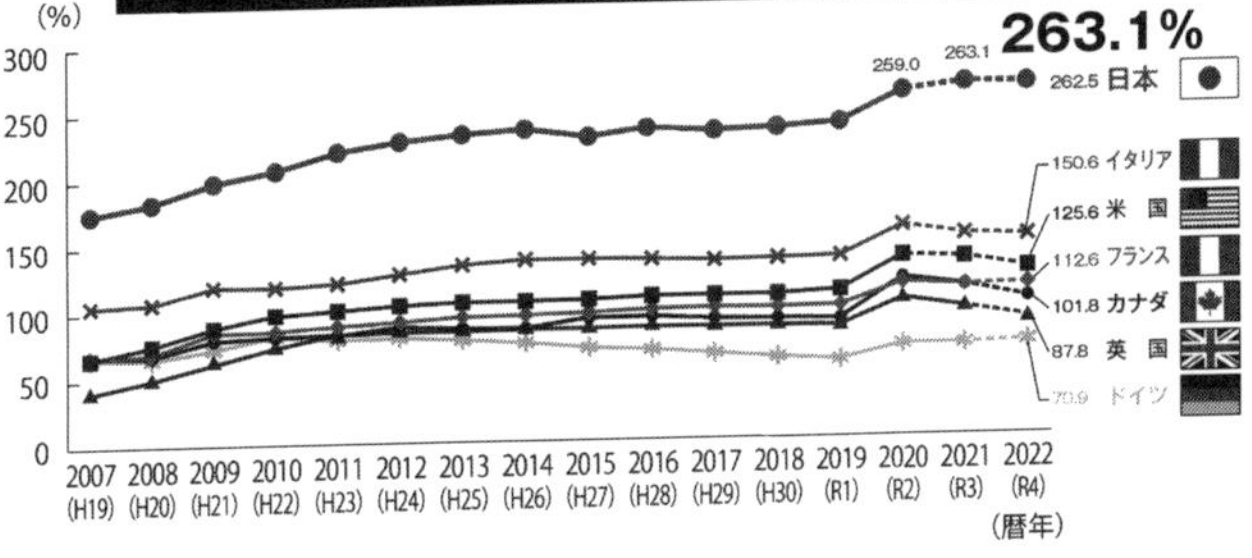

（出所）IMF "World Economic Outlook" (2022年4月)
（注１）数値は一般政府（中央政府、地方政府、社会保障基金を合わせたもの）ベース。
（注２）日本、米国及びイタリアは2021年及び2022年が推計値。それ以外の国は、2022年が推計値。

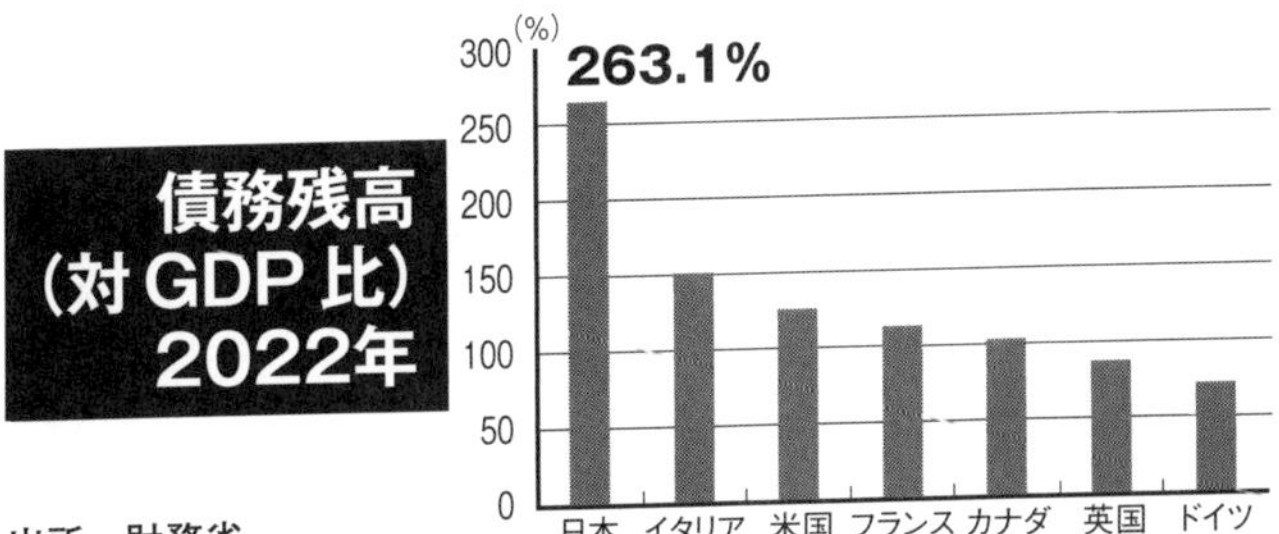

出所　財務省

だがアメリカの手先とスパイをやり続けている、立派でないバカも山ほどいる。黒田の悪口をずっと言い（書き）続けた者たちは、一体どうするのだろう。

日本が裏金でアメリカに貢いでいる残高は1800兆円

大蔵官僚（財務官僚）のナンバー2である財務官《ざいむかん》から日銀総裁になった黒田東彦《はるひこ》（1944年生、78歳）は、人格者であって、真の愛国者で日本官僚の中では一番優れた人物だ。私は、10年前に、情報を集めて判断してこのように高く評価してきた。今も変わらない。

黒田は、ヨーロッパの、ワルの大貴族たちの集まり（創立の時の資金は、敗戦国ドイツからの賠償金）であるBIS《ビーアイエス》に出ていっても、いつも堂々としていた。BISは、国際決済銀行であり、スイスのバーゼルに本部ビルがあるから、バーゼル・クラブとも言う。さらに別名はバベルの塔の現代版で、〝バーゼルの塔〟Tower of Basel という。P127から説明した。

黒田は日本国民を裏切らなかった。黒田はフィリピンのマニラに今もあるアジア開発銀行（ADB《エイディービー》 Asian《エイジアン》 Development《デベロップメント》 Bank《バンク》）の総裁をしていた（2005―2013年）。

中央銀行が自国の国債を買うのは本当は違法

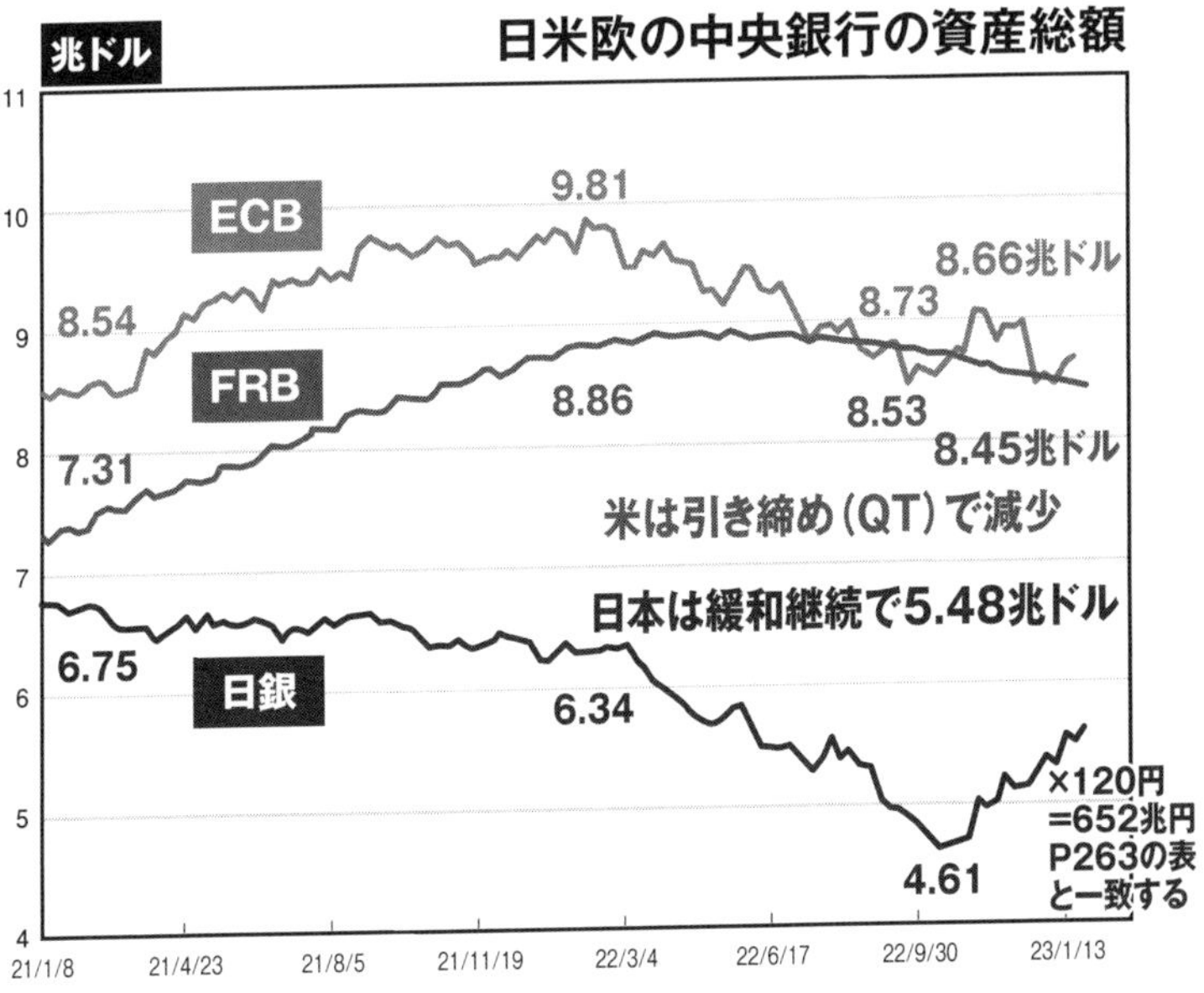

出所　各中央銀行

日本がアメリカに逆らって、「緩和を持続する。ゼロ金利政策をやめない」と宣言した時に、アメリカは不愉快に思った。「日本はアメリカに追随しない」という決断を公然としたのは本当に稀《まれ》なことだ。

この時に、中国の金融政策の若い専門家たちにいろいろと国際金融のことを教えた。アメリカの大きな策略も教えた。

その後、BRICS《ブリックス》銀行（新開発銀行）が出来た。BRICSは、ブラジル、ロシア、インド、中国、南《サウス》アフリカ共和国の5大国である。このBRICS銀行（非《ひ》欧米先進国の同盟。2014年設立）に、国際金融の実務を真剣に教えているのもADBである。BRICSはもうほとんどやり方を習得しただろう。IMF《アイエムエフ》（国際通貨基金）と世界銀行《ワールド・バンク》を牛耳《ぎゅうじ》る欧米白人たちが、どんなにイヤがっても、こういう非《ひ》白人たちの世界的連携はどんどん進んでゆく。

黒田は、54歳で財務官《ざいむかん》になって、アメリカに日本の裏資金《うら》の、1000兆円超《ちょう》を貢ぐ係であった。黒田は世界金融の裏の裏まで知っている。だからこそ黒田は中国やロシアとも深くつながって、世界のこれからの大きな動きを知っている。私は自分の金融本で、このことを書いてきた。

P267に、日本国債の残高のグラフを載せた。主要な先進国の債務残高というのは、そのまま財政赤字のことである。この財政赤字が、日本はGDPの263%だ。この意味をだれも説明しない。２６３％は対ＧＤＰ比だから、日本のＧＤＰは５・７兆ドル。これを1ドル＝１３０円で計算すると、６５０兆円になる。ところが、日本政府がＯＥＣＤやＩＭＦに届けている金額の数字はこの５・７兆ドルだ。ところが日本国内では、ＧＤＰ５７０兆円で通している。80兆円の差があって数字が合わない。合わないのに放置している。こんなものはまだいい。

もっとおかしいのは、「日本は財政赤字は膨大でＧＤＰ比《ひ》で２６３％の国だ」である。昔からずっとこのことは言われてきて、ちょっと頭のいい人なら、皆、知っている。知らない人は元々、インテリではない。だから「日本は破産国家だ、ひどい国だ」と専門家と新聞記者たちは書き続けた。貧乏超《ちょう》大国のアメリカでさえＧＤＰ比で１２５％なのだ。「こんなひどい国はない」とお互いに言い合いながら、そのくせ日本は妙に堂々としている。

なぜ日本は堂々としているかといえば、アメリカに巨額のカネを裏金《うらがね》で貢いでいるからだ。アメリカに米国債を秘密で無理やり買わされているお金の痕跡《こんせき》、証拠が、ここに滲《にじ》み出ているのである。このことは私以外、だれも言わない。経済学者も財政学者も、だれもこの「何故、対《たい》ＧＤＰ比で２６３％もの途方もない財政赤字なのか」の解説と説明をしない。裏《うら》帳簿でアメリカに貢いでいるからだ。バカみたいな真実が、このグラフに現れている。日本のGDP5・7兆ドル×263％＝15兆ドル。同じく円建てで、650兆円×263％＝1710兆円だ。だから、私が1800兆円（16兆ドル）ぐらいを裏金でアメリカに貢いでいる、と主張しているのである。

P263のグラフは「日本のマネタリー・ベース」と言う。これは日銀が公表している。昔は「マネーサプライ」と言っていた。

マネーサプライ（money supply）が通貨供給量だ。発行済みの通貨（カレンシー）の供給量だ。皆さんがここで覚えなければいけないのは、このグラフの中の652兆円という数字だ。652兆円というと、とたんにわけが分からなくなる。「チョウ」と言うと、豆腐が一丁、二丁になってしまって、普通の人はわけが分かりません。

10億円なら、「俺はそのぐらいの借金を抱えているよ」という経営者は大勢いる。だから実感で、自分の肌合いで分かる。これが100億円になると、ちょっと分からない。1000億円、その上が1兆円だ。うーん。

簡単に言うと、この日銀が発行している通貨《マネー》（おカネ）の量652兆円、のほとんどは日本国債を日銀が買ってお札（日銀券）で支払った代金だ。政府のお金なのだが、日銀が発行しているというフリ（形上《かたちじょう》そうしている）をしている。政府とは何かというと、簡単に言えば財務省。しかし日銀も大きな枠組《フレーム》みでは、政府（ガヴァメント）に含まれる。だが、日銀（中央銀行《セントラル・バンク》）は、株式会社で民間企業でーす、というフリをする。この複雑な仕掛けになっている。ここに手品があって、これで皆《みんな》、騙《だま》されて分からなくなる。あとは知ったかぶりのバカたちが、高級そうな議論で皆《みんな》を煙に捲《ま》く。

財務省が発行している日本国債という借金証書を、日銀が買い取って日銀券（お札《さつ》）を渡している。本当はこれはやってはいけない。今ではどこにも書いてない。

財政法第五条で、「中央銀行は財務省（国）が発行するお金、借金を引き受けてはいけない」と書いてある。そこに「但し、議会（国会）で特別な決議がある時は、その限りにあらず」と書いてある。ここなんです。財政法第五条と、日銀法にも細かく読めば書いてある。

だから現在の国家（政府）がやっているインチキがここにある。本当は自分で刷ったお札を自分で使っているだけだ。昔は、「金《きん》（ゴールド）と兌換《だかん》（交換）できる」とお札《さつ》の表面に書いてあった。今は出来ない。これを不換《ふかん》紙幣（fiat money　フィアット・マネー）

と言う。今のお札は金《きん》に交換できない。

ＩＭＦ体制で、いろんな国の政府だけは、「手持ちのドル紙幣を、アメリカ政府に要求したら金《きん》と交換できる」と条約でなっている。しかしこれを要求した国の首相や大統領は殺される。たとえば日本の橋本龍太郎がそうだ。……この話はもうやめよう。

６５２兆円という国の借金を、中央銀行（日銀）が引《アクセプタンス》き受けている。やってはいけないことですけれども、やり続けてここまで来た。１９７８年の福田赳夫政権の時からだ。その前は「赤字国債《あかじこくさい》」と言っていた。その前は「建設国債」というのがあった。これは立派な借金で、議会（国会）が承認した法律に基づいて国が発行する国債だった。橋や道路、いろいろな公共設備を作るのにお金がかかる。この作られた橋や道路やダムは、当然国の財産である。

国民の財産なのだから、「公的資本形成《こうてきしほんけいせい》」と言って、国民の財産が増えたのだから、その分の借金を抱えてもいいのだ、という理屈だった。ところが、この建設国債で間に合わなくなって、公然と赤字国債を出し始めた。ここまでは、まだいい。

やがてアメリカが強引に、がんがん、がんがん日本に圧力をかけてきて、アメリカの借金の肩代わりを、日本がするようになった。裏《うら》でたくさんのアメリカ国債を買わせ始めた。

このお金の話は絶対に表に出ません。出しません。石井紘基《こうき》（１９４０―２００２）という政治家（衆議院議員）が、この政府の裏金の処理の追及を国会でやっていて、その最中の２００２年10月25日に、暗殺された。

私はそれがどれくらいあるか、もう分《わ》かっている。１８００兆円、16兆ドルだ。それぐらいすごい。アメリカが日本政府に毎年無理やり買わせている、これまで45年間の累積《るいせき》の米国債の残高は16兆ドルある。このことを私が言っても、皆さん（読者）は理解できないと思う。だから、私がいくら書いても、だれも理解してくれない。それぐらい日本という国は、アメリカ様《さま》にひどい目に遭わされているのだが。

この16兆ドル、１８００兆円がやがてぱっと消えます。消えてなくなる時代が来る。アメリカは返してくれない。それが日本とアメリカの運命だ。「いいよ。分かったよ。もう返してくれなくていいよ」と日本側は、その時は言うだろう。この日本という国の弱い立場を私もよく分かる。この金額の数字を、自民党の下っ端の政治家たちでは知らない。一番上の政治家たちしか知らない。私はこれをずっと書き続けてきた。

日本の財政学者、経済学者たちも知らない。馬鹿だからだ。日本の官僚たちも知らない。知っているのは財務省のトップの10人ぐらいだけだろう。日本の経済学者たちは、大きな真実を知る気がない。馬鹿だからだ。ヨーロッパ、アメリカで流れている新聞記事を日本語に書き換えて、偉そうな難しそうなことばかり書いている。大きな真実は知らないのだ。

この日本からのアメリカへの貢ぎ金（巨大な貸し金《かしがね》）は、どうせパーにされる。アメリカは1円も返さない。なぜなら、その時は1ドル＝10円になっているからである。

私が、このことを、いくら、いくら書いても、私の弟子たちでも理解しない。このバカどもが。「先生の妄想ですよ」と言いやがった。許さーん！　でも今でも皆《みんな》、そうだ（笑）。

だから私、副島隆彦が、何回か金融本で書いてきたが、あの高橋洋一。こいつは、私をニコニコ動画の番組に、首実検《くびじっけん》で、8年前に呼びつけやがった。私の顔を見たかったのだろう。盟友の長谷川幸洋《こうよう》（元東京・中日新聞論説副主幹）に目の前で電話ばかりしていた。その時、私に、高橋が何と言ったかというと、「小沢（一郎）さんによろしくね。ぼくも、小沢さんと同じ、（都立）小石川《こいしかわ》高校なんだよね」と。高橋洋一は講談社から出した本で、『財務省が隠す650兆円の国民資産』（2011年刊）という書名の本で「日本には今すぐ使える650兆円がある」と書いた。ベストセラーになった『さらば財務省！』（2008年刊）を書いたすぐあとだ。

高橋は、自分で、鉛筆ナメナメ計算した。そして算出した、日本財務省が裏金にして蓄えている、資金を自力で炙《あぶ》り出した。

８つある政府系の国際金融の、協力金庫とかに隠しているカネは、高橋よ、アメリカに貢いだカネだぞ。毎年30兆円ぐらいずつ溜まっていった。その代わりに、日本には、米国債という担保《たんぽ》の証券が与えられた。それらは、50年物債、１００年物債まである。だから、高橋洋一よ、そろそろ私に論争を挑め。相手にしてやる。今のまま黙っていると、お前の負けだぞ。お前の周りの、お前の取り巻きたちが、騒ぎ出すぞ。

その日本政府（財務省）の隠し資金の金額が、高橋が本に書いたとおり、12年前は６５０兆円だったのだ。それが、もうすぐ3倍ぐらいになっている。さんざんアメリカの手先をやってきた高橋洋一が、私のこの主張を粉砕できなかったら、皆《みんな》の笑い者になるだろう。「日銀はケチャップを喰え」と怒鳴った、プリンストン大学経済学部長をしていた時のベン・バーナンキに高橋はかわいがられて育てられた。そして２００１年からの「郵政民営化」という、日本資金のアメリカによる奪い取りに高橋は大いに加担した。このことを含めて私は高橋洋一氏に決闘を申し込む。

高橋は東大の物理学部の数学科を出ているので高級で高等な数学が出来る。しかし高橋が東大でやったのは、数学者たちの世界では、一番低く見られている（バカにされている）統計学（スタティスティックス）という数学である。高橋は、東大法学部しか出ていなくて高級数学が出来ない、自分の同僚だった財務省官僚たちを、自分がイジめられた（竹中平蔵と一緒に動いた）ので、「数学のできない、バカ、バーカたち」と蔑《さげす》んでいる。だけどなー高橋よ。お前がやった統計学というのは、何とでも書き直せるインチキ数学なんだぞ。

日本財務省にとっては、歴代の財務官《ざいむかん》（ナンバー2）たちだけが知っている秘密の金だ。空気中から取り出した窒素肥料みたいなもので、毎年30兆円ずつアメリカに貢いできた。この日本からの貢ぎ金も当てにして、アメリカ財務省は、国家財政は火の車の中で毎年のアメリカの国家予算を作って来た。江戸時代の勘定奉行（今の財務官僚。主計局）のコトバで、これを丸く「収める」という。

こんなものは空夢《くうむ》と言えば空夢のカネだ。国家財政《ファイナンス》の帳簿の上だけの金《カネ》だ。国家や政府次元でみればそうなる。だからおカネの別名を、経済学で流動性（liquidity　リクイディティ。水もの）という。

アメリカで今回も、中堅地銀《ちぎん》が破綻する、というニュース報道が出たら、すぐに、ＦＲＢと米財務省《トレジャリー》が声明を出して「破綻の懸念《けねん》のある銀行に対し、ただちに流動性を供給します。皆さんの預金は安全に守られます」と発表した。

この時の、この「流動性《リクイディティ》を供給《サプライ》します」の意味は、まさしく「現金輸送車で、ドル紙幣（グリーンバックと言う）を、１回につき30億ドル（４０００億円）分ずつ運んで、店頭に山積みして見せる」ということである。このことを何故か、きっとみっともないことだから、「現金《キャッシュ》の束を10トントラックで政府がその銀行に運び込みます。国民の皆さん、安心してください」とは言わない。「流動性を供給します」と言う。世の中、こんなものですよ。

あとがき

アメリカの次の銀行の連鎖倒産は9月だろう。遅くても10月だ。

この本では「(これから)潰れる危ない米有力地銀《ちぎん》トップ14行のリスト」を、私は独自に作って載せた(本書P20とP64)。これがこの本の最大の売り物だろう。我れながら苦労して作った最先端の金融情報である。

併せて、全米トップ45の銀行のリストも載せた。私が金融・経済の近《きん》未来予測を本に書き続けて25年になる。

全米で潰れる(破綻処理)中堅銀行は60行と噂《うわさ》されている。

私が自力で調査し作成した「危ない米銀行」をじっと見ていたら、これらは、全米50州の各々《それぞれ》の州を代表する銀行たちであることが分かって驚いた。その州の州民(日本でなら県民)にとっては、一《いち》大事で大騒ぎになっているだろう。このことが、日本にいる私には全く伝わらない。

やはり、情熱、知識、ニューズは大きく統制《コントロール》されているようである。日本の金融メデイアの欠点、欠陥、節穴《ふしあな》を補《おぎな》うために、私の本が存在する。私は、さらに意気揚々《ようよう》と、世界大恐慌（ワールド・グレイト・デプレッション）に向かう世界に、日本の持ち場からカッサンドラの預言《よげん》をあげ続ける。

この本も徳間書店学芸編集部の力石幸一氏との地獄の共同作業の中から生まれた。記して感謝します。

2023年6月

副島隆彦

ホームページ「副島隆彦の学問道場」http://www.snsi.jp
ここで私は前途のある、優秀だが貧しい若者たちを育てています。
会員になってご支援ください。

特別付録

副島隆彦が推奨する
世界大戦でも大丈夫な株15銘柄

副島隆彦

世界はこれから100年に一度の大変化に見舞われる。まずアメリカが金融崩れを起こして、同時に財政崩壊で、国の信用が地に落ちる。基軸通貨のドルを裏打ちしている米国債を刷りすぎた咎《とが》めをアメリカは受けずには済まない。そして、ウクライナ戦争が核の使用を含む世界大戦へと突入してゆく。その大混乱のさなかに金融資産の暴落も起きるだろう。しかし、どのような危機が起きようとも人間の生活は続く。株式は実際に活動して利益を上げている企業の実在が土台だ。だから、堅実に利益を出せる株式は必ずある。そのような実体のある確かな銘柄株を厳選した。

凡例
・企業名の前の4桁の数字は「証券コード」。
・チャートは東京証券取引所他、各種の時系列データから作成した。

たとえ世界大戦で経済が破壊されても生き残る株式とは

いよいよ世界は緊迫してきた。ウクライナをめぐる米国・NATOとロシアの戦いは核戦争にまでエスカレートする可能性があり、第3次世界大戦の様相を呈する。このような中、実物資産としての株式の価値も、一時的には乱高下するだろう。

だが、どのような状況に有っても人類の活動は続く。日本が現在の経済レベルを維持するには、借金が積み上がる中で、効率よく既存のインフラをメンテナンスし、出来る限り安定的に食料その他を供給する体制を整えることが重要だ。こんな中、経済の正常化や新興国の台頭、成熟国のインフラ更新需要など、様々な時代の変化をビジネスチャンスに取り込める企業が多数存在する。

今回は、日本と世界にとって、必要不可欠なビジネスを展開している企業のうち、財務基盤が強固で、配当利回りが高い企業の株式15銘柄を紹介する。日本と世界にとって必要不可欠な企業たちだ。だから世界大戦が起こったとしても必要とされ続ける。また、戦争の動乱の中でも企業活動を継続するために財務基盤がしっかりしていることも重要だ。株価が乱高下する中でも、配当利回りの高い銘柄は下落しにくいものだ。

スタンダード 1787

ナカボーテック

建設業

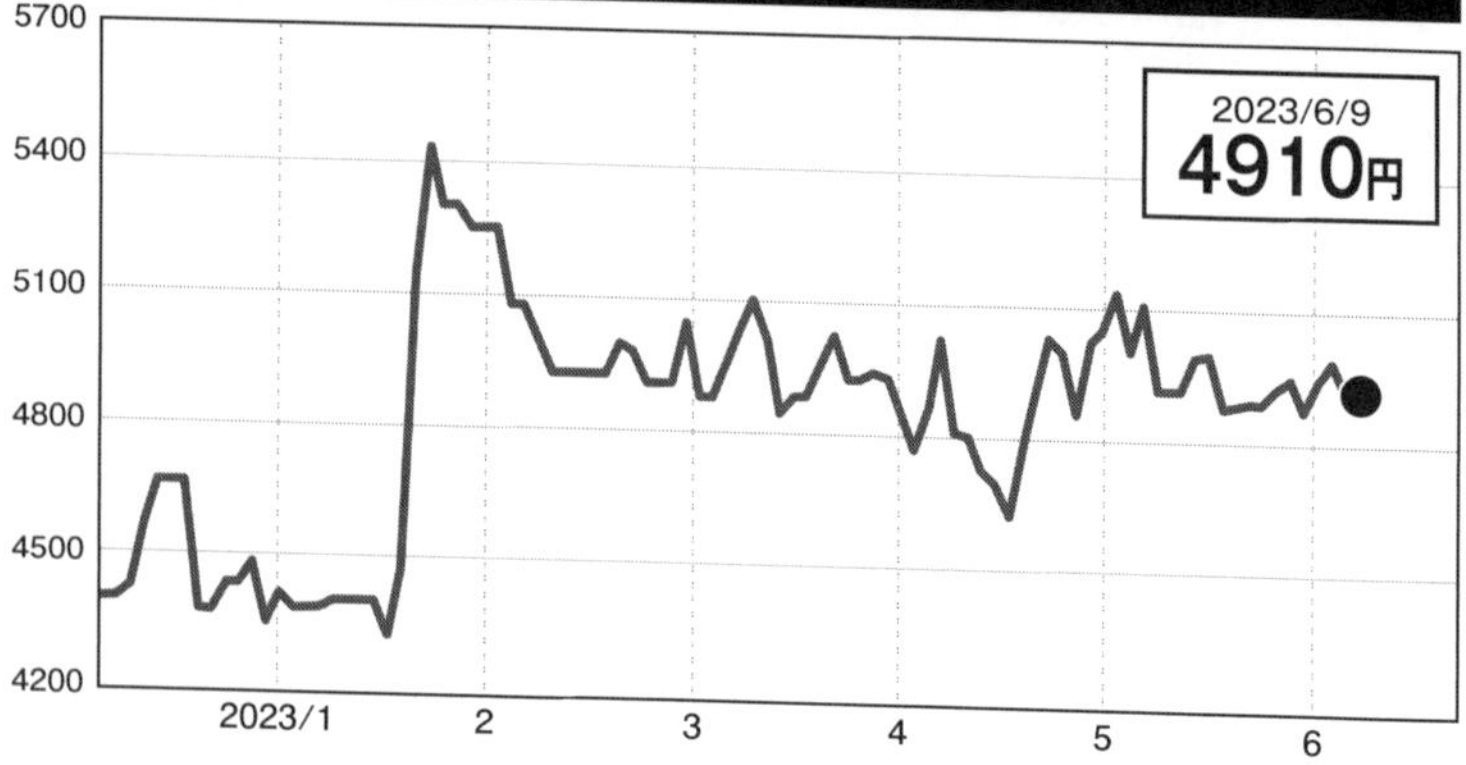

鉄鋼構造物のサビを防ぐ防蝕のトップ企業。港湾施設における電気防蝕で高いシェアを占める。鉄鋼構造物は各種インフラで使われており、その経年劣化を抑制するための技術として防蝕は欠かせない。インフラ老朽化と財政難が深刻化している我が国において必須の技術を持っている。防蝕以外にも海生生物付着防止装置を開発するなど新分野への展開が進んでいる。三井金属の関連会社であり、財務体質も強固。

プライム 1871

ピーエス三菱

建設業

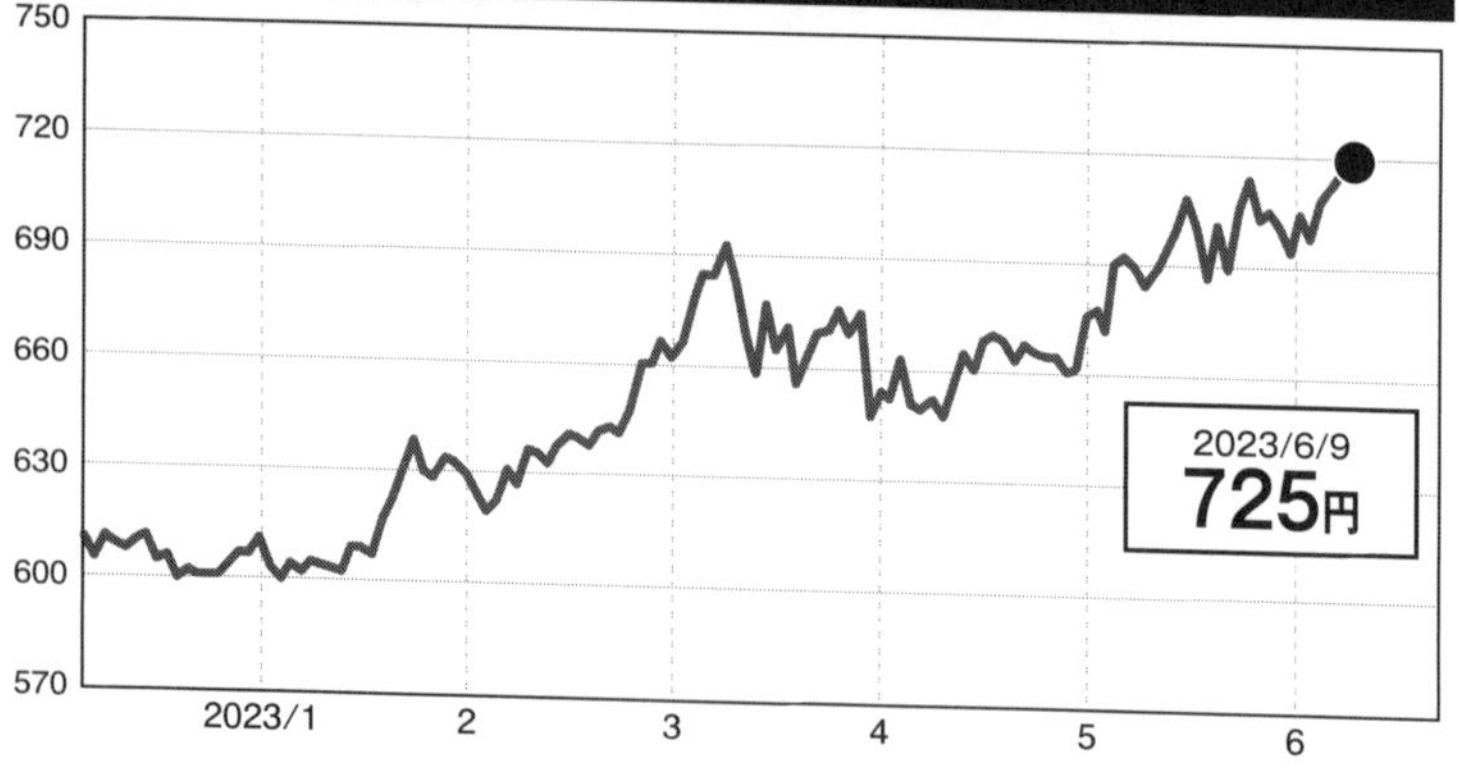

あらかじめ工場で均質のコンクリート部材を生産し、建設現場での施工を効率化するプレキャストコンクリート工法の大手企業。圧縮コンクリートによる橋梁では国内トップ。人手不足と職人の高齢化により、橋梁を始めとするコンクリート構造物の更新工事の効率化が求められており、当社製品に対するニーズが高まっている。高速道路各社の大規模更新が本格化しており、高水準の受注残を順調にこなしている。

スタンダード 2924 イフジ産業 食料品

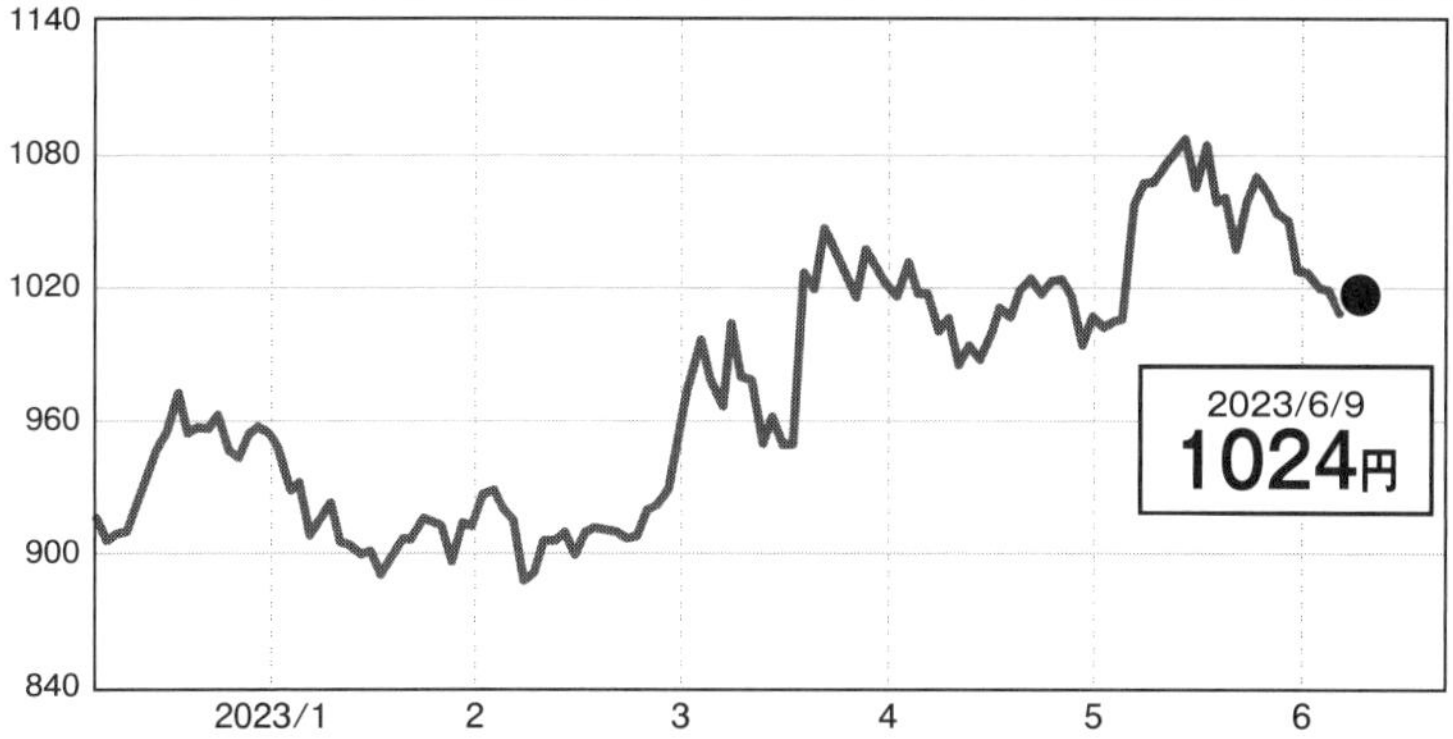

卵を割って中身を取り出し、袋詰めにした液卵で業界２位。全国4工場で液卵を供給している。製パン業者などのメーカーは大量の液卵を日々必要とするため、安定的な供給体制を構築している当社の評価は高い。鳥インフルエンザによる鶏卵不足を受け、安定的な供給のために需要が低迷する夏場に製品を冷凍して需要期に放出する在庫保有に注力している。冷凍食品向けなど新規開拓にも注力中。

プライム 3036 アルコニックス 卸売業

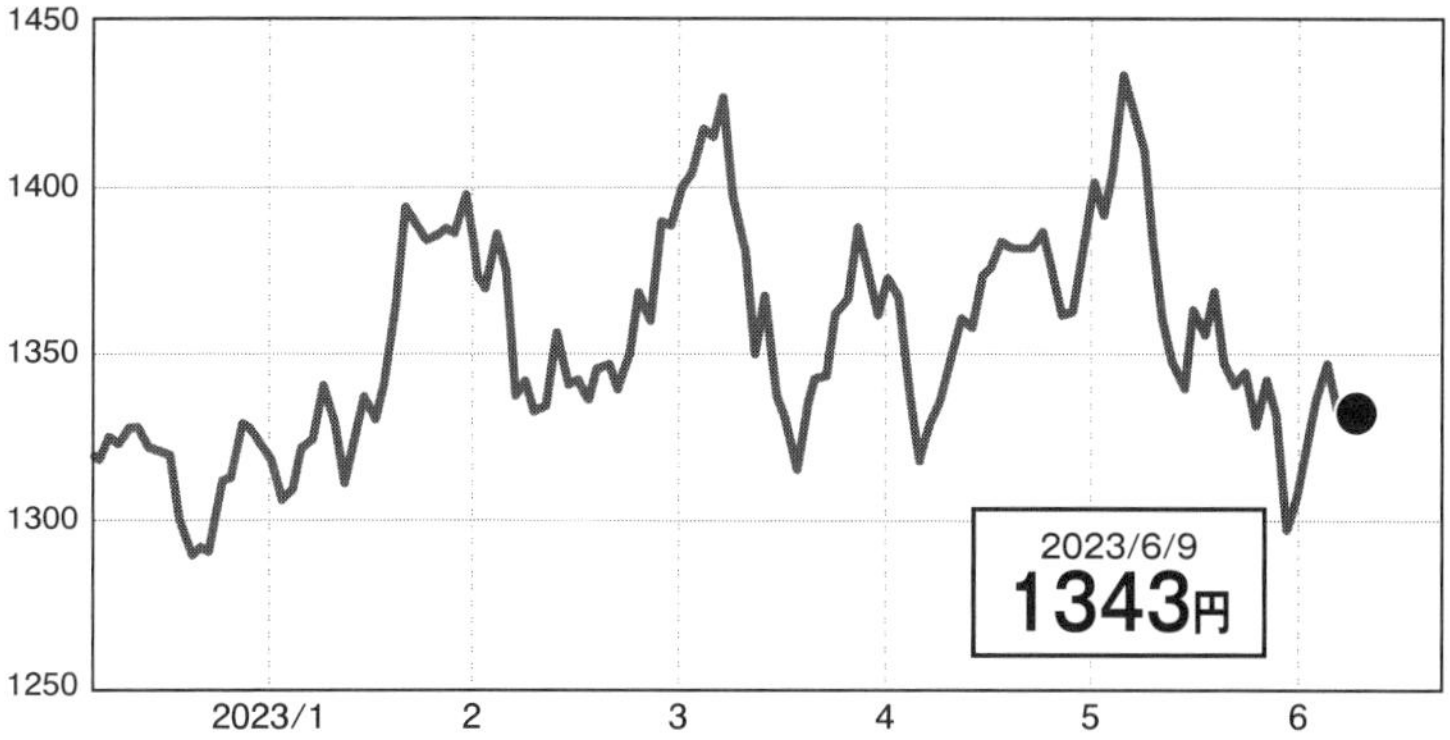

非鉄商社であるがM&Aに積極的であり製造業にも進出している。近年のレアメタルや非鉄の市況高騰により商社部門が好調であり、製造部門も経済正常化により底打ち感が出ている。国内では特に製造業の事業継承が問題になっており、商社として多数の製造業との取引実績がある当社に引き合いが来ている。足元ではアルミ・銅のリサイクルにも進出しており、川上から川下まで非鉄を取り扱う総合企業として存在感が増している。

プライム
3076
あいホールディングス
卸売業

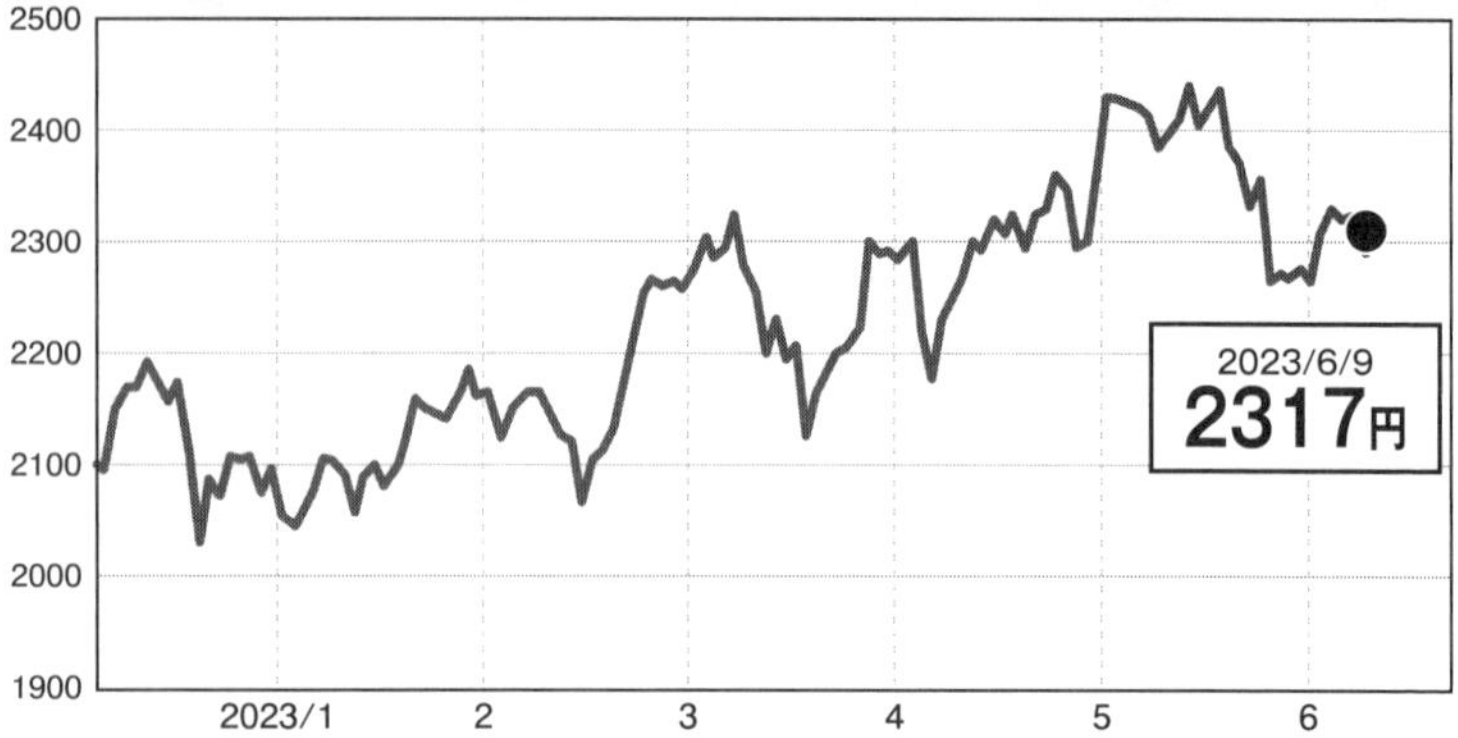

マンションなどに設置されている防犯カメラやレコーダーなどセキュリティシステム機器を手掛けている。新設マンションは大手メーカーの防犯カメラが導入されるケースが多いが、当社はマンション管理会社に営業することで、機器の更新時に大手メーカーよりも割安な提案を行うことでシェアを伸ばしている。防犯意識の高まりから法人向けも伸びている。半導体関連子会社を買収するなどM&Aにも積極的。

プライム
4008
住友精化
化学

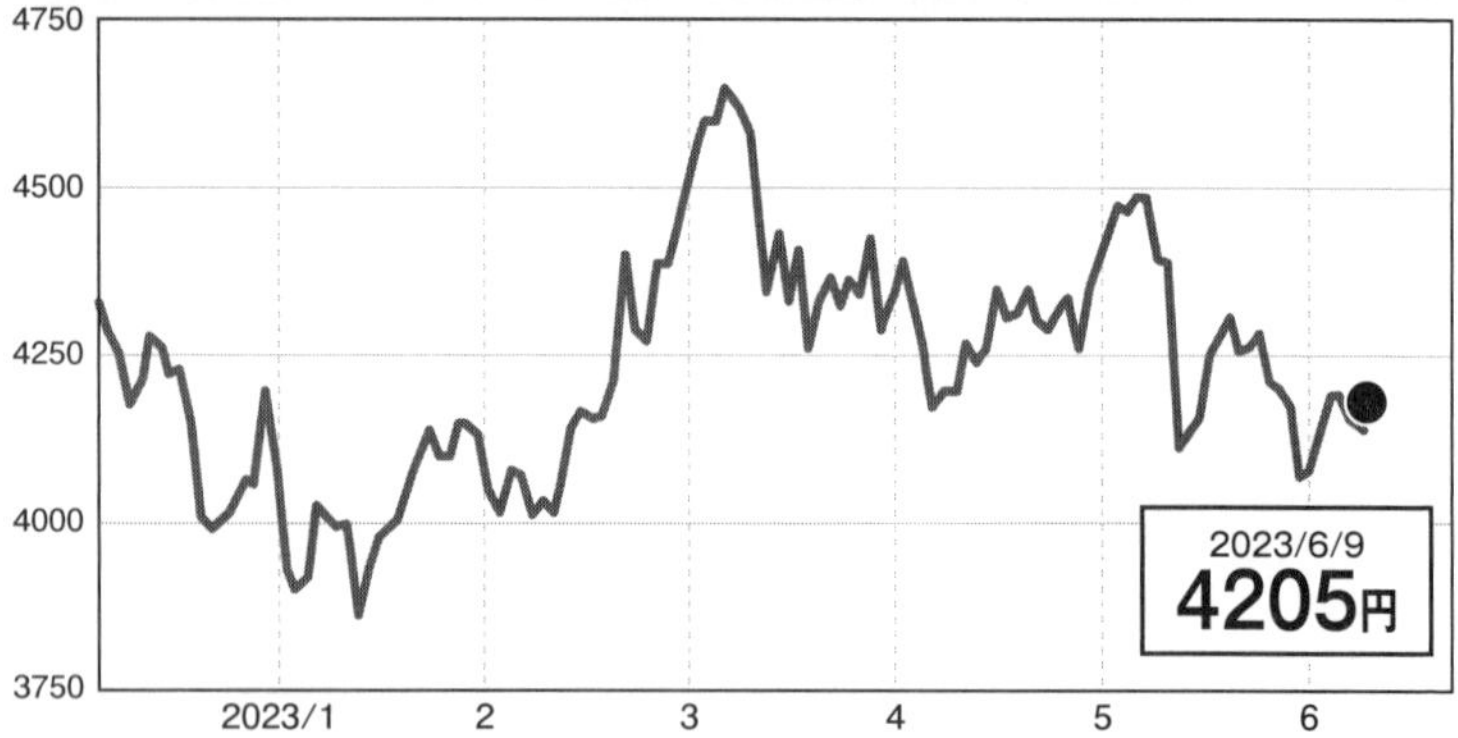

住友化学の関連会社であり、紙おむつ用の高吸水性樹脂の大手メーカー。経済成長が続く新興国では生活水準の向上に伴い紙おむつが生活必需品となっている。当社の取引先である日本の紙おむつメーカーの製品は品質の高さから人気があり、当社の業績も好調。原材料費の高騰を製品価格へ転嫁することで採算性を維持している。紙おむつは衛生的で便利な製品であり、今後も需要はなくならない。

プライム
4619

日本特殊塗料

化学

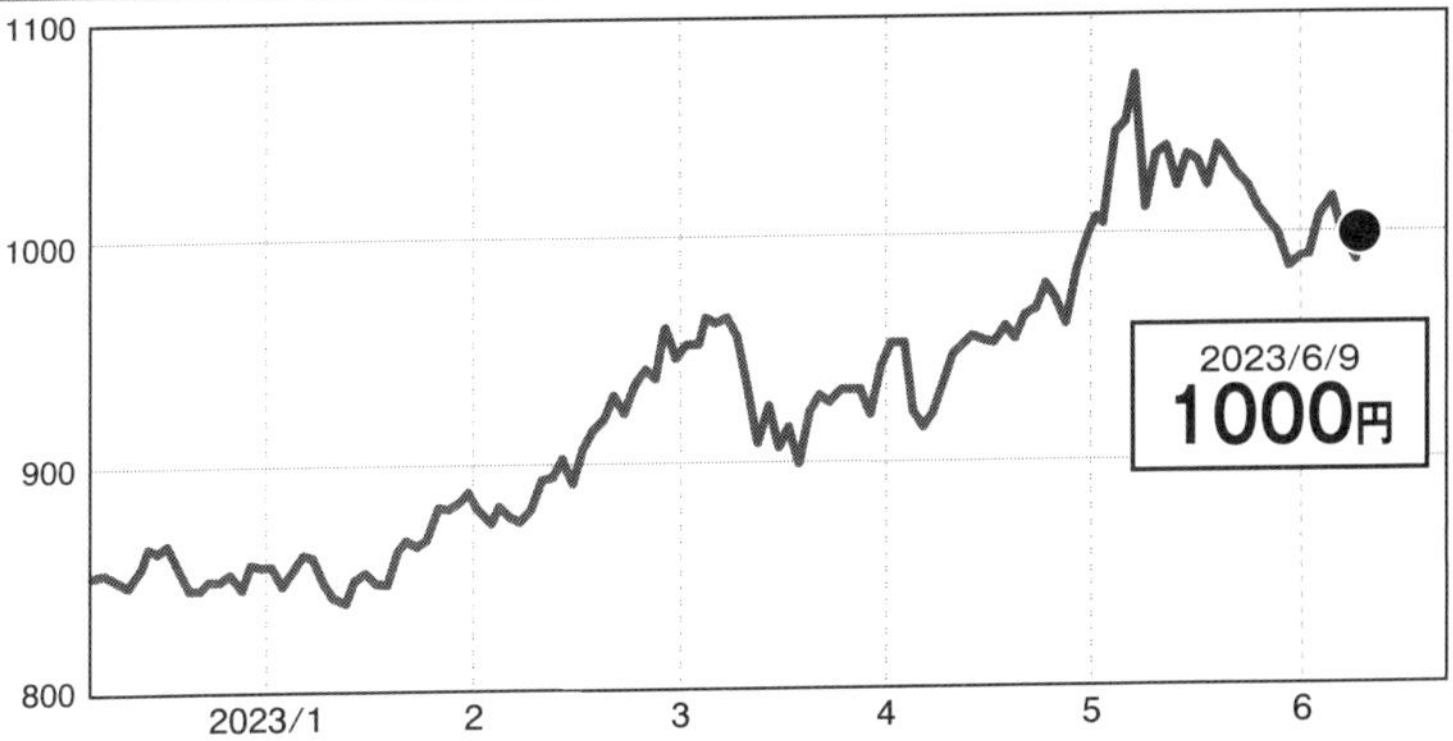

戦前の戦闘機向け塗料からスタートした老舗塗料メーカー。現在は自動車用の防音材、制振材、防錆材など自動車部品が主たる事業。EVになっても音の問題は続いており、遮音材に対する需要は根強い。米国、中国、タイに製造拠点がある。経済の正常化が進む中、製品の価格改定が進んでおり、塗料の採算性も改善している。株主還元にも積極的であり、安定増配を志向している。

スタンダード
5951

ダイニチ工業

金属製品

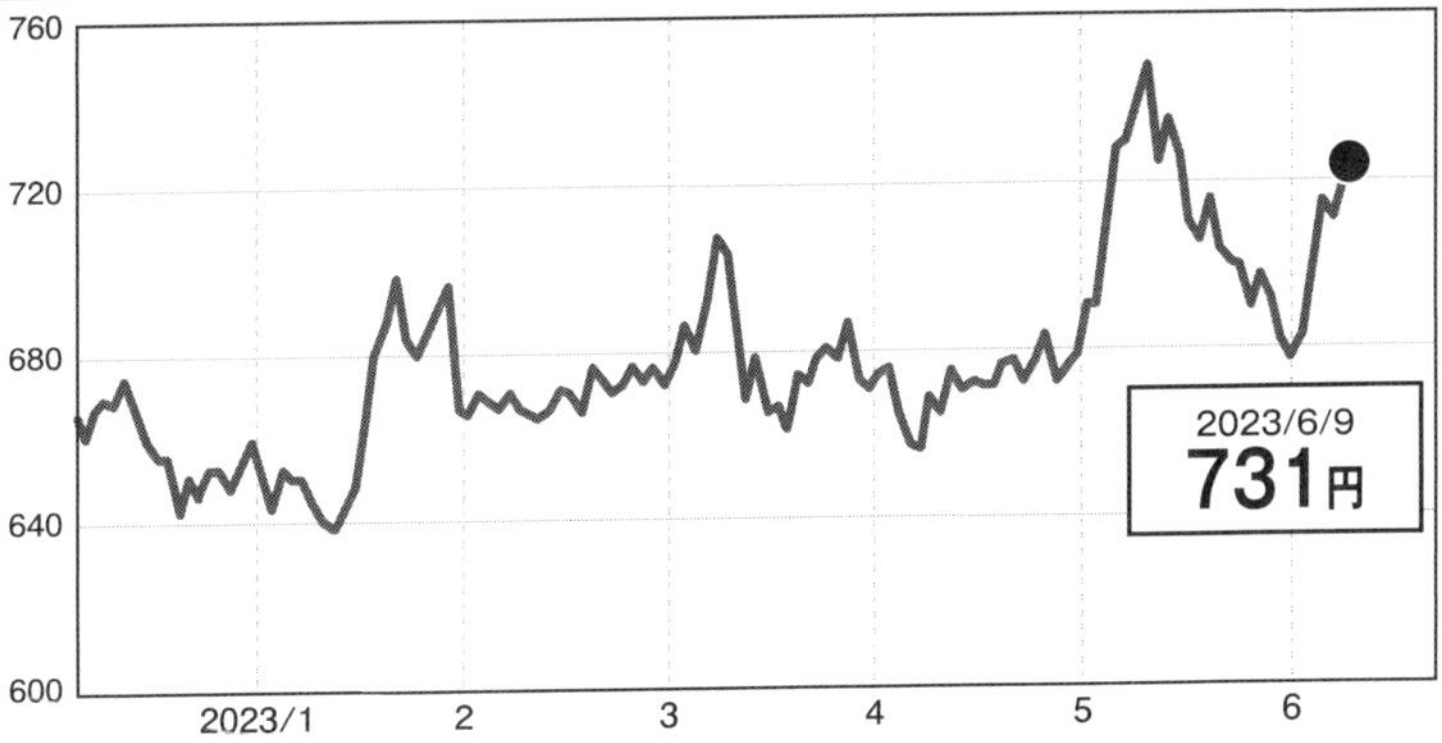

石油ファンヒーターのトップ企業。コロナ騒動により加湿器が大きく伸びている。部品の調達からすべて国産品を用いている。石油ファンヒーターの閑散期である夏場に製品を作り置きして需要期に売ることで、年間を通じた安定生産を実現している。需要期も生産に余力があることからヒット商品を短期間で生産、納品することも可能。このような取り組みにより部品メーカー、小売店の両方から高い信頼を得ている。

スタンダード 5983

イワブチ

金属製品

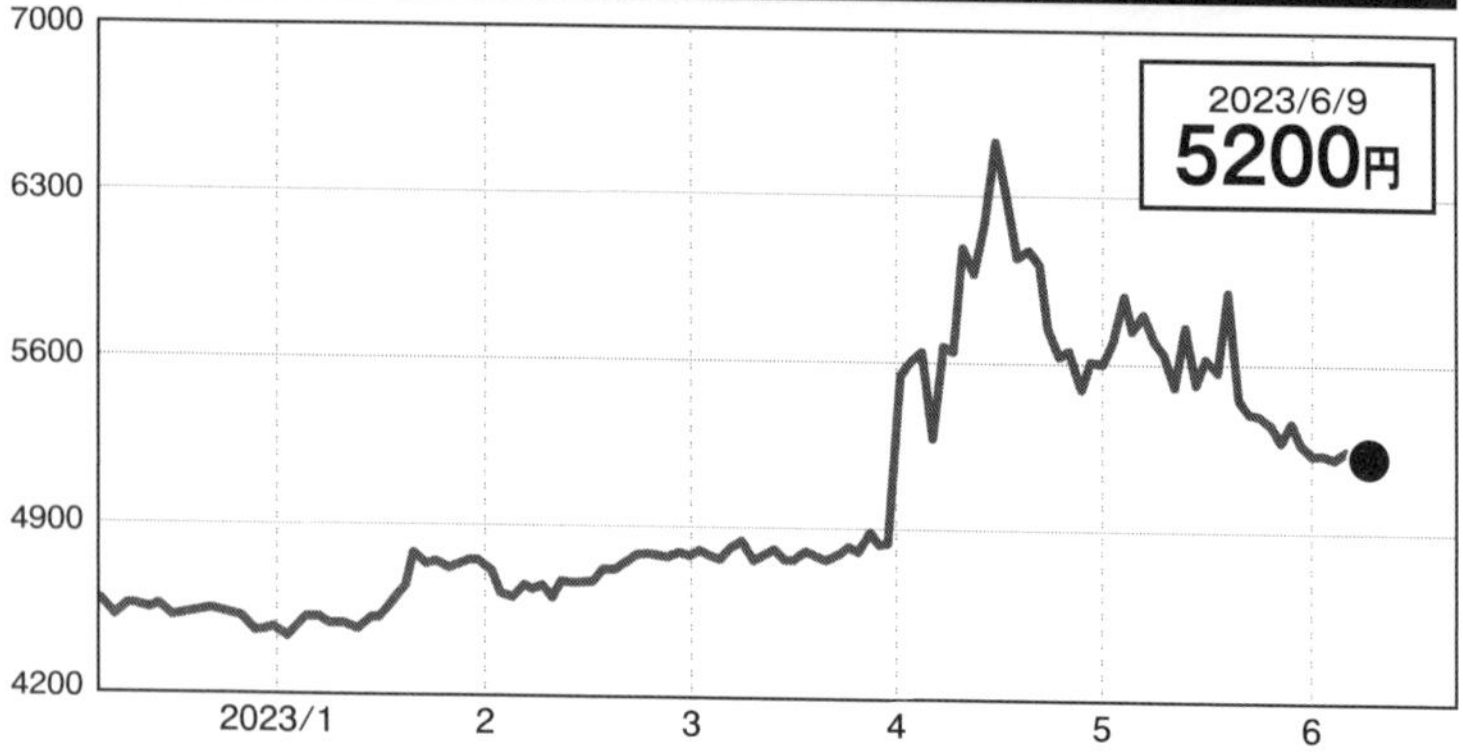

信号機の据え付け金具をほぼ独占している。5G など通信用の金具も好調。信号機は金属の塊であり、しかも雨や地震などの影響もうける。信号の据え付け金具はこのような劣悪な条件に負けないことが必要であり、何よりも安全性が重視される。そのため実績のない他社製品が使われることはほぼ皆無。圧倒的な高シェアを背景に製品の価格改定も進む見通し。ソーラーパネル向けの据え付け金具など新用途も開拓中。

プライム 6432

竹内製作所

機械

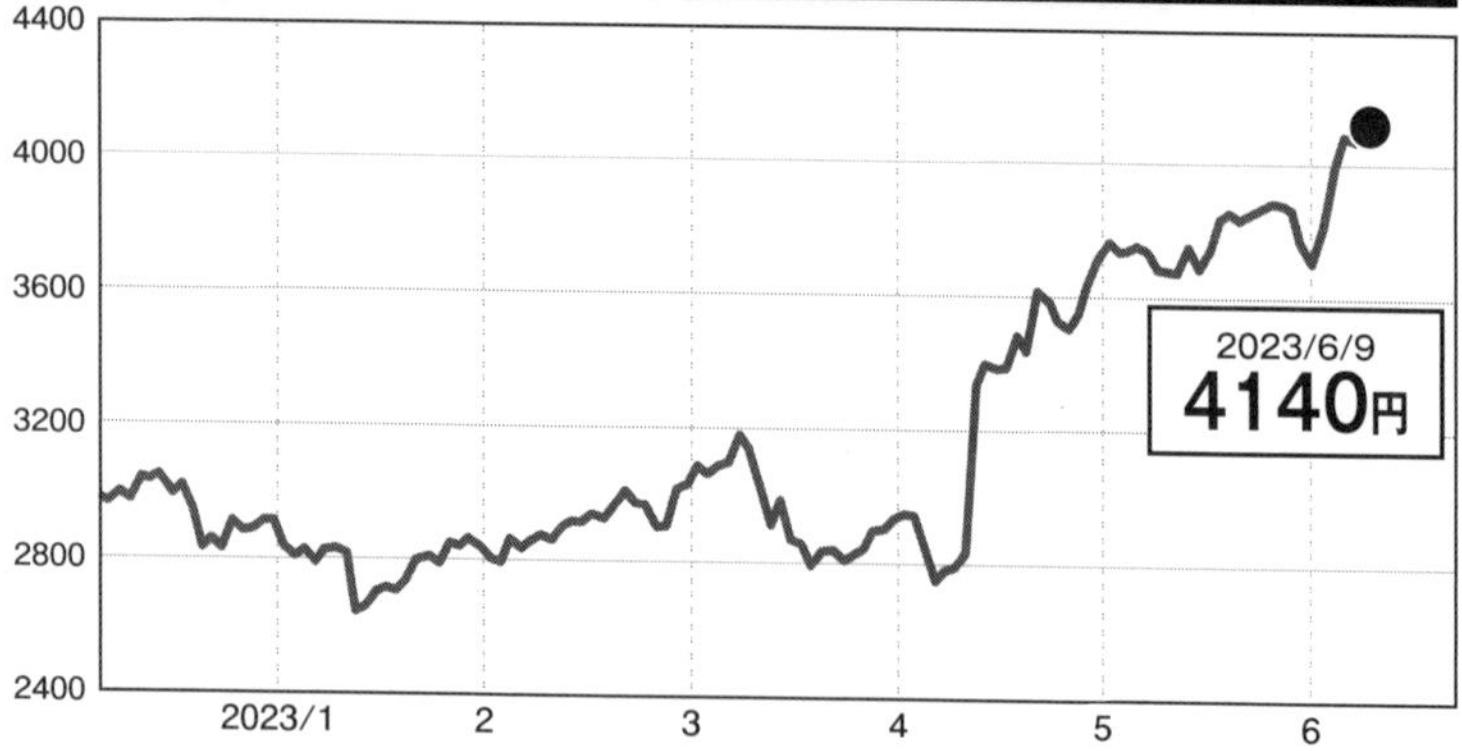

ミニショベルの建機メーカー。ほぼ全量を輸出しており、欧州と米国での評価が高い。都市のインフラ再開発需要が強い追い風。都心部における水道管や道路の更新工事は大型機械よりも小回りが利くミニショベルの方が使い勝手がよいことから当社製品が高いシェアを獲得している。2023年２月期は原材料高を増収効果で吸収して、売上、利益とも過去最高を更新。足元の2024年2月期も過去最高益を更新する見通し。

プライム 6463

TPR

機械

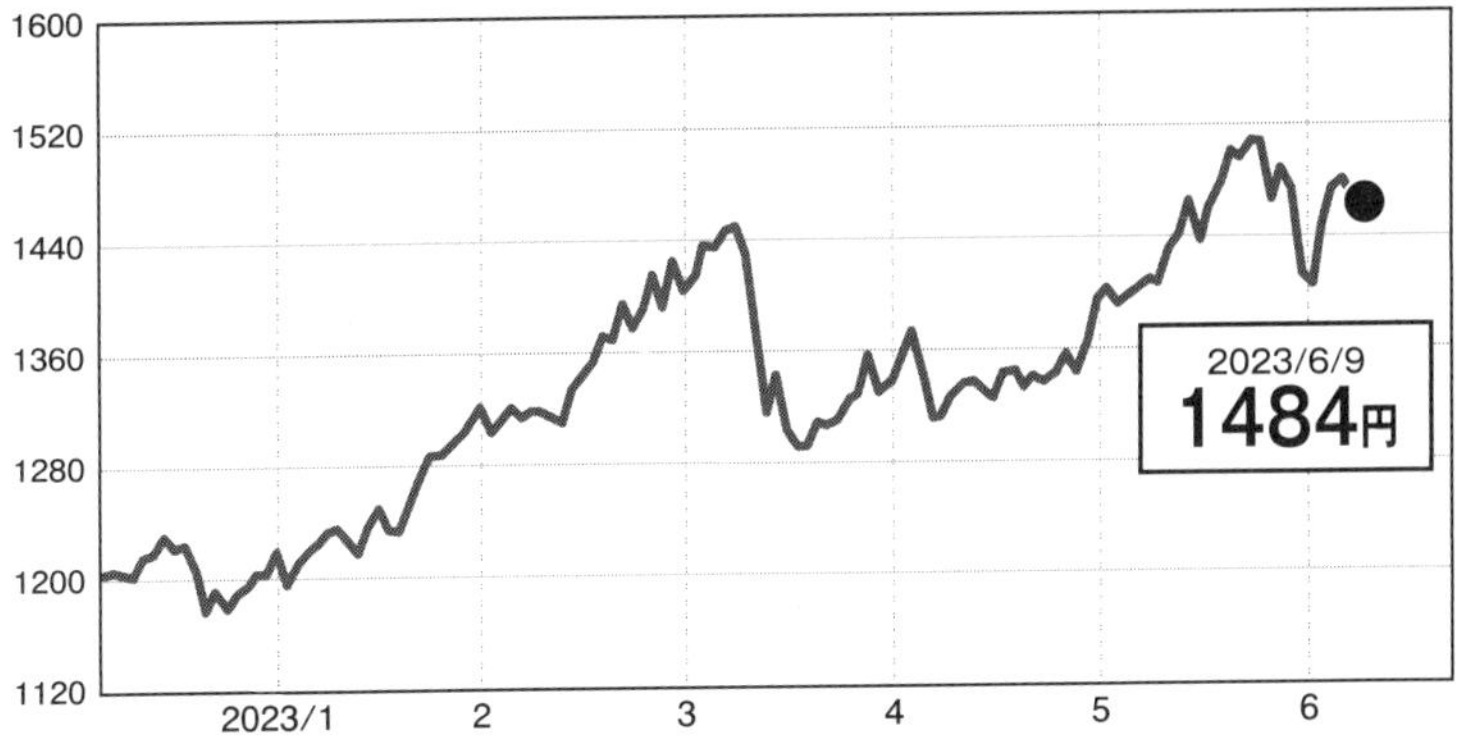

ガソリン車で使われるピストンリングの大手メーカー。トヨタのエンジン用ピストンリングをほぼ独占。ピストンリングは車種により形状や素材、耐久性が異なるため、開発段階からスペックイン活動を行うことで現在の地位を維持している。原料高、燃料高により利益が低迷しているものの、経済正常化に伴う自動車生産の回復が見込まれることから業績急回復が期待できる。

プライム 7414

小野建

卸売業

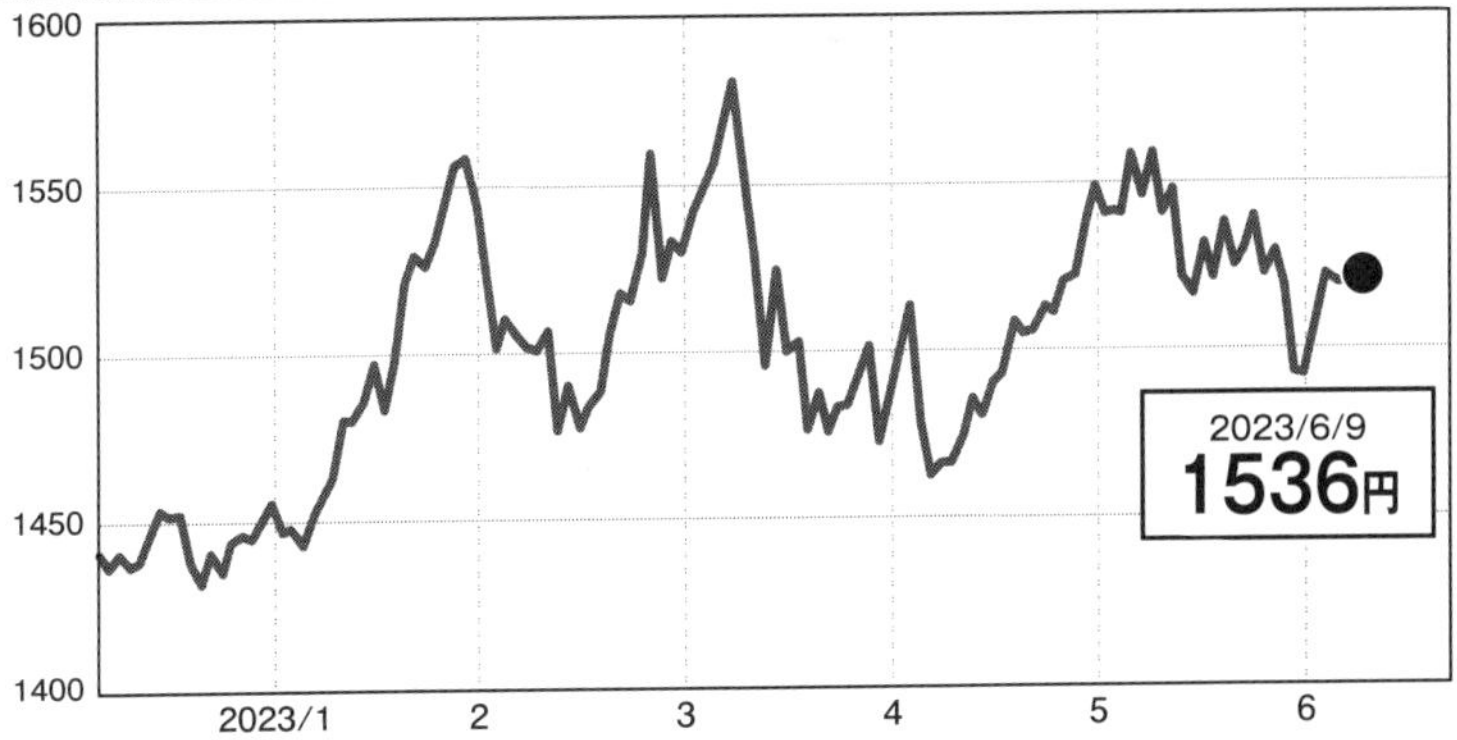

鋼材、建設機材の専門商社。M&Aによりメーカー機能を獲得したことで取り扱い商品を加工し、付加価値を高めることに注力中。請負工事も手掛けており、工事現場のニーズを製品開発に活かしている。積極的な用地の取得に動いており、地盤の九州だけでなく、関西圏、関東圏へとシェアを拡大している。仕入れ価格上昇により採算性が低下しているが福岡天神の再開発により請負工事が拡大中。

プライム
7995
バルカー
化学

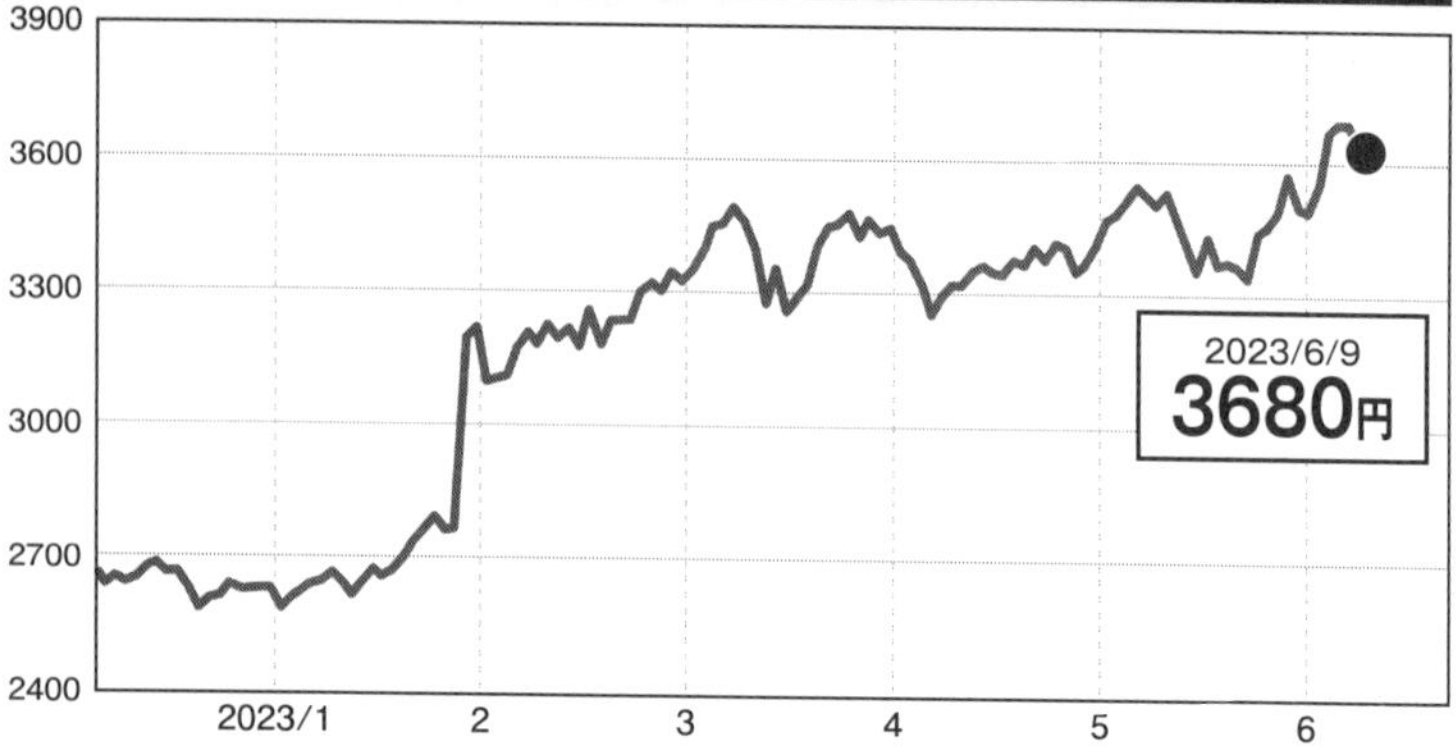

石油化学プラントなどで使われている配管のつなぎ目をつなぐシール材大手。半導体製造装置向けが好調。アジア各国に積極的に進出している。日本では人手不足が原因で、また新興国では未経験者の就労が多いことから、国内外のプラントの現場で技術者の技能獲得、継承問題が深刻になっている。そのため当社は施工研修センターを開設、作業員のトレーニングを行っている。このことがプラント各社から高く評価されている。

プライム
8091
ニチモウ
卸売業

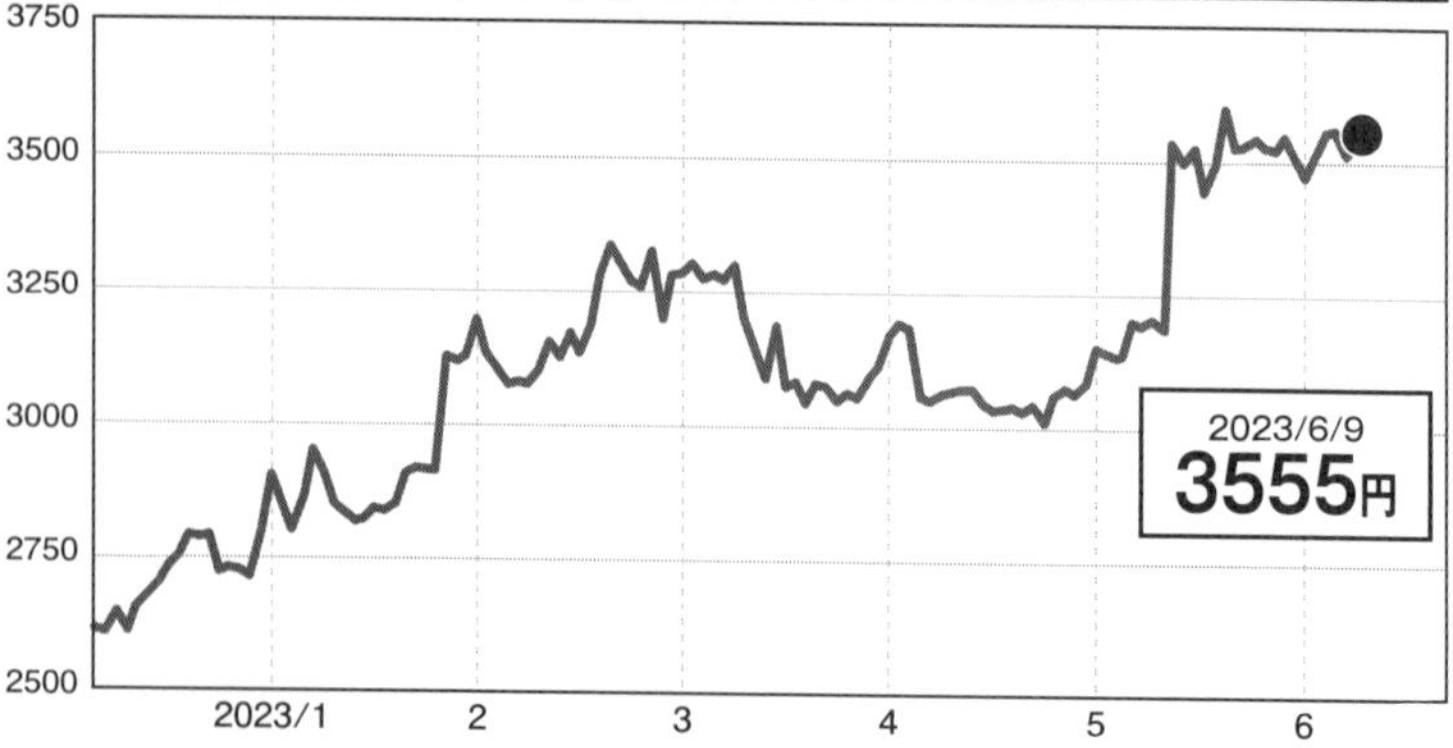

漁網、漁具を祖業とする水産専門商社であり、100年を超える歴史を有する。海洋事業以外にも食品事業や機械事業など多角化しており、現在ではスリ身や鮮凍水産物を扱う食品事業がコア事業。原材料価格高騰に加えロシア情勢の影響も出ているが、早期買い付けと商品値上げにより採算性確保に注力中。2022年には九州最大のサーモン陸上養殖工場が完工、市場投入を目指している。

プライム
9381

エーアイテイー

倉庫・運輸関連業

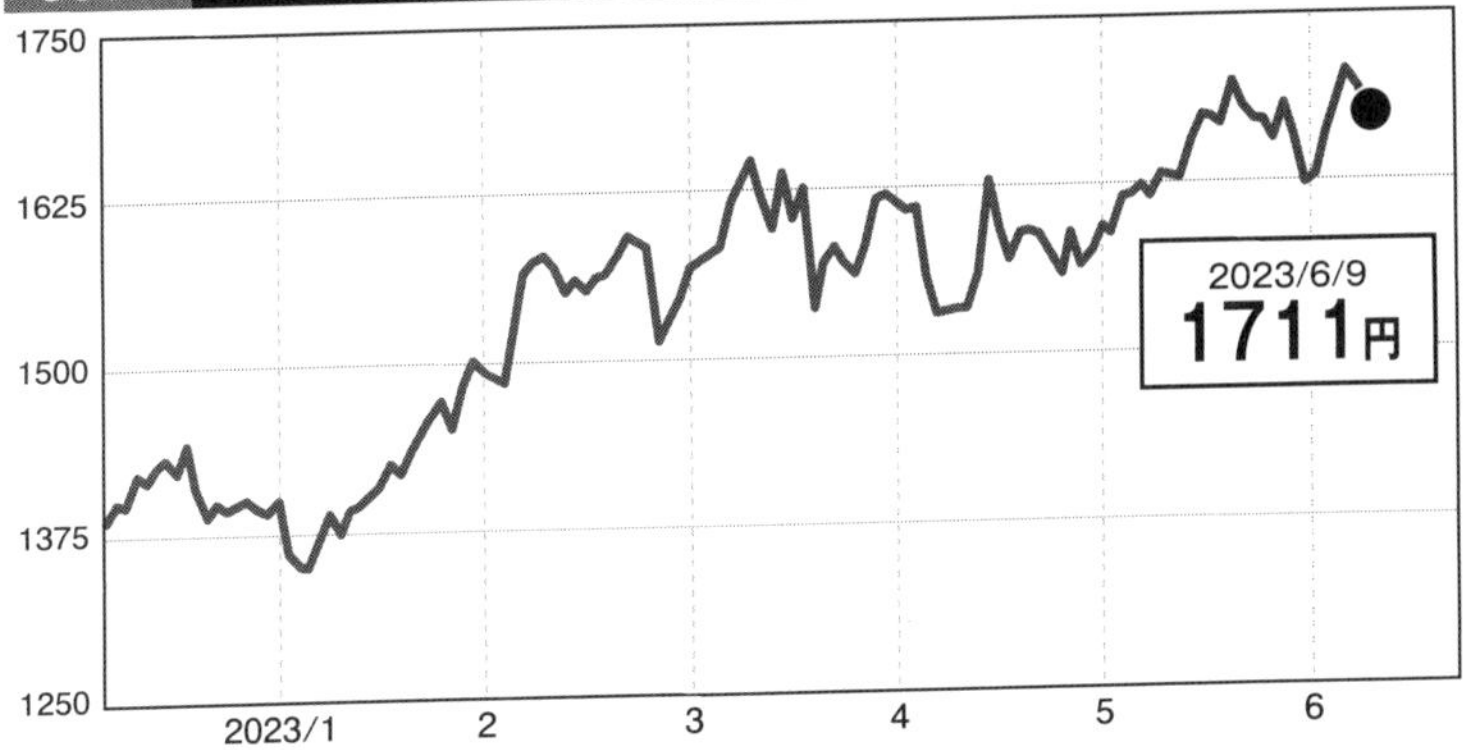

日本～中国間の海上輸送に強い複合一貫輸送業者。衣料や日用品雑貨など、中国製品の輸入に実績があり、100円ショップやホームセンターとの付き合いが深い。輸入海上運賃が高止まりする中でも増収効果と価格転嫁により2023年２月期は過去最高益を更新。経済正常化により一段の収益拡大が見込まれる。ミャンマーやベトナムなど、アジア新興国との取引を拡大中であり、国際物流業者としての存在感を増している。

副島隆彦（そえじま　たかひこ）
1953年、福岡市生まれ。早稲田大学法学部卒業。外資系銀行員、予備校講師、常葉学園大学教授などを歴任。副島国家戦略研究所（SNSI）を主宰し、日本人初の「民間人国家戦略家」として、講演・執筆活動を続けている。日米の政界・シンクタンクに独自の情報源を持ち、金融経済からアメリカ政治思想、法制度論、英語学、歴史など幅広いジャンルで、鋭い洞察と緻密な分析に基づいた論評を展開している。主な著書に、『ディープ・ステイトとの血みどろの戦いを勝ち抜く中国』（ビジネス社）、『プーチンを罠に嵌め、策略に陥れた英米ディープステイトはウクライナ戦争を第３次世界大戦にする』（秀和システム）、『金融暴落は続く。今こそ金を買いなさい』（祥伝社）、『人類の月面着陸は無かったろう論』『ドル覇権の崩壊』『有事の金。そして世界は大恐慌へ』（徳間書店）など多数がある。

ホームページ「副島隆彦の学問道場」
http://www.snsi.jp

米銀行破綻の連鎖から世界大恐慌の道筋が見えた

第１刷　2023年6月30日

著　者　副島隆彦
発行者　小宮英行
発行所　株式会社徳間書店
〒141-8202　東京都品川区上大崎３－１－１
目黒セントラルスクエア
電話　編集（03）5403-4344／販売（049）293-5521
振替　00140-0-44392
印　刷　本郷印刷株式会社
カバー印刷　真生印刷株式会社
製　本　ナショナル製本協同組合

乱丁・落丁はお取り替えいたします。

Printed in Japan
ISBN978-4-19-865621-8